Vertrauensbasierte Führung

Tom Sommerlatte · Frank Keuper
(Hrsg.)

Vertrauensbasierte Führung

Credo und Praxis

Herausgeber
Tom Sommerlatte
TMI Trust Management
Institut e.V.
Wiesbaden
Deutschland

Frank Keuper
Steinbeis Center of Strategic Management
Steinbeis-Hochschule Berlin
Hamburg
Deutschland

ISBN 978-3-662-46232-4
DOI 10.1007/978-3-662-46233-1

ISBN 978-3-662-46233-1 (eBook)

Die Deutsche Nationalbibliothek verzeichnet diese Publikation in der Deutschen Nationalbibliografie; detaillierte bibliografische Daten sind im Internet über http://dnb.d-nb.de abrufbar.

Springer Gabler
© Springer-Verlag Berlin Heidelberg 2016
Das Werk einschließlich aller seiner Teile ist urheberrechtlich geschützt. Jede Verwertung, die nicht ausdrücklich vom Urheberrechtsgesetz zugelassen ist, bedarf der vorherigen Zustimmung des Verlags. Das gilt insbesondere für Vervielfältigungen, Bearbeitungen, Übersetzungen, Mikroverfilmungen und die Einspeicherung und Verarbeitung in elektronischen Systemen.
Die Wiedergabe von Gebrauchsnamen, Handelsnamen, Warenbezeichnungen usw. in diesem Werk berechtigt auch ohne besondere Kennzeichnung nicht zu der Annahme, dass solche Namen im Sinne der Warenzeichen- und Markenschutz-Gesetzgebung als frei zu betrachten wären und daher von jedermann benutzt werden dürften. Der Verlag, die Autoren und die Herausgeber gehen davon aus, dass die Angaben und Informationen in diesem Werk zum Zeitpunkt der Veröffentlichung vollständig und korrekt sind. Weder der Verlag noch die Autoren oder die Herausgeber übernehmen, ausdrücklich oder implizit, Gewähr für den Inhalt des Werkes, etwaige Fehler oder Äußerungen.

Gedruckt auf säurefreiem und chlorfrei gebleichtem Papier

Springer-Verlag Berlin Heidelberg ist Teil der Fachverlagsgruppe Springer Science+Business Media
(www.springer.com)

Inhaltsverzeichnis

Teil I Einführung

1 Warum dieses Buch? 3
Tom Sommerlatte

2 Vertrauen – ein „weicher" oder „harter" Faktor? 7
Tom Sommerlatte
Literatur 12

3 Das Vertrauensprofil von Führungskräften und das Vertrauensklima von Organisationen 13
Tom Sommerlatte
   3.1 Selbstvertrauen 13
   3.2 Zwischenmenschliche Beziehungen 15
   3.3 Teamgeist 16
   3.4 Unternehmerisches Führen und Entscheiden 17
   3.5 Wie offen und glaubwürdig wird kommuniziert? 19
   3.6 Wie verlässlich funktioniert das Unternehmen? 20
   3.7 Welche Perspektive hat das Unternehmen? 21
   3.8 Wie stehen die Mitarbeiter zu ihrem Unternehmen? 22
   3.9 Wie hoch ist die Wertschätzung durch die Unternehmensleitung? 23
   3.10 Wie ausgeprägt ist das Gemeinschaftsgefühl? 24
   Literatur 25

4 Wandel mit oder ohne Vertrauen? 27
Tom Sommerlatte
   4.1 Enterprise 2.0. Ulrich Klotz (gekürzter und redaktionell bearbeiteter Auszug aus „Schöne neue Arbeitswelt 2.0?") 29
   4.2 Industrie 4.0 Harald Schöning (gekürzter Auszug aus „Das Konzept Industrie 4.0") 30
   Literatur 31

Teil II Credo und Praxis in den Unternehmen

5 Einführung in die Unternehmensbeispiele 35
Tom Sommerlatte

6 Driving the Virtuous Circle – Vorsprung durch Vertrauen: Nestlé 39
Michael Mollenhauer und Tom Sommerlatte

7 Verletzte Identität überwinden – neues Vertrauen schaffen: Sanofi 43
Tom Sommerlatte
7.1 Empfundener Identitätsverlust durch Übernahme 43
7.2 Vertrauensdefizite als Folge 44
7.3 Neuorientierung 44
7.4 Restrukturierung und Vertrauensbildung simultan 45
7.5 Vertrauensgerechte Strukturen 46
7.6 Was hat sich verändert? 46
7.7 Neue Unternehmenskultur als Ziel 47
7.8 Fazit 47

8 Von den Skandinaviern lernen – integrativ führen: AbbVie 49
Tom Sommerlatte
8.1 Vertrauen aus internationaler Sozialisierung 49
8.2 Das Führungskonzept 51
8.3 Vertrauen nach außen 52
8.4 Vertrauen nach innen 52

9 Die Idee Porsche – Urvertrauen 55
Tom Sommerlatte und Peter P. Müller
9.1 Wie wurde diese beispielhafte Synergie erreicht? 56
9.2 Auswirkungen des Vertrauensklimas 56
9.3 Harte und weiche Faktoren 57
9.4 Unternehmensperspektive 58
9.5 Mitarbeiterführung 58
9.6 Herausforderungen der Personalstrategie 59
9.7 Talentmanagement 59
9.8 Von Vertrauen getragen 60

10 Tradition des Vertrauens: Heraeus 63
Tom Sommerlatte
10.1 Vier Generationen des Familienunternehmens im Zeitraffer 63
10.2 Die Rolle von Vertrauen 64

10.3	Wie entsteht das Vertrauensklima	64
10.4	Die Reaktion der Mitarbeiter	65
10.5	Talent Management	65
10.6	Externe Einflüsse	66
10.7	Fazit	67

11 Reflektierte Führungserfahrung par excellence: Manfred Gentz 69
Tom Sommerlatte

11.1	Profunde Erfahrungsbasis	69
11.2	Unerschütterliches Verständnis von Vertrauen	70
11.3	Warum dennoch Vertrauensdefizite in den Unternehmen?	70
11.4	Externe Einflüsse	71
11.5	Vertrauensverhältnis Unternehmen-Kunden	72
11.6	Das Verhältnis zwischen Vorstand und Aufsichtsrat	72
11.7	Deutscher Corporate Governance Kodex	72

12 Aus Erkenntnis zu einer Haltung gelangen: Alnatura 75
Tom Sommerlatte und Michael Mollenhauer

12.1	Der Mensch Götz Rehn	75
12.2	Der Führungsansatz	76
12.3	Die Umsetzung	77
12.4	Das Geschäftsmodell	78
12.5	Nachhaltigkeit	78
12.6	Fazit	79

13 Generationen von Vertrauen: Schweizer Electronic AG 81
Michael Mollenhauer und Tom Sommerlatte

13.1	Familiengeschichte als Vertrauensbasis	81
13.2	Vertrauensbildung im Familienunternehmen und mit Partnern	83
13.3	Vertrauensklima	84
13.4	Vertrauensorientierte Personalentwicklung	85

14 Vertrauenskultur als Basis eines kooperativen Führungsstils in einem Ingenieur-Unternehmen 87
Gerd Eckelmann

14.1	Intelligente Wertschöpfung intrinsisch motivierter Mitarbeiter in einem Ingenieur-Unternehmen	88
14.2	Vertrauen als riskante Vorleistung	88
14.3	Unternehmerische Maßnahmen der Vertrauensbildung	89
14.4	Vertrauensbildung als Evolution	90
14.5	Vertrauenskompatible Kontrolle und Kritik	91
14.6	Ausblick: Vertrauen fördert die Organisationsentwicklung	92

15 Transformationale Führung – vorleben und Inspirieren: Deutsche Bahn ... 93
Michael Mollenhauer und Tom Sommerlatte
    15.1 Weichenstellung und neuer Fahrplan 93
    15.2 Neue Qualität in der internen Kommunikation 94
    15.3 Neues Führungsverständnis 95
    15.4 Der beständige Wandel 96

16 175 Jahre Familienunternehmen: Transparenz, Vertrauen und Wertschätzung 99
Heinz-Walter Große und Bernadette Tillmanns-Estorf
    16.1 Werte bei B. Braun 100
    16.2 Transparenz, oder: Wie wir mit Informationen umgehen 100
    16.3 Offene Arbeitswelten in Büro und Produktion 101
    16.4 Vertrauen schenken, oder: Wie wir zusammen arbeiten 103
    16.5 Zusammenarbeit mit Kunden – ethisch korrektes Handeln 104
    16.6 Sharing Expertise – Vertrauen, um Wissen zu teilen 105
    16.7 Sozialpartnerschaft leben 106
    16.8 Wertschätzung gegenüber der Gesellschaft – „Bürger der Gesellschaft" sein 106
    16.9 Gelebte Wertschätzung – familienfreundliche 108
    16.10 Werte und Wachstum – ein Widerspruch? 109

17 Vertrauen gegen Verantwortungsbewusstsein: Schott AG 113
Tom Sommerlatte und Michael Mollenhauer
    17.1 Werteorientierte Führungskonzeption 114
    17.2 Auswirkungen der Vertrauensbildung 115
    17.3 Entwicklung des Vertrauensklimas 115
    17.4 Führungskräfteentwicklung 117
    17.5 Vertrauen im Verhältnis zum Umfeld 117

Teil III   Schlussbetrachtung

18 Reflexion 123
Frank Keuper und Tom Sommerlatte
    18.1 Vertrauensprofile der Unternehmerautoren 124
        18.1.1 Selbstvertrauen 124
        18.1.2 Zwischenmenschliche Beziehungen 125
        18.1.3 Vertrauen im Team 125
        18.1.4 Vertrauen in kritischen Situationen 126
    18.2 Vertrauensklima 126
        18.2.1 Wie offen und glaubwürdig wird kommuniziert? 127
        18.2.2 Wie verlässlich funktioniert das Unternehmen? 128

		18.2.3	Welche Perspektive hat das Unternehmen?	129
		18.2.4	Wie stehen die Mitarbeiter zu ihrem Unternehmen?	130
		18.2.5	Wie hoch ist die Wertschätzung durch das Unternehmen?	130
		18.2.6	Wie ausgeprägt ist das Gemeinschaftsgefühl?	131
	18.3	Auswirkungen des Vertrauens		131

19 Konklusion 135
Frank Keuper und Tom Sommerlatte
19.1 Die Antwort auf die drei Kernfragen dieses Buchs 135
19.2 Ausblick der Herausgeber 149

Teil IV Anhang

20 Anhang 153
Tom Sommerlatte
20.1 Bewertung des Vertrauensprofils von Führungskräften 153
20.2 Bewertungsstruktur Vertrauensklima 153

Die Herausgeber

Prof. Dr.-Ing. Tom Sommerlatte ist Vorsitzender des Vorstands des Trust Management Instituts e. V., das es sich zur Aufgabe gemacht hat, die Ergebnisse der Vertrauensforschung in die unternehmerische Praxis zu überführen. Dr. Sommerlatte ist Chairman des Advisory Board des internationalen Consulting-Unternehmens Arthur D. Little GmbH und Mitglied verschiedener Aufsichts- und Beiräte. Viele Jahre lang war er Managing Director der europäischen Aktivitäten und Senior Vice President der Muttergesellschaft von Arthur D. Little. Er ist Autor einer Reihe von Büchern zu Themen des Strategie- und Innovationsmanagements und Mitherausgeber des Buchs „Quintessenz der Vertrauensbildung". Er promovierte an der Université de Paris auf dem Gebiet der Verfahrenstechnik und erwarb den Master of Business Administration am Europäischen Institut für Unternehmensführung, INSEAD. An der Universität Kassel hält er eine Honorarprofessur auf dem Gebiet des Systemdesigns.

Prof. Dr. habil. Frank Keuper ist Inhaber des Lehrstuhls für Betriebswirtschaftslehre, insbesondere Konvergenzmanagement und Strategisches Management, an der Steinbeis-Hochschule Berlin, Direktor des Steinbeis Center of Strategic Management (SCSM), einem Steinbeis-Transfer-Institut der Steinbeis-Hochschule Berlin, sowie Leiter des gleichnamigen Kompetenzzentrums am SCSM.

Er ist ferner Geschäftsführender Herausgeber der betriebswirtschaftlichen Fachzeitschrift „Management+Innovation" ehemals „Business+Innovation - Steinbeis Transfer Magazin", Gutachter für verschiedene betriebswirtschaftliche Fachzeitschriften und Gastprofessor an Universitäten in China und Russland.

Von 2002 bis 2004 hielt er eine Vertretungsprofessur für Betriebswirtschaftslehre, insbesondere Risikomanagement und Controlling, im Fachbereich Rechts- und Wirtschaftswissenschaft der Johannes Gutenberg-Universität Mainz.

Er studierte an der Westfälischen Wilhelms-Universität zu Münster und promovierte und habilitierte sich an der Universität Hamburg. Seine Arbeits- und Forschungsgebiete sind die Investitions- und Finanzierungstheorie, die Planungs- und Entscheidungstheorie, die Produktions- und Kostentheorie sowie das Marken-Management, das strategische Management, das Konvergenzmanagement. Darüber hinaus liegt ein wesentlicher Schwerpunkt seiner Forschungstätigkeit in den Bereichen der Kybernetik, Systemtheorie sowie Unternehmensplanung und-steuerung.

Teil I
Einführung

Warum dieses Buch? 1

Tom Sommerlatte

Die elementare Bedeutung von Vertrauen wurde uns allen in den letzten Jahren immer bewusster.

Wie so oft bei der Bewusstseinsbildung, ist es der zunehmende Mangel, der die Bedeutung, ja die Abhängigkeit von etwas vorher Vorhandenem und Gewohntem erkennen lässt.

Vertrauen als zwischenmenschliches Phänomen (interpersonales Vertrauen) und als Phänomen zwischen Menschen und ganzen Organisationen (Systemvertrauen, Vertrauensklima von Organisationen) stellt die Bereitschaft dar, eine bestimmte Verhaltensweise anderer als ausreichend wahrscheinlich anzunehmen, um sich darauf zu verlassen und das Risiko einer Enttäuschung als ausreichend gering einzuschätzen.

Dank dieser Annahme und Einschätzung ermöglichen die Vertrauenden ein reibungsloses und stimulierendes Zusammenwirken miteinander, indem sie ohne weitere Prüfung und Absicherung auf gegenseitige Vereinbarungen eingehen und ihren Leistungszusagen Glauben schenken.

Vertrauensschwund, wie wir ihn in und zwischen vielen Organisationen heute beobachten, unterminiert diese Qualität des Zusammenwirkens und ruft den immer höheren Absicherungsaufwand und die Formalismen hervor, die einen wachsenden Anteil der Energie in den Unternehmen beanspruchen.

Aber die Menschen und insbesondere die Führungskräfte in den Unternehmen sind ja wahrscheinlich nicht schlechter geworden als eh und je. Der Vertrauensschwund muss also mit anderen Veränderungen zu tun haben.

In der Tat sind es die Merkmale der Veränderungsprozesse selbst, die sich geändert haben: ihre Geschwindigkeit, ihre Radikalität, ihre Wechselbeziehungen.

T. Sommerlatte (✉)
Trust Management Institut e. V., Wiesbaden, Deutschland
E-Mail: tsommerlatte@trust-management-institute.com

© Springer-Verlag Berlin Heidelberg 2016
T. Sommerlatte, F. Keuper (Hrsg.), *Vertrauensbasierte Führung*,
DOI 10.1007/978-3-662-46233-1_1

Technischer, wirtschaftlicher und gesellschaftlicher Wandel spielte sich zwar auch in der Vergangenheit ab, ohne dass es zu Vertrauensverlust kam. Da Vertrauen jedoch aus der Erfahrung mit gegebenen Verhältnissen entsteht, mit funktionierenden Prozessen, Strukturen und eingespielten Verhaltensweisen, auf die man sich einstellen kann, bewirken die Geschwindigkeit und Radikalität der sich heute abspielenden Veränderungen, dass ihnen der Erfahrungszuwachs nicht mehr folgen kann. Dadurch erodiert die Vertrauensbasis schneller, als sich neues Vertrauen herausbilden kann, ja, Manipulationen, die das bisherige Vertrauen missbrauchen, werden möglich und in krassen Fällen auch genutzt.

Genau dieses Phänomen spielt sich in unserem Umfeld heute ab und wird sich aller Voraussicht nach eher noch verstärken.

Digitalisierung, Web 2.0, Social Media, Enterprise 2.0 und Industrie 4.0 sind die Schlagworte für die unaufhaltsame Veränderungsdynamik, auf die wir uns einstellen müssen. Hinter ihnen zeichnet sich eine neue Phase elementaren Wandels mit neuen Führungs- und Gestaltungsherausforderungen ab, der das Vertrauensklima in und zwischen den Unternehmen erneut in Mitleidenschaft zu ziehen droht. Dadurch werden, wenn wir nicht gleichzeitig Sorge dafür tragen, die Vertrauensbasis zu erhalten, das Engagement der Menschen, ihre Kooperations- und Innovationsbereitschaft und der angestrebte (und im globalen Wettbewerb immer notwendigere) Produktivitätsgewinn beeinträchtigt, wie wir es bei vorangegangenen Veränderungswellen (des Reengineering, der Restrukturierung, der Fusionen etc.) ja häufig beklagen mussten.

Eine entscheidende Bedingung, um diese Schattenseiten des Wandels zu vermeiden und ihn in menschengerechtere Bahnen zu lenken, ist nicht etwa das viel beschworene Change Management, das ja längst den Beigeschmack einer mehr oder weniger geschickten mentalen Manipulation der betroffenen Mitarbeiter hat, sondern die Schaffung von Vertrauen durch Beobachten, Verinnerlichen und Erfüllen der vertrauensbildenden Faktoren.

Sich dieser Faktoren bewusst zu sein, ist in Zeiten schnellen und umfassenden Wandels unerlässlich geworden – auch für Führungskräfte, die sich in ihrer bisherigen eigenen Führungserfahrung keiner Vertrauensprobleme bewusst geworden sind.

Gerade für sie stellt sich die Frage, warum sie über Bedeutung und Wirkung von Vertrauen reflektieren und wie sie sich aktiver und umfassender um Vertrauensbildung in ihren Unternehmen kümmern sollen.

Das „Warum" beantwortet sich, wenn einige oder alle der folgenden Aussagen für ein Unternehmen zutreffen:

- Dem Unternehmen stehen in nächster Zukunft Maßnahmen folgender Art bevor:
    - Strukturelle und/oder prozessuale Reorganisation (Dezentralisierung in Geschäftseinheiten, Zentralisierung von gemeinsamen Funktionen etc.)
    - Zusammengehen mit anderen Unternehmen (Übernahmen, Fusionen, Partnerschaften etc.)
    - Produktivitätssteigerung (durch Ausbau der IT-Anwendungen/des ERP-Systems, Änderung der Wertschöpfungskette, Outsourcing, Standortverlagerungen etc.)
    - Kostenabbau (Rationalisierung des Produkt-/Leistungsangebots, Konzentration auf das Kerngeschäft, Gemeinkosten-Wertanalyse etc.)

- Das Unternehmen muss auf zunehmende Veränderungen des Wettbewerbsdrucks und der Marktbedingungen reagieren:
  - Veränderungen der Supply-Chain
  - Nutzung neuer technischer Möglichkeiten (in der Produktion und Logistik, bei den Produkten und Dienstleistungen, im Customer Relationship Management)
  - Nutzung von Social Media unternehmensintern und nach außen (Kunden, Partner, Öffentlichkeit etc.)
  - Vernetzung zwischen Entwicklung, Produktion, Logistik, Beschaffung und Vertrieb
- Das Unternehmen muss seine Innovationsleistung erhöhen, um im globalen Innovationswettbewerb mithalten zu können:
  - Intensivierung des Innovationsprozesses von der Identifikation neuer Marktpotenziale bis zur Markteinführung neuer Produkte und Leistungen (inklusive Portfolio-Management der Entwicklungsprojekte)
  - Stärkung des Projektmanagements, der Teamarbeit
  - Aktivierung des Knowledge-Managements und des Zugangs zum Wissen im Unternehmen und extern
  - Verbesserung der Innovationskultur
  - Stärkere Einbindung von Kunden, Lieferanten und Partnern in das Innovationsmanagement
- Dem Unternehmen stehen personelle und unternehmenskulturelle Veränderungen bevor:
  - Generationswechsel in wichtigen Führungspositionen
  - Veränderungen der Zuständigkeiten
  - Übergang zu stärkerer Vernetzung und Transparenz im Unternehmen und mit Partnerunternehmen
  - Intensivierung des Talent-Managements und der Bemühungen um vielversprechende neue Mitarbeiter.

Bei allen diesen Veränderungen stehen das Vertrauensklima und damit die Kooperationsqualität und das Engagement der Menschen im Unternehmen auf dem Spiel.

Warum Vertrauensbildung bei diesen Veränderungen eine immer herausforderndere Führungsaufgabe darstellt, ist also einsichtig. Die entscheidende Frage bleibt aber das „Wie" der aktiven und umfassenden Vertrauensbildung im Unternehmen. Auf die Beantwortung dieser Frage zielt dieses Buch ab.

Die weitaus meisten Führungskräfte sind in puncto Vertrauen Autodidakten, manche als Naturtalent, andere durch zum Teil schmerzliche Erfahrung. Viele sind aber auch Anhänger einer Führungsphilosophie, in der sie Vertrauen bisher keine entscheidende Rolle zubilligen.

Nun hat aber, seit den Arbeiten von Niklas Luhmann in den 1960er bis 1990er Jahren auf dem Gebiet der soziologischen Systemtheorie, die wissenschaftliche Beschäftigung mit dem Phänomen Vertrauen zu wichtigen Erkenntnissen und Ergebnissen geführt, die dem „Wie" vertrauensbasierter Führung zunehmenden Einzug in die Führungspraxis eröffnen können.

Luhmann hat Vertrauen als Mechanismus der Reduktion von Komplexität in unserer zunehmend ausdifferenzierten Welt von arbeitsteiligen Teilsystemen verstanden, deren Interaktion ohne Vertrauen nur mit immer höherem Regelungs- und Kontrollaufwand bewerkstelligt werden kann und dennoch immer anfälliger wird. Führungsverhalten, das etablierten Führungsvorstellungen folgt, auch wenn sich die Umwelt und die Erfolgsbedingungen verändern, versucht, zunehmenden Schwierigkeiten durch Perfektionierung des Bestehenden zu begegnen. Genau das stellt eine nicht zu unterschätzende Gefahr für Unternehmen dar, die mit mehr Digitalisierung, mit Web 2.0 und Social Media, mit Enterprise 2.0 und Industrie 4.0 die immer komplexeren Interaktionsanforderungen bewältigen wollen, dabei aber die Vertrauensbildung in ihrer Organisation vernachlässigen und sich gerade deswegen weiter in technische Komplexität hineinsteigern müssen.

Um dieser Gefahr entgegen zu wirken, ist ein aktiverer Transfer der neuen Erkenntnisse und Ergebnisse der Vertrauensforschung in die unternehmerische Praxis vonnöten. Denn obwohl eine umfangreiche wissenschaftliche und populärwissenschaftliche Literatur vorliegt, in der Modelle der Vertrauensbildung und des Vertrauensklimas und die Wirkung von Vertrauen auf das Funktionieren von Organisationen beschrieben sind, hinkt die praktische Nutzung in der Unternehmensführung noch bedenklich hinterher.

In diesem Buch stellen wir die Erkenntnisse aus einer Reihe von konkreten Unternehmensbeispielen über die Wechselbeziehung zwischen Vertrauen und den Erfolgsfaktoren von Unternehmen dar, um zu beleuchten, wie vertrauensbasierte Führung praktiziert werden kann. Dazu haben wir 12 Unternehmensführer gebeten, ihr Credo zur Rolle von Vertrauen und ihre praktische Erfahrung damit darzulegen, um daraus abzuleiten, was unter welchen realen Umständen funktioniert, theoriegerecht oder nicht, und wie die neueren Erkenntnisse in die Praxis vorgedrungen sind und dort zu wesentlichen Wirkungen geführt haben.

Diese Gegenüberstellung zeigt, dass das A und O der Vertrauensbildung die Vertrauenswürdigkeit und Vertrauensfähigkeit der Unternehmensleitung ist. In der Theorie mag man Vertrauen einen kalkulierten Aspekt zuschreiben, da damit ökonomische Vorteile erreicht werden können. In der Praxis der dargestellten Unternehmensbeispiele entspringt die Vertrauensorientierung der Führung aber mehr als einem Kalkül, ihr liegen eine Persönlichkeitsstruktur der Führungskräfte und ein Menschenbild zugrunde, die auf einer ethischen Basis fußen.

Prof. Dr. Tom Sommerlatte ist Vorsitzender des Vorstands des Trust Management Instituts e. V., das es sich zur Aufgabe gemacht hat, die Ergebnisse der Vertrauensforschung in die unternehmerische Praxis zu überführen. Dr. Sommerlatte ist Chairman des Advisory Board des internationalen Consulting-Unternehmens Arthur D. Little GmbH und Mitglied verschiedener Aufsichts- und Beiräte. Viele Jahre lang war er Managing Director der europäischen Aktivitäten und Senior Vice President der Muttergesellschaft von Arthur D. Little. Er ist Autor einer Reihe von Büchern zu Themen des Strategie- und Innovationsmanagements und Mitherausgeber des Buchs „Quintessenz der Vertrauensbildung". Er promovierte an der Université de Paris auf dem Gebiet der Verfahrenstechnik und erwarb den Master of Business Administration am Europäischen Institut für Unternehmensführung, INSEAD. An der Universität Kassel hält er eine Honorarprofessur auf dem Gebiet des Systemdesigns.

Vertrauen – ein „weicher" oder „harter" Faktor?

Tom Sommerlatte

Das Verhältnis vieler Unternehmensführer zur Bedeutung und Rolle von Vertrauen ist ambivalent. Kaum ein Unternehmensführer von Rang würde sagen, dass Vertrauen in und zwischen Unternehmen, im Markt und in der Öffentlichkeit nicht wichtig sei oder dass er sich nicht um Vertrauen bemühe – aber das Vertrauen zu nachweisbaren oder gar unverzichtbaren Leistungsvorteilen für sein Unternehmen führen könne, halten viele offen oder unausgesprochen für unbewiesen. Viel handfester sind da die konsequente Verfolgung von Key Performance Indicators (KPIs), Organisationsmaßnahmen zur Steigerung der Kosteneffizienz und entschlossenes Durchsetzungsvermögen – harte Faktoren eben.

Dass es eine Vielzahl von wissenschaftlichen Untersuchungen und Modellen gibt, die zum Teil auch empirische Studienergebnisse heranziehen, um zu untermauern, wie sehr sich vertrauensbasierte Führung für Unternehmen auch betriebswirtschaftlich bezahlt macht, hat in Manageraugen kaum Beweiskraft. Zu bedingt und akademisch sind die Aussagen.

Und in der Tat fällt es schwer, Beweismaterial für wirklich handgreifliche, heißt nachgewiesene, Wirkungen von Vertrauen auf Leistungsfähigkeit, Produktivität, Innovationserfolg, Rentabilität oder Entwicklungsfähigkeit von Unternehmen zu finden. Die Fülle von dafür durchzuarbeitenden Publikationen, deren Autoren sich meistens mit eng abgegrenzten Teilaspekten des Vertrauensphänomens beschäftigen, um dem Wissenschaftlichkeitsanspruch gerecht zu werden, ist beträchtlich. Der sprachliche Duktus ist für die Managementpraxis ohnehin meistens zu umständlich. Und so bleibt Vertrauen bei aller gedanklichen Durchdringung und trotz allen missionarischen Plädoyers in den Augen vieler Manager weiterhin nur ein „weicher" Faktor.

T. Sommerlatte (✉)
Trust Management Institut e. V., Wiesbaden, Deutschland
E-Mail: tsommerlatte@trust-management-institute.com

© Springer-Verlag Berlin Heidelberg 2016
T. Sommerlatte, F. Keuper (Hrsg.), *Vertrauensbasierte Führung*,
DOI 10.1007/978-3-662-46233-1_2

In Gesprächen mit Managern über die Bedeutung von Vertrauen für die Unternehmensführung kommt daher auch immer wieder die wohlwollend-kritische Frage: Ja, können Sie denn nachweisen, was Vertrauensbereitschaft im Unternehmen bringt? Wollen Sie etwa sagen, dass das Vertrauensklima entscheidend dafür ist, ob Managementinformationssysteme, Controlling und leistungsorientierter Steuerung zu den bestmöglichen Ergebnissen verhelfen? Damit wird impliziert: Vertrauen ist vielleicht etwas Löbliches, aber damit kann man doch „den Laden nicht voranbringen".

Nicht selten wird zudem auf Unternehmen hingewiesen, mit denen man im Wettbewerb stehe und die mit allem anderen als Vertrauensklima, ja eher mit knallhartem Regiment zu ihren Erfolgen kommen (Beispiele in der Regel aus dem südostasiatischen Raum).

Angesichts dieser Vorbehalte reicht es nicht, mit Verve die vielen möglichen und auch plausiblen Wirkzusammenhänge von Vertrauen zu deklinieren, es bleiben einfach ganz konkrete und berechtigte Fragen der Führungspraktiker offen.

Diese Fragen fallen in drei Kategorien:

a. Sind die Auswirkungen von Vertrauen auf die Performance von Unternehmen nachweisbar?
b. Ist Vertrauensklima gestaltbar?
c. Wie kann der Übergang zu einer vertrauensbasierten Organisation bewirkt werden?

Unser Ansatz in diesem Buch basiert auf einer Zahl von ausgesuchten Fallstudien, beigesteuert von Unternehmensführern, deren ausgeprägte Einstellung zu und Erfahrung mit vertrauensbasierter Führung es erlaubt, sich der Beantwortung der genannten Fragen ein Stück weit zu nähern, nicht im Sinne einer Art repräsentativer Stichprobe, sondern im Gegenteil als bewusst ausgewählte Exponenten eines starken Vertrauens-Credos und dessen praktischer Umsetzung.

Einige Überlegungen zu den drei Fragen:

a. Sind die Auswirkungen von Vertrauen auf die Performance von Unternehmen nachweisbar?

Hier stehen zwei Aspekte von Vertrauen zur Debatte: die Auswirkungen des *persönlichen Vertrauensprofils* jeder einzelnen Führungskraft und die Auswirkungen des *Vertrauensklimas einer ganzen Organisation*.

Beide können mehr oder weniger stark ausgeprägt sein. Wenn wir ihren Einfluss auf die Performance eines Unternehmens untersuchen wollen, so müssen wir eine Bestimmung ihrer Ausprägung vornehmen können. Das heißt, sie auf reproduzierbare und möglichst objektive Weise bewertbar zu machen.

Denn um die Auswirkungen von Vertrauen beurteilen zu können, müssen wir eine Vorstellung davon haben, wie sich das Vertrauensprofil von Führungskräften und das Vertrauensklima einer Organisation bestimmen und dann auch verbessern lassen. Wenn die Performance der Unternehmen von ihnen beeinflusst wird, wäre es nachlässig oder gar unverzeihlich, immer weiter nur all die üblichen Anstrengungen der Performance-Verbesserung zu verfolgen, aber die Performance-Potenziale von Vertrauen nicht gezielt auszuschöpfen.

Methodische Ansätze für die Bewertung des *Vertrauensprofils* von Führungskräften und des Vertrauensklimas von Organisationen sind von verschiedenen Autoren vorgeschlagen und angewandt worden. Das Trust Management Institut, Paris und Wiesbaden, hat seit einigen Jahren Bewertungsstrukturen entwickelt und in verschiedenen Unternehmen erprobt, die auf einem transparenten und umfassenden Spektrum von Vertrauensindikatoren beruhen und sich als aussagekräftig erwiesen haben [1].

Danach ist das Vertrauensprofil von Führungskräften als aus zwei Dimensionen zusammengesetzt zu verstehen: ihrer *Vertrauenswürdigkeit* in den Augen anderer und ihrer *Vertrauensfähigkeit*, ihrer Bereitschaft, anderen Vertrauen zu schenken. Die Indikatoren des Vertrauensprofils lassen sich vier Dimensionen des Vertrauens zuordnen: dem Selbstvertrauen, der Vertrauensbildung in zwischenmenschlichen Beziehungen, dem Teamvertrauen und der Vertrauensfähigkeit in Entscheidungssituationen (siehe Anhang 20).

In Kap. 3 wird diese Bewertungsstruktur eingehender beschrieben. Angewandt auf die Unternehmensbeispiele in diesem Buch, können Sie als Leser fallweise bereits beurteilen, ob und in wieweit sich bestimmte Performance-Aspekte mit dem Vertrauensprofil des jeweiligen Unternehmensführers erklären lassen.

Die zweite zu prüfende Auswirkung auf die Performance von Unternehmen ist die des *Vertrauensklimas*, das wesentlich durch das Agieren und Zusammenwirken aller Führungskräfte des Unternehmens bestimmt wird. Ihre unterschiedlichen Vertrauensprofile bewirken eine „Gesamtwetterlage", die es zu bewerten gilt.

Auch hierfür hat das Trust Management Institut eine Bewertungsstruktur entwickelt und erprobt (siehe Anhang 20).

Nach diesem Ansatz ist das Vertrauensklima einer Organisation dadurch charakterisierbar, wie offen, verständlich und glaubwürdig kommuniziert wird, wie verlässlich die Organisation funktioniert, welche Perspektive das Unternehmen hat, wie stark sich die Menschen mit dem Unternehmen identifizieren, wie ausgeprägt die Wertschätzung der Mitarbeiter durch das Unternehmen ist und wie stark das Gefühl der Mitarbeiter ist, zu einer Gemeinschaft zu gehören.

Angewandt auf die Unternehmensbeispiele in diesem Buch, können Sie als Leser wiederum beurteilen, ob und in wieweit sich die Performance jedes der dargestellten Unternehmen mit der Ausprägung seines Vertrauensklimas erklären lässt.

Insgesamt erhalten wir durch Quervergleiche eine mehr oder weniger klare Antwort auf die eingangs gestellte Frage, ob sich in den Fallbeispielen Auswirkungen von Vertrauen auf die Performance von Unternehmen nachweisen lassen.

Wenn ja, und davon können wir schon einmal ausgehen, so gewinnt die zweite Frage an Gewicht und Interesse:

b. Ist Vertrauensklima gestaltbar?

Die Unternehmensführer, die sich der Bedeutung und Wirkung eines starken Vertrauensklimas bewusst sind und seine Einflussfaktoren vor Augen haben, können durch ihr eigenes Verhalten, ihre Vorbildwirkung und ihr Credo eine positive Vertrauensdynamik im Unternehmen auslösen.

Vertrauensklima in der Organisation kann zwar nicht dekretiert und gemacht werden, aber es kann ein Ziel sein, auf das man sich hinbewegen will und dessen Merkmale man erkennt, wenn sie sich zu manifestieren beginnen.

Die Gestaltungsansätze sind vor allen Dingen in der Offenheit und Direktheit der unternehmensinternen Kommunikation zu suchen, in der Verlässlichkeit der Organisation, auch der informellen, in der ehrlichen und engagierenden Darstellung der Perspektive des Unternehmens in Abhängigkeit von seiner Leistungs- und Transformationsbereitschaft, in der ausdrücklichen Wertschätzung der Mitarbeiter und in der Förderung des Gemeinschaftsgefühls.

Die Auswirkungen auf die Performance machen sich sukzessive im Engagement der Mitarbeiter, in verbesserter Kooperationsbereitschaft und Teamarbeit, höherer Leistungsflexibilität und im kollegialeren Umgangston bemerkbar, wesentlichen Voraussetzungen für die Entwicklung hin zu dem vernetzten, informationsoffenen Unternehmensmodell Enterprise 2.0 und zur immer stärkeren Integration von Markt- und Kundenintelligenz, Produkt- und Leistungsbereitstellung, Service und betriebswirtschaftlicher Steuerung im Sinne von Industrie 4.0.

Durch vertrauensbasierte Führung werden die Eigeninitiative und das verantwortliche Mitdenken der Menschen im Unternehmen entfaltet, ohne jedoch auf Zielvorgaben, Steuerung und Fortschrittskontrolle zu verzichten. Im Gegenteil, die untersuchten Unternehmen mit einem ausgeprägten Vertrauensklima weisen eine transparente und ständig verfügbare Informationsbasis auf, an der sich die Mitarbeiter in eigener Verantwortung orientieren können, um Risiken von Fehlentwicklungen rechtzeitig zu erkennen. Vertrauensklima entfaltet sich durch das gemeinsame Bewusstsein, dass Selbstbestimmung mit der Einbeziehung aller in eine zuverlässige Beherrschung der Komplexität gepaart sein muss. Insofern stellt Vertrauen im wohl verstandenen Sinn nicht etwa ein Ausblenden von Komplexität dar, wie von manchen Theoretikern postuliert, sondern fördert den verantwortungsvollen Umgang mit denjenigen Aspekten der Komplexität, die der Einzelne in seinem Aufgabenbereich zu bewältigen hat.

Die entscheidenden Elemente des Vertrauensklimas nicht zu kennen und sie durch Dirigismus ersetzen zu wollen, hindert diejenigen Führungskräfte daran, die Vertrauen und Kontrolle als Gegensätze sehen, die immer wichtiger werdende Wechselbeziehung beider zu gestalten. „Weiche" Faktoren spielen bei den erfolgreichen Unternehmen in diesem Buch längst eine „harte" Rolle, hart in dem Sinn, dass sich die Mitarbeiter aus Mitverantwortung für das Ganze solidarisch einbringen.

Daraus resultiert die dritte Frage, die sich Verantwortungsträger in der Wirtschaft heute immer dringender stellen müssen:

c. Wie kann der Übergang zu einer vertrauensbasierten Organisation bewirkt werden?

Die Entwicklung einer vertrauensbasierten Organisation stellt heute eine der großen Herausforderungen für viele deutsche Unternehmen dar.

Worin besteht die Herausforderung?

Nach oft mehrfachen Rationalisierungswellen, der Optimierung der Geschäftsprozesse, im Zuge der Automatisierung eines großen Teils der Fertigung, Logistik und

Abwicklung und durch die Formalisierung der immer komplexeren Abstimmungsvorgänge hat sich in den Unternehmen häufig eine Mentalität der Absicherung und abgrenzenden Selbstbehauptung der einzelnen Aufgabenbereiche breit gemacht, mit der bei allen Aktivitäten und Interaktionen immer erst nach den Regelungen gefragt wird, die eingehalten werden müssen. Wo solche Regelungen von Abläufen und Leistungen noch nicht bestehen, werden sie erst einmal eingefordert. So ist in vielen Unternehmen eine Absicherungs- und Abarbeitungsmentalität entstanden, die schwerfällig und inflexibel geworden ist. Sie wird in vielen Fällen durch hierarchisches Denken und Verhalten, durch eng geregelte Kommunikations- und Berichtswege und durch Betonung der Bereichs- und Abteilungszugehörigkeiten verstärkt.

In diesem Umfeld machen die Menschen ihren Job nach Vorschrift und Anweisung, versuchen sorgfältig, Kritik und Gängelei zu vermeiden, sind ihrerseits aber schnell bereit, kritisch zu sein und auf Anforderungen an andere zu bestehen. Oft haben sie ein ungestilltes Bedürfnis nach Wertschätzung, die aber nur zögerlich ausgesprochen wird. Die Menschen arbeiten in einem solchen Umfeld mehr oder weniger spürbar in der Sorge, dass das Unternehmen von hoher Auslastung, wie schon gehabt, unvermittelt wieder in schwieriges Fahrwasser geraten könne. Die Perspektive des Unternehmens, die ihnen vermittelt wird, ist ständig die einer hohen Unsicherheit, so dass sich die Menschen immer weniger mit dem Unternehmen verbunden fühlen. Gemeinschaftsgefühl ist wenig ausgeprägt, es sei denn in dem Ausgesetztsein gegenüber einer Maschinerie.

Die Folge solcher vertrauensarmen Organisationen sind Mangel an Eigeninitiative, latentes Bedenkenträgertum, zunehmende Verkümmerung von Kreativität und geringe Anziehungskraft für qualifizierte ambitionierte neue Mitarbeiter.

Den entscheidenden Anstoß zur Überwindung dieser Mentalität muss die Unternehmensleitung geben, indem sie den Mitarbeitern spürbar das Vertrauen entgegenbringt, Verantwortung für zuverlässige Aufgabenerfüllung übernehmen zu können und zu wollen, sich untereinander selber zu koordinieren und eine hochwertige Gemeinschaftsleistung für das Unternehmen zu erbringen. Die Mitglieder der Unternehmensleitung müssen durch das eigene Verhalten untereinander und gegenüber ihren Mitarbeitern Vertrauen als zentralen Wert für das Unternehmen erkennen lassen, indem sie die Mitarbeiter in den Strategieprozess mit einbeziehen und sie im Rahmen einer beschlossenen Richtungsvorgabe in eigener Initiative und mit ihrer intrinsischen Motivation agieren lassen. Dazu ist zwischen Unternehmensleitung und den Führungskräften auf den verschiedenen Ebenen des Unternehmens ein intensiver Diskurs über vertrauensbasierte Führung erforderlich.

So kann das Vertrauensklima allmählich kaskadenförmig in die Organisation hinein diffundieren und zu einer auf Selbstverantwortung aufbauenden Gemeinschaft führen, zu einer Lerngemeinschaft, die aus der inneren Haltung der Wertschätzung untereinander und gegenüber den Kunden innovative Wertschöpfung erbringt. Die erstaunliche Erfahrung von Unternehmensführern, die diesen Weg beschritten haben, ist, dass die Herausforderung nicht darin besteht, die Mitarbeiter zu motivieren, sondern darin, ihre vorhandene intrinsische Motivation zur Entfaltung zu bringen, sie gegen Störungen zu schützen und durch Bereitstellung der geeigneten Arbeitsbedingungen, Informationen und Werkzeuge die bestmögliche Produktivität zu ermöglichen.

Was zunächst idealistisch klingen mag und hartgesottene Skeptikern ohne solide praktische Beweisführung nicht überzeugen würde, wird in den Unternehmensbeispielen in diesem Buch als eine neue Realität verdeutlicht, auf die die Unternehmen sich einstellen müssen, wenn sie den Herausforderungen zukünftiger Führung gewachsen sein wollen.

Literatur

1. Fallou JL, Sommerlatte T (2014) Quintessenz der Vertrauensbildung. Springer, Heidelberg

Prof. Dr. Tom Sommerlatte ist Vorsitzender des Vorstands des Trust Management Instituts e. V., das es sich zur Aufgabe gemacht hat, die Ergebnisse der Vertrauensforschung in die unternehmerische Praxis zu überführen. Dr. Sommerlatte ist Chairman des Advisory Board des internationalen Consulting-Unternehmens Arthur D. Little GmbH und Mitglied verschiedener Aufsichts- und Beiräte. Viele Jahre lang war er Managing Director der europäischen Aktivitäten und Senior Vice President der Muttergesellschaft von Arthur D. Little. Er ist Autor einer Reihe von Büchern zu Themen des Strategie- und Innovationsmanagements und Mitherausgeber des Buchs „Quintessenz der Vertrauensbildung". Er promovierte an der Université de Paris auf dem Gebiet der Verfahrenstechnik und erwarb den Master of Business Administration am Europäischen Institut für Unternehmensführung, INSEAD. An der Universität Kassel hält er eine Honorarprofessur auf dem Gebiet des Systemdesigns.

Das Vertrauensprofil von Führungskräften und das Vertrauensklima von Organisationen

Tom Sommerlatte

Menschen sind von zwei Seiten des Vertrauens geprägt: ihrer *Vertrauenswürdigkeit* in den Augen anderer und ihrer *Vertrauensfähigkeit* in ihren Beziehungen zu anderen. Bei längerer Zugehörigkeit zu einem Kreis von Menschen stellt sich bei diesen eine meistens unausgesprochene Einschätzung ein, in wieweit und in welcher Hinsicht sie einem vertrauen und wie viel Vertrauen sie von einem erwarten können.

Diese beiden Ausprägungen sind bei Führungskräften besonders kritisch, denn sie bedingen die Qualität und Wirksamkeit der Führung. Führungskräfte stehen in dieser Hinsicht sozusagen unter ständiger Beobachtung durch die zu Führenden, aber auch durch ihre Peers und Superiors.

Ihr Vertrauensprofil bildet sich bei genauerem Hinsehen durch das Zusammenwirken von vier Vertrauensdimensionen heraus: ihrem *Selbstvertrauen*, das sich in ihrem *Entscheidungsverhalten* und ihren *zwischenmenschlichen Beziehungen* bemerkbar macht, die wiederum ihre *Fähigkeit der Teambildung und -führung* bedingen.

3.1 Selbstvertrauen

Dass Selbstvertrauen eine wichtige Eigenschaft von Führungskräften ist, gehört zum klassischen Managerbild. Aber selbstbewusstes Auftreten, mutig erscheinende Ziele und Durchsetzungswille werden von Mitarbeitern und Kollegen nicht ohne weiteres als Ausdruck von Vertrauenswürdigkeit angesehen. Nicht selten ahnen sie dahinter vielmehr mangelndes Selbstvertrauen, das durch aufgesetztes Verhalten kaschiert oder kompensiert

---

T. Sommerlatte (✉)
Trust Management Institut e. V., Wiesbaden, Deutschland
E-Mail: tsommerlatte@trust-management-institute.com

© Springer-Verlag Berlin Heidelberg 2016
T. Sommerlatte, F. Keuper (Hrsg.), *Vertrauensbasierte Führung*,
DOI 10.1007/978-3-662-46233-1_3

wird. Nur zur Schau gestelltes Selbstvertrauen kann zunächst verhelfen, höhere Führungsstufen zu erklimmen, bis einsame Entscheidungen, der Verlust von Unterstützung durch Peers und oft auch privater Stress das Ende herbeiführen.

Analysen des Trust Management Instituts und einer Reihe von Vertrauensforschern haben denn auch gezeigt, dass Führungskräfte, die ihr Leben exzessiv auf ihren beruflichen Erfolg ausgerichtet haben, Vertrauen nur beschränkt oder überhaupt nicht erhalten. Oft ist es ein Teufelskreis, denn den Mangel an Vertrauen glauben die Workaholics durch weiteren verstärkten Einsatz überwinden zu können. Aber ihre Arbeitsbeziehungen werden dadurch meistens inflexibel, von Intoleranz geprägt und hektisch.

Fundiertes Selbstvertrauen entsteht dagegen durch Stabilität der ethischen Basis, durch Ausgewogenheit von Berufs- und Privatleben und durch Beständigkeit des Verhaltens.

Wichtige Indikatoren dafür sind die Stärke der ethischen Überzeugungen, die Klarheit der daraus abgeleiteten Werte und deren Anwendung bei komplexen Verhaltensalternativen, die Pflege menschlicher Bindungen, kulturelle Interessen, gemeinnütziges Engagement und die Fähigkeit, das Privatleben gegen die Sorgen und Risiken der beruflichen Verantwortung abzugrenzen. Führungskräfte mit einem so fundierten Selbstvertrauen beweisen, dass ihr Verhalten unabhängig von Druck und Kräften im Umfeld ist, sie sind frei von Herrschsucht, Vorurteilen und Launen und beziehen andere in die Entscheidungsfindung ein. Ihr Selbstvertrauen bedarf keiner künstlichen Bestätigung durch Machtgehabe oder Perfektionismus.

Wie auch immer eine Führungskraft ihre ethische Basis erhalten, gefunden oder gebildet hat – durch Vorbild, Glauben, Vernunft oder durch eine Kombination davon – die daraus entspringenden Werte verhelfen ihr, bei komplexen Verhaltenssituationen den Weg zu gehen, der ihrer eigenen Gewissensprüfung am besten standhält. Besonders wenn es darum geht, rechtliche oder ökologische Aspekte, menschliche Gesichtspunkte, Wettbewerbsanforderungen, Wirtschaftlichkeitsdruck und andere Anforderungen gegeneinander abzuwägen und zu Verhaltensentscheidungen zu verbinden, ist eine stabile ethische Basis notwendig, um sich nicht durch Opportunität und Druck „verbiegen" zu lassen.

Dem Trust Management Institut sind Unternehmensführer bekannt, die mit sich selbst und im kontroversen Austausch mit ihren Führungskollegen darum gerungen haben, welche Entscheidung mit welchen Konsequenzen sie treffen sollten. Zukunftsinvestitionen und Erwartungen des Kapitalmarkts, Qualität und Kosten, Umweltschutz und Rendite, Kunden- und Unternehmensinteressen, Konsens und eigener Durchsetzungswille standen in solchen Situationen oft im Widerstreit. Wann immer eine Führungskraft dem stärkeren Druck nachgab, statt ihrem Gewissen zu folgen oder nicht konsequent zu Ende dachte, verlor sie im Endeffekt an Vertrauenswürdigkeit und musste sich danach viel stärker gegen unterschwelliges Misstrauen der Führungskollegen und Mitarbeiter behaupten.

Selbstvertrauen entsteht nicht durch theoretische Argumente, sondern durch die gesammelte Erfahrung aus dem eigenen Verhalten und seinen Folgen. Wenn das Verhalten beständig und eine innere Linie erkennbar ist, so verstärken sie die Identifikation mit sich selbst und damit das Selbstvertrauen.

3.2 Zwischenmenschliche Beziehungen

Das Selbstvertrauen einer Führungskraft spiegelt sich in der Qualität ihrer zwischenmenschlichen Beziehungen wider. Führungskräfte mit fundiertem Selbstvertrauen beweisen in ihren Beziehungen zu Führungskollegen und Mitarbeitern Zugänglichkeit, Gerechtheit, Gerechtigkeit und Anstand.

Vertrauensvolle Beziehungen entwickeln sich, wenn trotz der üblichen Vielzahl von Sitzungs-, Besprechungs- und Reiseterminen immer noch Zeit für Kollegen und Mitarbeiter besteht, die ein Gespräch suchen, und wenn die Führungskraft selber Gelegenheiten für persönliche Gespräche mit ihnen schafft. Dazu gehört die Fähigkeit, zuzuhören und auch das Unausgesprochene herauszuhören, aus Blicken und Wendungen zu erkennen, was der Gesprächspartner auf dem Herzen hat. Nur wenn die Zugänglichkeit mit glaubwürdigem Interesse verbunden ist und wenn die erhaltenen Informationen und Signale zu nachvollziehbaren Reaktionen führen, entsteht eine vertrauensvolle Beziehung, wird die Führungskraft der Situation gerecht. Einer Situation, einer Aufgabe oder einer Rolle gerecht zu werden, hat mit einem selber zu tun, während gerecht in der Beziehung zu anderen zu sein, eine Frage der Gerechtigkeit ist, etwa bei der Aufgabenverteilung zwischen Mitarbeitern, bei ihrer Behandlung, Belohnung und Beförderung. Für die zwischenmenschlichen Beziehungen im Unternehmen und ihre Auswirkungen auf das Vertrauen spielen beide Aspekte eine Rolle. Vertrauen bei den Mitarbeitern entsteht, wenn die Behandlung aller nach gerechten Maßstäben erfolgt und ihre Anwendung verlässlich und frei von Präferenzen und Machenschaften ist. Nur so wird eine Führungskraft in den Augen der Mitarbeiter ihrer Führungsaufgabe gerecht, besonders in Zeiten, in denen sich Organisation und Leistungsanforderungen verändern müssen.

Mit den Verantwortungsstrukturen in den Unternehmen sind Machtstrukturen verbunden. Führungskräfte, die ihre Mitarbeiter unter dem Druck ihrer Verantwortung, oft verstärkt durch Ungeduld ihrer Superiors, barsch behandeln, nutzen zwar ihre Macht, verlieren aber umso mehr an Vertrauen. Manche Führungskräfte sind auf seltsame Weise stolz darauf, Anweisungen geben und befehligen zu können, bei ihren Mitarbeitern Angst vor Versagen als Antrieb einzusetzen. In nicht wenigen großen Unternehmen gibt es ein tradiertes Hierarchiedenken und -verhalten, das diese Art von Machtausübung zulässt. Das führt allerdings dazu, dass die zwischenmenschlichen Beziehungen der Führungskräfte verkümmern und dass sich, entgegen den offiziellen Führungs- und Informationsprozessen, bei den Betroffenen ungeschriebene Spielregeln des Schutzes und defensiven Verhaltens herausbilden. In manchen dieser Unternehmen, die durch beschönigende Kommunikation eine Art Deckmantel über die hierarchieorientierte Machtausübung gelegt haben, ist eine kastenähnliche Trennung der Führungsebenen zu beobachten, die immer unnahbarer werden und autoritärer agieren. In diesen Unternehmen wird es immer schwerer, das für vernetztes Verhalten und kooperative Wissensbereitstellung erforderliche Vertrauensklima zu schaffen, das neben der Weiterentwicklung digitaler Netzwerke Grundbedingung für die Realisierung der Konzepte Enterprise 2.0 und Industrie 4.0 ist.

3.3 Teamgeist

Ebenso wie das fundierte Selbstvertrauen der Führungskräfte die Grundlage ihrer vertrauensvollen zwischenmenschlichen Beziehungen darstellt, ebenso ist die Fähigkeit zu dieser Qualität der Beziehungen über Hierarchieebenen und Bereichsgrenzen hinweg Voraussetzung für die Entwicklung von Teamgeist.

Es ist geradezu borniert, in einem Umfeld Teamverhalten zu fordern, in dem keine gültige und gelebte ethische Basis etabliert ist, in dem Führungskräfte sich ein autoritäres Verhalten erlauben können und für die Mitarbeiter kaum zugänglich sind und in dem die Mitarbeiter nicht an die Vertrauensfähigkeit der Führung glauben.

Organisationswissenschaftliche Untersuchungen haben aufgezeigt, dass Teamarbeit nur entsteht, wenn die Führungskräfte sichtbar und überzeugend die Ziele und Werte des Teameinsatzes vorleben, wenn sie Enthusiasmus dafür wecken und wenn Synergie die Mitarbeiter stärker motiviert als Einzelleistung.

Die Fähigkeit und der Einsatz der Führungskräfte für die Bildung eines solchen Teamvertrauens spielen eine entscheidende Rolle dabei, die Identifikation ihrer Mitarbeiter mit dem Unternehmen zu stärken und die Anforderungen des Einsatzes auf ein höheres gemeinsames Ziel auszurichten. Damit Kundenorientierung, Termintreue, Qualitätsbewusstsein und Kosteneffizienz nachhaltig sein können, müssen sie übergeordneten Zielen und Werten verpflichtet sein – Kunden zu helfen, neue oder größere Spielräume für ihre Entfaltung zu erschließen, ihnen das Leben, ihre Aufgabenerfüllung oder die Bewältigung von Problemen zu erleichtern oder ihre Risiken zu reduzieren, gesellschaftlichen, ökologischen oder ästhetischen Werten gerecht zu werden und das Unternehmen innovativ auf künftige Anforderungen und Chancen hin zu entwickeln.

Die Einsatzbereitschaft und den Teamgeist der Menschen auf diese übergeordneten Ziele und Werte hin orientieren zu können, gehört zu den profundesten Erlebnissen von Führungskräften. Ihr Enthusiasmus, der sich am Reiz der gemeinsamen Aufgabe und an dem Vertrauen entzündet, dass man gemeinsam diese Aufgabe bewältigen kann, überträgt sich auf die Mitarbeiter und befähigt sie, ihren Einsatz über längere Zeit durchzuhalten, mit Ideenreichtum Hindernisse zu überwinden und neue Wege zu gehen. Dieser Zustand des beflügelnden gegenseitigen Vertrauens und der hohen Teamresonanz ist jedoch anfällig. Ihn zu erhalten, gelingt Führungskräften, die ihre eigenen Sorgen und Stimmungsschwankungen nicht auf das Team abfärben lassen, die trotz Hindernissen und Schwierigkeiten Optimismus ausstrahlen und frühzeitig erste Erfolge der gemeinsamen Anstrengungen erkennen und sichtbar machen können.

Weil die vertrauensbasierte Arbeitsweise erfolgversprechender ist, gewinnen Netzwerke und Teams gegenüber hierarchischen, durch sequenzielle Prozesse charakterisierten Organisationsformen immer mehr an Bedeutung. Während in hierarchischen Organisationen mit funktionsspezifischen Leistungseinheiten Vertrauen dem technisch-prozessualen Steuerungs- und Kontrollsystem gilt und ihm gegenüber nicht selten zum blinden Vertrauen wird, kommt es in Netzwerkorganisationen auf die Fähigkeit an, situativ Synergien zu nutzen und flexible interdisziplinäre Teams entstehen und interagieren zu lassen. Die Führungskräfte müssen hier in erster Linie Kooperation und Vertrauen in und zwischen Teams gedeihen lassen. Sie können nicht mehr vorherbestimmen, was ablaufen soll, vielmehr müssen sie Ziele abstimmen und kommunizieren und Verantwortung für den engagierten Einsatz der Teammitglieder delegieren. Die Synergienutzung hängt von der Kreativität der Akteure, ihrem kooperativen Verhalten und ihrem vertrauensvollen Zusammenwirken ab.

Dem steht in vielen Unternehmen das Denken in hierarchischen Kategorien entgegen, bei dem die Führungskräfte auf Basis ihrer technischen und betriebswirtschaftlichen Kompetenz entscheiden und die Umsetzung kaskadenartig in die Organisationseinheiten delegieren, die jeweils Teilinformationen besitzen und einander oft misstrauen. Daran ändern auch immer feinmaschigere Informationsverarbeitungs- und Kontrollsysteme nichts.

Bei Führung in Netzwerkorganisationen muss das Vertrauen in Menschen die Oberhand behalten. Die Vertrauensfähigkeit der Führungskräfte ist gefordert.

3.4 Unternehmerisches Führen und Entscheiden

Umgekehrt gewinnt das Vertrauen der Mitarbeiter in die Unternehmensführung, die Vertrauenswürdigkeit der Führungskräfte, an Bedeutung. Sie entsteht durch den Beweis und die Erfahrung, dass die Führungskräfte problematische Entwicklungen frühzeitig erkennen und sich entschlossen damit auseinander setzen, dass sie Widerstandskraft gegenüber Bedenkenträgertum und Fehlschlägen beweisen und dass sie einen Sinn für Chancen haben, die sie unternehmerisch zu ergreifen bereit sind.

Niemand kann von Führungskräften erwarten, dass sie vor unerwarteten Entwicklungen im Markt, im Wettbewerb und in den Rahmenbedingungen des Geschäfts gefeit sind. Wenn sie aber Unsicherheiten nicht erkennen, sie verschweigen oder mit scheinbar allwissenden Aussagen unter den Teppich zu kehren versuchen, bis das Unternehmen schließlich durch die tatsächlichen Entwicklungen in Schwierigkeiten gerät, dann ist ihre Vertrauenswürdigkeit schnell dahin. Die Hellhörigkeit der Führungskräfte für problematische Entwicklungen und ihre sichtbare Bereitschaft, darauf frühzeitig und bedacht zu reagieren, kompensiert in den meisten Fällen das Eingeständnis, dass das Unternehmen Unsicherheiten ausgesetzt ist. Die Auseinandersetzung mit den Zukunftsfragen des Unternehmens explizit zu organisieren, bewirkt bei den Mitarbeitern vielmehr ein gemeinsames Verständnis der Risiken und Anforderungen, das vertrauensfördernd ist und ihr Engagement verstärkt. Selbst Rückschläge und Misserfolge offen zu diskutieren, auch wenn sie selbstverschuldet sind, bedeutet keinen Gesichtsverlust für die Führung, wenn sie sichtbar daraus Lehren zu ziehen bereit ist und die guten Absichten mit neuem Mut und Elan weiterverfolgt.

Das Umfeld der Unternehmen ist heute von einer Atmosphäre von Skepsis und Schuldzuweisungen geprägt, die auch immer wieder in die Unternehmen hinein wirkt. Um das Vertrauensklima im Unternehmen dagegen zu schützen, müssen und können Führungskräfte durch ihr Verhalten und ihre offene Interaktion mit ihren Mitarbeitern und dem Betriebsrat Widerstandskraft gegen Gerüchte, Unterstellungen und Unkenrufe erzeugen.

Chancenfähigkeit erfordert den Mut, frühe Anzeichen von neuen Entwicklungspotenzialen, unternehmensintern oder im Markt, zu erkennen und sie zu verfolgen, ohne alle Informationen und Faktoren eingehend analysieren zu können, die zur Absicherung wünschenswert wären, aber im Nebel der Zukunft liegen. Auf dieser Basis getroffene Entscheidungen und eingeleitete Entwicklungsvorhaben erfordern bei zunehmender Konkretisierung des zugrunde gelegten Zukunftsbilds die Bereitschaft, das Entschiedene noch zu korrigieren und eingeleitete Handlungen zu modifizieren. Unternehmensführer, die diese Fähigkeit und das dazugehörige Selbstvertrauen besitzen, können ihrem Unternehmen auch in einem sehr dynamischen Umfeld Vertrauen in die Zukunft einflößen.

Das *Vertrauensprofil einer Führungskraft* lässt sich nach den beschriebenen Kriterien einer Selbstbewertung unterziehen, die dazu verhilft, sich die eigene Praxis der vertrauensbasierten Führung vor Augen zu führen und an ihr zu arbeiten. Angesichts der großen (bisher meist unterschätzten) Bedeutung des *Vertrauensklimas im Unternehmen* und seiner Wechselbeziehung mit dem Vertrauensprofil der Führungskräfte ist es hohe Zeit, diese Phänomene ebenso ernst zu nehmen wie die Produktivität und die Innovationsleistung von Unternehmen, die ja in immer stärkerem Maß vom Vertrauensklima abhängen.

Das *Vertrauensklima von Organisationen* wird entscheidend vom Zusammenspiel der Vertrauensprofile der Unternehmensführer und der Führungskräfte auf allen Ebenen und in allen Bereichen des Unternehmens geprägt. Als entscheidend für das Vertrauensempfinden der Menschen im Unternehmen, aber auch für die anderen sogenannten Stakeholders des Unternehmens (Anteilseigner, Kunden, Lieferanten, gesellschaftliches Umfeld, Geschäftspartner) haben sich sechs vertrauensbildende oder vertrauensschädigende Charakteristika erwiesen:

- Wie offen und glaubwürdig wird kommuniziert?
- Wie verlässlich funktioniert das Unternehmen?
- Welche Perspektive hat das Unternehmen?
- Wie stehen die Mitarbeiter zu ihrem Unternehmen?
- Wie hoch ist die Wertschätzung durch das Unternehmen?
- Wie ausgeprägt ist das Gemeinschaftsgefühl?

Für die Bewertung dieser Dimensionen des Vertrauensklimas hat das Trust Management Institut Indikatoren entwickelt, die erhebbar und skalierbar sind und zur transparenten Profilierung und Charakterisierung des Vertrauensklimas dienen.

Diese Charakteristika zu kennen, verhilft dazu, sich der Stärken und Schwächen des Vertrauensklimas eines Unternehmens bewusst zu werden und die entscheidenden Änderungen zu verfolgen.

3.5 Wie offen und glaubwürdig wird kommuniziert?

Vertrauensbildung im Unternehmen ist nur möglich, wenn alle Formen der unternehmensinternen Äußerungen der Unternehmensleitung glaubwürdig und zuverlässig sind. Bei den nach außen gerichteten Publikationen sind die Mitarbeiter der meisten Unternehmen ohnehin daran gewöhnt, dass der Werbezweck im Vordergrund steht und dass von der Glaubwürdigkeit oft nicht viel zu halten ist.

Schöne Worte, die über die realen Verhältnisse und Erfahrungen der Mitarbeiter im Unternehmen hinweggehen, unterminieren die Glaubwürdigkeit. Das gilt leider in vielen Unternehmen für die Aussagen zur Corporate Identity und zur Vision und Mission des Unternehmens.

Noch schädlicher ist allerdings die Abwesenheit von Kommunikation zu Fragen, die die Mitarbeiter beschäftigen und die, wenn sie über längere Zeit oder prinzipiell unbeantwortet bleiben, Misstrauen schürende Gerüchte auslösen. Warum werden Arbeitsplätze abgebaut, wenn das Unternehmen Gewinne macht? Welche Absicht wird in Wirklichkeit mit der erneuten Reorganisation verfolgt? Welche Chancen hat das Unternehmen gegen die viel zitierten Kostenvorteile von Wettbewerbern aus Niedriglohnländern? Wie ist es zu erklären, dass das Unternehmen trotzdem hohe Exporte erzielt? Warum muss schon wieder fusioniert werden? Was plant der Vorstand? Warum werden Missstände im Unternehmen nicht schneller ausgeräumt? Mit welchem Recht kassiert der Vorstand so hohe Gehälter und Bonuszahlungen? Warum wird die Erfahrung der Mitarbeiter vor Ort nicht stärker berücksichtigt? Wer im Vorstand macht bei offensichtlichen Rivalitäten das Rennen? Sind unsere Produkte und Dienstleistungen wirklich zukunftssicher?

Der Vorstandsvorsitzende muss nicht nur in seiner Kommunikation mit den Vorstandskollegen für alle sichtbares gegenseitiges Vertrauen schaffen. Er muss darüber hinaus dafür Sorge tragen, dass diese auch mit den ihnen direkt unterstellten Führungskräften eine auf Vertrauen ausgerichtete Kommunikation pflegen und ihnen helfen, vertrauensstiftend mit der nächsten Ebene zu kommunizieren. Diese Kaskade von vertrauensstiftender Kommunikation setzt voraus, dass alle Stationen der stillen Post von der Bedeutung von Vertrauen ineinander und in das Unternehmen überzeugt sind und wissen, wie man vertrauenswürdig kommuniziert.

Und wie kommuniziert man vertrauenswürdig? Die Antwort ist einfach: so, wie man es sich von den Personen wünscht, denen gegenüber man selbst verantwortlich ist. Führung per Anweisungen, Entscheidungen ohne Begründung, Unzugänglichkeit gegenüber Kenntnissen und Fragen der Geführten, nach Pflichtübung riechende Abarbeitung von Routinen, aber auch mangelnde Erreichbarkeit der Vorgesetzten sind Kommunikationsprobleme, die kein Vertrauen in die Führung aufkommen lassen.

In vielen Unternehmen kann man „Kommunikationsinseln" beobachten. Was zwischen Vorstand und Bereichsleitern besprochen und abgestimmt wird, erhält bei der Weitergabe in die einzelnen Bereiche oft eine abgewandelte Tonart, wird bereichsspezifisch interpretiert und von den Bereichsverantwortlichen in eine Abgrenzung zu „den anderen" umgemünzt. Dies gilt besonders, wenn sie dem Gehörten, dem mit dem Vorstand Beschlossenen nicht wirklich vertrauen und mit dem, was ihren Bereich betrifft, nicht einverstanden sind, ohne dies zur Sprache bringen zu können. Das Gleiche passiert oft innerhalb der Bereiche noch einmal, wenn die Abteilungsleiter die Informationen und Anweisungen der Bereichsleiter in ihrer eigenen Tonart und von ihren Interessen gefärbt an ihre Mitarbeiter weitergeben.

Vier Kriterien haben sich als aussagekräftige Indikatoren für das Vertrauen in die Kommunikation der Unternehmensleitung erwiesen:

- die Verständlichkeit und Glaubwürdigkeit der Aussagen der Unternehmensleitung,
- die Einhaltung der eingegangenen Engagements,
- die Klarheit und Beständigkeit der Führung und
- die Zugänglichkeit der Führung für Informationen, Argumente und Meinungen.

3.6 Wie verlässlich funktioniert das Unternehmen?

Wer neu in ein Unternehmen kommt, versucht unbewusst, ein Gefühl dafür zu entwickeln, welches Verhalten in den verschiedensten Situationen im Unternehmen konform ist, was zu sagen und zu tun akzeptabel ist oder als gut angesehen wird – und was im Gegenteil als schlecht angesehen wird, gefährlich oder tabu ist. Es ist wie die Erkundung eines neuen Terrains, ohne die man im Ungewissen tappt. Dabei geht es darum, hinter den offiziellen Aussagen des Unternehmens über Werte und Unternehmenskultur und hinter der offiziellen Organisation die unsichtbaren Spielregeln zu erkennen, der sich im Laufe der Zeit zwischen der Unternehmensleitung, dem mittleren Management und den Mitarbeitern herausgebildet hat. Sie existieren nur in den Köpfen der Mitarbeiter, halten sich aber meist dauerhafter als die offiziell verkündeten Regeln und Organisationsstrukturen und bestimmen das Verhalten und Befinden der Menschen im Unternehmen in meist ungeahnter Weise.

Die Mitarbeiter bewegen sich in dem Spannungsfeld zwischen deklarierten und ungeschriebenen Verhaltensregeln, indem sie daraus eine eigene Synthese entwickeln. Je größer die Diskrepanz, desto geringer ist das Vertrauensverhältnis zum Unternehmen und zur Führung und desto stärker sind die Mitarbeiter damit beschäftigt, sich zurechtzufinden und abzusichern, besonders wenn die Führungspersonen häufig wechseln, eine organisatorische Veränderung nach der anderen erfolgt und immer wieder neue Regeln und Anforderungen aufgestellt werden.

Die Beweggründe der Mitarbeiter sind bei genauem Hinsehen meist sehr verständlich: Sie suchen nach Stabilität, nach Vorankommen, Kollegialität und Förderung. Sie sind hellhörig für die Chancen, bei dieser Suche Unterstützung durch die Führungshierarchie zu erhalten und machen sich ein eigenes Bild von den Prioritäten und Methoden der Vorgesetzten. Je weniger sie den Chancen vertrauen und je dubioser ihnen die Funktionsweise „des Systems" erscheint, desto stärker machen sie nur gute Miene zum bösen Spiel und vertrauen ihrer etablierten Erfahrung.

Wenn Vertrauensbildung jedoch zu einem wichtigen Ziel der Organisationsentwicklung wird, dann ergeben sich daraus veränderte Schwerpunkte des Führungsverhaltens.

Denn Vertrauen in die Führung entsteht, wenn sich immer wieder bestätigt, dass der Initiative der Mitarbeiter eine wichtige Rolle beigemessen wird und ihnen dabei entstehende Fehlschläge nicht zum bleibenden Nachteil gereichen; wenn die Verhaltensweise der Führungskräfte fair und berechenbar ist; wenn ein offener, wirkungsvoller und respektvoller Dialog zwischen den Vorgesetzten und ihren Mitarbeitern besteht und wenn die Regeln der Kooperation und des Vorankommens klar, fair und beständig sind.

Vier Kriterien haben sich als aussagekräftige Indikatoren für das Vertrauen in die Verlässlichkeit der Funktionsweise einer Organisation erwiesen:

- die Klarheit der Verhaltensregeln und Werte im Unternehmen,
- das Respektieren dieser Regeln und Werte,
- der Raum für Initiative und
- die Beziehung zwischen Führung und Mitarbeiterschaft.

3.7 Welche Perspektive hat das Unternehmen?

Das Vertrauen der Mitarbeiter in die erfolgreiche Weiterentwicklung ihres Unternehmens hat in erster Linie eine für jeden von ihnen persönliche Bedeutung, die aber über die reine Arbeitsplatzsicherheit hinausgeht und von der Perspektive abhängt, die das Unternehmen ihnen bietet.

Wie ausgeprägt ist das Bemühen der Unternehmensleitung, das Know-how der Mitarbeiter auszubauen und zu halten und den Mitarbeitern lohnende Entwicklungschancen zu bieten? Wie wettbewerbsfähig sind die Produkte und Dienstleistungen und wie stark investiert das Unternehmen in deren Weiterentwicklung und in neue Ideen? Wodurch unterscheidet sich das Unternehmen von seinen Wettbewerbern, und welche besonderen Fähigkeiten werden ihm und seinen Mitarbeitern zugesprochen? Diese Fragen entspringen der Sorge um den eigenen Marktwert. Je sicherer sich die Mitarbeiter sind, dass das Unternehmen ihnen dazu verhilft, gefragt zu sein, desto größer ist ihr Vertrauen in das Unternehmen – selbst in schwierigen Zeiten, in denen es sich auf einen konjunkturellen Abschwung, auf härteren Wettbewerb oder auf strukturelle Veränderungen einstellen muss. Wichtig ist hierbei die Erfahrung aus vorangegangenen Krisen. Wenn die Unternehmensleitung diese mit sicherer Hand und Weitblick durchschifft hat, bleibt die Vertrauensbereitschaft und Loyalität der Mitarbeiter hoch. Wenn das Krisenmanagement in vergangenen Situationen dagegen verstört und kurzsichtig erschien, schwindet das Vertrauen bei einer neuen krisenhaften Phase sofort und lässt sich, wenn überhaupt, nur schwer und erst in einem langen und geduldig geführten Prozess wieder aufbauen.

Für das Vertrauen in die Perspektive, die Unternehmen ihren Mitarbeitern vermitteln, haben sich drei Kriterien als aussagekräftige Indikatoren erwiesen:

- die Zukunftsfähigkeit des Unternehmens,
- die Sicherheit der eigenen Beschäftigung und
- die Fähigkeit, Krisen zu bewältigen.

3.8 Wie stehen die Mitarbeiter zu ihrem Unternehmen?

Die Reputation eines Unternehmens strahlt auf die darin arbeitenden Menschen zurück und kann im positiven Fall Teil ihres Selbstbewusstseins werden. Weil es attraktiv ist, zu einem angesehenen Unternehmen zu gehören, neigen Mitarbeiter dazu, ihr Unternehmen auch in ihrem Bekanntenkreis positiver darzustellen, als sie es intern erleben. Darin schwingt der Stolz mit, selbst dazuzugehören. „Wir sind Marktführer" und „unser Unternehmen" sind Formulierungen, die die Identifikation mit dem gemeinsamen Ansehen zum Ausdruck bringen. Je uneingeschränkter die Berechtigung der Reputation empfunden wird, desto robuster ist das Vertrauen in das Unternehmen als Ganzes, als System, zu dem man selbst gehört oder als dessen Mitgestalter man sich sieht. Dieses Systemvertrauen übersteht auch interne Fehlentwicklungen und Probleme im Markt über längere Zeit und motiviert besonders stark dazu, durch gesteigerten Einsatz die Berechtigung der Reputation wieder herzustellen. Unternehmen wie Daimler, Siemens oder die Deutsche Post erlebten diese Verteidigung der Reputation durch ihre Mitarbeiter in Zeiten, in denen sie angekratzt war.

Die Basis der Reputation und des Vertrauens in das Unternehmen als Ganzes können seine technische Kompetenz, sein Marken- und Qualitätsimage, seine Innovationserfolge, seine unternehmerische Führung, seine Bedeutung für das Wohl der Gesellschaft oder eine Kombination dieser Merkmale sein. Deren motivierende und vertrauenstiftende Wirkung ist umso größer, je stärker der einzelne Mitarbeiter, die einzelne Führungskraft sich beteiligt fühlt und den eigenen Einfluss erkennt. Zum Vertrauensklima gehört daher, dass der Beitrag der Führungskräfte und aller Mitarbeiter ausdrücklich anerkannt und benannt wird, dass nicht nur in den PR-orientierten Veröffentlichungen des Unternehmens darauf hingewiesen wird, während beim nächsten Konjunkturdämpfer wieder „Humankapital aus dem Fenster geworfen wird", sondern dass die Zukunftsvision des Unternehmens so erkennbar und verlässlich ist, dass jeder Mitarbeiter darin sein eigenes Entwicklungspotenzial sehen kann.

Drei Kriterien haben sich als aussagekräftige Indikatoren für das Vertrauen erwiesen, das aus der Identifikation mit dem Unternehmen entsteht:

- die Reputation des Unternehmens,
- das Gefühl, dazuzugehören und
- das Bewusstsein, eine konstruktive Rolle zu spielen.

3.9 Wie hoch ist die Wertschätzung durch die Unternehmensleitung?

Die Wertschätzung, die den Mitarbeitern durch ihre direkten Vorgesetzten und die Unternehmensleitung zugesichert wird, ist für sie nur so viel wert, wie sie ihrerseits die Unternehmensleitung und das Unternehmen wertschätzen. Solange sie die Kommunikationsweise der Führungskräfte nicht für glaubwürdig, verbindlich und offen halten, solange die Funktionsweise und die Zukunftsperspektive des Unternehmens sie nicht überzeugen und sie sich nicht aus dieser Überzeugung mit dem Unternehmen identifizieren, kann kein Vertrauensklima entstehen, auch wenn sich das Unternehmen bemüht, die Mitarbeiter durch andere Maßnahmen vertraglicher oder finanzieller Art an sich zu binden.

Das Vertrauen in die Zuverlässigkeit der Unternehmensführung und in die Perspektive des Unternehmens muss entstanden sein, damit auch Vertrauen in die gerechte individuelle Wertschätzung der Leistung und des Beitrags der Mitarbeiter aufkommen kann. Voraussetzung dafür ist die Art und Weise, wie individuelle Leistung als Beitrag zur Gesamtleistung des relevanten Bereichs und des Unternehmens insgesamt bestimmt und bewertet wird, wie sich die Anerkennung äußert, nicht nur in materieller Hinsicht, sondern in Form von Entwicklungsförderung und kontinuierlichen Zeichen des Vertrauens. In materieller Hinsicht spielt die Vergleichbarkeit mit Kollegen innerhalb des Unternehmens und mit ähnlichen Positionen in anderen Unternehmen eine Rolle, vor allem aber sind die Transparenz und Verständlichkeit der Bewertungs- und Entlohnungsstrukturen im Unternehmen von Bedeutung. Wenn in dieser Hinsicht Vertrauen in Fairness und Anerkennung besteht, ist es den meisten Mitarbeitern wichtiger, dass das Unternehmen ihnen längerfristige Entwicklungsmöglichkeiten, eine persönliche Zukunftsperspektive und einen ständigen Lernfortschritt bietet, als dass sie überdurchschnittlich bezahlt werden. Die Möglichkeiten der Eigeninitiative und der Zugehörigkeit zu einem stimulierenden Team sind die wichtigsten Formen der Wertschätzung – und zwar auf allen Ebenen, die oberste Führungsebene eingeschlossen.

Viele Führungskräfte unterschätzen die Rolle, die Freundlichkeit für ihre Vertrauenswürdigkeit in den Augen der Mitarbeiter spielt. Untersuchungen haben ergeben, dass eine hohe Korrelation zwischen freundlichem Verhalten und dem Urteil über ihre Vertrauenswürdigkeit besteht, weil Freundlichkeit ihrerseits eine hohe Korrelation mit dem Wohlwollen, der Integrität und der Kompetenz aufweist, die einer Person beigemessen werden. „So gesehen", folgert Wolfgang Scholl, „beinhaltet Vertrauen die Erwartung einer in einer abhängigen Situation befindlichen Person, dass ihre Abhängigkeit nicht ausgenutzt wird, sondern sich eher vorteilhaft auswirkt, da die andere Person oder Gruppe in wichtigen Punkten kompetenter ist (das macht u. U. die Abhängigkeit aus) und sich im Fall von Differenzen integer verhält." Und weiter: „Vertrauenswürdigkeit hängt dagegen nicht mit Positionsmacht und Organisationsbelohnung (wie Beförderung) zusammen. Positive Korrelationen der Vertrauenswürdigkeit bestehen vielmehr mit der Informationsbereitschaft und Fachkompetenz der Führungskräfte, mit der Gestaltung von Freiräumen und persönlicher Belohnung (z. B. Anerkennung) und besonders mit dem Charisma der Führungskräfte. Vertrauen als kollektives Merkmal der Organisationskultur ist nach unseren

Untersuchungsergebnissen mit der Mitarbeiterorientierung der Führungskräfte, mit einem klaren Leitbild der Organisation, mit externer Anpassungsfähigkeit, Ideenreichtum, guter Ideenauswahl und Umsetzungsqualität, mit der kollektiven Koordinationsfähigkeit, dem Erfolg von Innovationen und dem Unternehmenserfolg insgesamt korreliert." [1].

Vier Kriterien haben sich in unseren Projekten als aussagekräftige Indikatoren für die Wertschätzung durch ein Unternehmen erwiesen:

- die Fähigkeit der Mitarbeiter, den eigenen Beitrag zu erkennen,
- die Anerkennung ihrer individuellen Leistung,
- die Gerechtheit der Belohnung und
- die Möglichkeiten der Selbstverwirklichung.

3.10 Wie ausgeprägt ist das Gemeinschaftsgefühl?

Der Gipfel des angestrebten Vertrauensklimas ist erreicht, wenn ein starkes kollektives Vertrauen (Systemvertrauen) im Unternehmen herrscht, dass man zusammen allen Herausforderungen gewachsen ist. Dieser Zustand sollte allerdings nicht mit der in manchen etablierten Unternehmen verbreiteten Vorstellung verwechselt werden, dass nichts dem Unternehmen etwas anhaben könne – diese entsteht meist nicht aus Vertrauen, sondern aus Ahnungslosigkeit oder Arroganz.

Ein positives Vertrauensklima entsteht, wenn die Unternehmensleitung, die Führungskräfte auf allen Ebenen und die Mitarbeiter sich bewusst sind, dass sie in der Gesamtheit ihrer Kompetenzen ein Leistungspotenzial besitzen, mit dem sie bei engagierter Teamarbeit, aufmerksamer Chancennutzung und sorgfältig gesteuerter Innovationsbereitschaft Erfolg haben werden. Entscheidend ist das Bewusstsein, dass das Leistungspotenzial des Unternehmens größer ist als die Summe der Einzelleistungen, weil aus dem gegenseitigen Vertrauen ein Verstärkereffekt entspringt, durch den der Einzelne mit seinem Beitrag über sich hinauswächst. Es ist mehr als pflichtbewusste Zusammenarbeit, vielmehr die Zugehörigkeit zu einer kompetenten, verlässlichen Gemeinschaft, die das Vertrauen inspiriert.

Die Führungsaufgabe besteht darin, die Bedingungen für eine wirkungsvolle Teambildung zu schaffen, die nicht von den Eigeninteressen von Bereichen oder Funktionen beeinträchtigt wird und durch die die Ambition entsteht, ein großes gemeinsames Ziel zu erreichen. Damit diese Ambition anhält, bedarf sie der Würdigung durch die größere Gemeinschaft des Unternehmens – auch wenn ein Ziel nicht erreicht wurde – und eines weiteren sportlichen Ansporns. Finanzielle Anerkennung sollte, wenn überhaupt, nur eine Nebenrolle spielen. Entscheidend ist, dass die Mitarbeiter sich in eine Unternehmenswelt einbezogen empfinden, in der Teamgeist herrscht und die auch ihrer Selbstentfaltung förderlich ist.

Vier Kriterien haben sich unserer Erfahrung nach als aussagekräftige Indikatoren für das Zugehörigkeitsgefühl zu einer Gemeinschaft und dessen Auswirkung auf das Vertrauensklima erwiesen:

- die Rolle von Teamarbeit,
- die Qualität der Teams,
- die Teilhabe an einem gemeinsamen Ziel und
- die Wertschätzung der gemeinsamen Leistung.

Literatur

1. Scholl W (2011) Vertrauen in Organisationen. In: Trust Management Institut (Hrsg) Vertrauen schaffen in einer immer komplexeren Welt. Trust Management Institut, Wiesbaden

Prof. Dr. Tom Sommerlatte ist Vorsitzender des Vorstands des Trust Management Instituts e. V., das es sich zur Aufgabe gemacht hat, die Ergebnisse der Vertrauensforschung in die unternehmerische Praxis zu überführen. Dr. Sommerlatte ist Chairman des Advisory Board des internationalen Consulting-Unternehmens Arthur D. Little GmbH und Mitglied verschiedener Aufsichts- und Beiräte. Viele Jahre lang war er Managing Director der europäischen Aktivitäten und Senior Vice President der Muttergesellschaft von Arthur D. Little. Er ist Autor einer Reihe von Büchern zu Themen des Strategie- und Innovationsmanagements und Mitherausgeber des Buchs „Quintessenz der Vertrauensbildung". Er promovierte an der Université de Paris auf dem Gebiet der Verfahrenstechnik und erwarb den Master of Business Administration am Europäischen Institut für Unternehmensführung, INSEAD. An der Universität Kassel hält er eine Honorarprofessur auf dem Gebiet des Systemdesigns.

Wandel mit oder ohne Vertrauen?

4

Tom Sommerlatte

Die Unternehmen und die gesamte Gesellschaft sind mit voller Dynamik auf dem Weg in eine digitale Ökonomie, eine Welt, in der Daten, Informationen und Wissen immer umfassender digital verfügbar sind, in Webs und Clouds bereit gestellt und mit leistungsfähiger analytischer Software ausgewertet werden, in der Objekte mit Hilfe von Sensoren dirigierbar sind und in der eine neue Qualität der Interaktion und Automatisierung entsteht.

Warum das Ganze?

Weil auf diese Weise Bedürfnisse und Anforderungen der Wirtschaftsteilnehmer individueller, innovativer, kostengünstiger und schneller befriedigt werden können.

Individueller? Ja, denn Bedürfnisse und Anforderungen werden viel spezifischer und genauer erkannt und durch passgenaue Fertigung in sehr flexiblen Anlagen und Prozessen auf das individuelle Bedarfs- oder Anforderungsprofil ausgerichtet.

Innovativer? Ja, denn durch die umfassende Nutzung des vorhandenen Wissens und durch das ungehinderte Zusammenwirken der an Lösungen beteiligten Ideenträgern und Spezialisten sowie durch Simulationsunterstützung werden immer wieder kreative Produkt- und Leistungsangebote hervorgebracht.

Kostengünstiger? Ja, denn die Prozesse der Leistungserbringung werden durch das flexible, automatisierte und hochintegrierte Zusammenspiel der Funktionsbereiche im Unternehmen, insbesondere der Logistik, Fertigung und Abwicklung, optimiert.

Schneller? Ja, denn dank der Online-Kommunikation zwischen den Beteiligten – Menschen, technischen Elementen und Informationsspeichern – werden Verzögerungen und sequenzielle Abhängigkeiten vermieden.

T. Sommerlatte (✉)
Trust Management Institut e. V., Wiesbaden, Deutschland
E-Mail: tsommerlatte@trust-management-institute.com

Durch die Automatisierung und Roboterisierung von Serienfertigungen, insbesondere in der Automobil- und Zulieferindustrie, durch die Computersteuerung von Warenlagern und die Einführung von Enterprise-Resource-Planning-Systemen (ERP) erzielten die Unternehmen bereits enorme Rationalisierungseffekte. Dagegen wurde es bei hochgehandelten Visionen der 1980er und 1990er Jahre wie die der Management Informationssysteme MIS, des Computer Integrated Manufacturing und der Büroautomation nach einer Weile wieder still.

Wenn heute allerorts von Enterprise 2.0 und Industrie 4.0 gesprochen wird, so handelt es sich auf der Basis der Internet-Vernetzung, der immer stärker dezentralisierten Intelligenz und der rasant wachsenden Menge an Daten, Informationen und Wissen um einen neuen technologiebasierten Anlauf unter hohem globalem Rationalisierungs- und Innovationsdruck, bei dem allerdings die menschliche, unternehmenskulturelle und gesellschaftliche Einbettung die eigentliche Herausforderung und Innovation darstellen wird. Es reicht nicht, Vertrauen in die systemtechnische Machbarkeit und Vorteilhaftigkeit zu haben und erzeugen zu wollen, um den Wandel erfolgreich voranzutreiben. Denn die so genannte digitale Ökonomie wird mehr sein als eine techno-ökonomische Revolution, wie sie mit den Begriffen „Big Data", „Smart Data" und „Internet der Dinge" charakterisiert ist. Wir werden es vielmehr mit einem neuen psychologischen Vertrag zwischen den Menschen in neuen Interaktionsformen zu tun haben, der ohne Vertrauen ineinander und in die Konstrukts des menschlichen Zusammenwirkens nicht zustande kommen kann.

Wenn wir uns mit diesen Entwicklungen mit einem Helikopter-Blick auseinandersetzen, wird deutlich, dass und wie vertrauensbasierte Führung auf dem Weg in Richtung Enterprise 2.0 und Industrie 4.0 gelebt werden muss.

Der Begriff Enterprise 2.0 geht auf Andrew P. McAfee zurück, der 2006 in einem Artikel „Enterprise 2.0: Dawn of Emergent Collaboration" beschrieb, wie soziale Software eingesetzt werden kann, um die Zusammenarbeit von Mitarbeitern im Unternehmen zu unterstützen [1]. Er argumentierte, dass das Auffinden von Informationen im Internet besser funktioniere als in Intranets, weil die schiere Masse der Internet-Nutzer durch Links die Informationen gründlicher strukturiere und bewerte.

2007 erweiterten M. Koch und A. Richter den Begriff Enterprise 2.0 um die notwendigen Veränderungen der Unternehmenskultur: „Enterprise 2.0 bedeutet, die Konzepte der Web 2.0 und von Social Software nachzuvollziehen und zu versuchen, diese auf die Zusammenarbeit in den Unternehmen zu übertragen" [2].

Don Tapscott formulierte 2008 in dem Buch „Enterprise 2.0", dass wir an einem historischen Wendepunkt der Geschäftswelt, an der Schwelle zu dramatischen Veränderungen der Organisation, Innovation und Wertschöpfung stünden [3].

Ulrich Klotz beschrieb 2010 in einem Beitrag „Schöne neue Arbeitswelt 2.0?", welche Arbeits- und Zusammenarbeitsformen unter den Bedingungen der Internet-gestützten Wissensgesellschaft die überlegenen sein werden und welche enorme Rolle Vertrauen dabei spielen wird.

4 Wandel mit oder ohne Vertrauen?

4.1 Enterprise 2.0. Ulrich Klotz (gekürzter und redaktionell bearbeiteter Auszug aus „Schöne neue Arbeitswelt 2.0?" [4]

Mit Computern und dem Internet sanken die Transaktionskosten der Beschaffung von Komponenten und Dienstleistungen, die zur Erzeugung eines Produktes benötigt werden. Dadurch sind neue Formen der Arbeitsteilung bis hin zu virtuellen Unternehmen möglich geworden, insbesondere durch Outsourcing von Teilen der Wertschöpfungskette, durch Verlagerung von Produktion oder Produktionsstufen per Offshoring und durch Zusammenarbeit von unabhängigen Partnern mit einem gemeinsamen wirtschaftlichen Interesse.

Social Software auf der Basis von Web 2.0 ermöglicht es jedem Computernutzer, mit allen anderen Computernutzern interaktiv in Beziehung zu treten und nicht nur per Sprache, sondern über Texte, Bilder, Videos und ganz neuartige Darstellungsformen weltweit miteinander Wissen auszutauschen und sich mitzuteilen. Der Zeitpunkt ist nicht mehr weit, zu dem jeder zu jeder Zeit und an jedem Ort mit Menschen und Gegenständen in Echtzeit interaktiv in Beziehung treten kann. Dazu genügt heute ja ein Gerät, das in die Hemdtasche passt.

Welche gesellschaftlichen und kulturellen Wirkungen die damit verbundene Kommunikations- und Wissensexplosion haben wird, lässt sich kaum erahnen. Die Nutzung der neuen Möglichkeiten von Web 2.0 durch Unternehmen ist dagegen mit Open-Source-Softwareentwicklung und Open Innovation schon angelaufen. Dabei geht es jedoch nicht nur um Software- und Produktentwicklung, sondern ebenso um ein soziales Phänomen. Denn in Open-Source-Gemeinschaften interagieren Wissensarbeiter auf der Basis von Wertschätzung miteinander. Die durch die Wissensexplosion erforderliche Spezialisierung bewirkt, dass Wissensarbeiter nicht mehr nur Wissenschaftler sind – ein Arbeiter in der Produktion, der Fertigungsprobleme selbstständig analysiert und löst, ein Wartungstechniker, der seinen Arbeitstag selbst plant, ein Lagerverwalter, der die Leistungsfähigkeit von Lieferanten bewertet – sie sind allesamt zumindest teilweise Wissensarbeiter geworden. Doch heute befinden sie sich fast überall noch in Organisationen, die vom Taylorismus geprägt sind – mit Vorgesetzten, die über Dinge entscheiden, von denen sie in der Regel weit weniger verstehen als die spezialisierten Wissensarbeiter, aber qua Amt immer noch bestimmen, „wo es lang geht". Und mit Berichts- und Kommunikationswegen, die nach sequenziellen Abläufen und mit Schnittstellen zwischen Funktionsbereichen vorgegeben sind.

Ganz anders verläuft die Arbeit in einer Open-Source-Welt. Hier gibt es keine Hierarchie mehr, sondern alle Beteiligten arbeiten selbstorganisiert und offen als Ebenbürtige miteinander. Während traditionelle Strukturen auf gehütetem Herrschaftswissen basieren und Abgrenzung und Kontrollen das Klima bestimmen, existiert in Open-Source-Strukturen das Verständnis eines geistigen Gemeineigentum, in das jeder sein neu erworbenes Wissen und seine Ideen einbringt, weil ihm Vertrauen, Respekt, Fairness und Toleranz entgegen gebracht werden und er im Gegenzug Zugang zum Wissen aller anderen gewinnt.

Für komplexe Koordinationsaufgaben brauchen natürlich auch Open-Source-Projekte Entscheidungsautorität. Führungsfunktionen sind dabei aber jeweils auf ein Thema oder

Projekt bezogen und damit temporärer Natur. Sie beruhen auf vom Projektteam anerkannter Kommunikations- und Sachkompetenz und nicht auf „von oben" verliehener formaler Autorität. Hierarchien, in denen sich formale Autorität in Titeln und Statussymbolen manifestiert und geregelte Abläufe eingehalten werden müssen, zählen in einer Open-Source-Umgebung nicht; was zählt, sind die Qualität von Ideen und die tatsächliche Leistung.

Open-Source-ähnliche Arbeitsformen breiten sich aus, weil mit der rasant wachsenden Wissensmenge der Umfang dessen zunimmt, was der Einzelne nicht weiß. In einer zunehmend komplexen Welt rationale Entscheidungen zu treffen, überfordert den Einzelnen mehr und mehr. Netzwerke aus einer großen Anzahl von spezialisierten Wissensträgern funktionieren dagegen auf der Basis von „Schwarm-Intelligenz" und „Crowd Sourcing" als Weiterentwicklung des Outsourcing. Dank der niedrigen Transaktionskosten im Internet kann das Wissen von vielen genutzt werden. Vor allen wenn es um Innovation geht, sind Open-Source-Strukturen der hierarchischen und bereichsorientierten Organisationsstruktur deutlich überlegen. Denn Neues entsteht viel eher dort, wo Menschen mit ganz unterschiedlichen Denkmustern, aber gemeinsamem Lösungsinteresse zusammenwirken.

Inzwischen haben immer mehr Unternehmen erkannt, dass die Intelligenz der Masse in der Lage ist, viele Leistungen schneller, besser und günstiger zu erbringen. Das Enterprise 2.0 wird also kommen, weil die Beiträge vieler Wissensarbeiter ohne die verzögernden, filternden und demotivierenden Nebenwirkungen von Hierarchie mehr bringen als noch so ausgefeilte und durchrationalisierte Prozessvorschriften.

Natürlich wird es auch in Zukunft Industrieprodukte geben, doch die Strukturen und Vorgehensweisen ihrer Entwicklung, Herstellung und Vermarktung wandeln sich durch Web 2.0 und Social Media radikal.

Angesichts der rasanten technischen Entwicklung ist die Frage, wie sich das Verhältnis von Menschen und Maschinen entwickeln wird, vollkommen offen. Eines sollte aber klar sein: Menschen werden sich in der Wissensgesellschaft nur behaupten können, wenn sie vor allem auf das setzen, was sie von Maschinen unterscheidet: auf ihre Kreativität, Intuition, Erfahrung und auf ihre Fähigkeit, mit Unvorhersehbarem intelligent und mit ihren Mitarbeitern und Kollegen partizipativ und vertrauensvoll umzugehen.

4.2 Industrie 4.0 Harald Schöning (gekürzter Auszug aus „Das Konzept Industrie 4.0" [5]

Industrie 4.0 ist durch eine neuartige Vernetzung von Ressourcen, Informationen, Objekten und Menschen gekennzeichnet: Die Produktionssysteme werden vertikal mit den betriebswirtschaftlichen Prozessen des Unternehmens vernetzt und horizontal zu verteilten, in Echtzeit steuerbaren Wertschöpfungsnetzwerken verknüpft – von der Bestellung bis zur Ausgangslogistik. Gleichzeitig ermöglichen sie ein durchgängiges Engineering über die gesamte Wertschöpfungskette hinweg. Die „Smart Factory" kann so auf individuelle Kundenwünsche reagieren und selbst Einzelstücke rentabel produzieren. In Industrie 4.0 sind Geschäfts- und Engineering-Prozesse dynamisch gestaltet, so dass die Produktion kurzfristig verändert werden und flexibel auf Störungen und Ausfälle reagieren kann.

Die Vernetzung der Produktionsanlagen und die in Echtzeit vorhandenen Zustandsinformationen über die ganze Wertschöpfungskette ermöglichen neue Stufen der Ressourcen-Produktivität und -Effizienz. Ebenso werden vorausschauende Maschinenwartung und neue Qualitätskontrollmaßnahmen mit automatisierter Echtzeitreaktion möglich. Die Umkehrung der Steuerungslogik, wodurch Fertigungsschritte vom einzelnen Produkt anstatt wie bislang über eine zentrale Steuerungslogik gesteuert werden, erlaubt eine neue Flexibilität. Notwendig sind hierfür eine omnipräsente Sensorik, die Standardisierung der Kommunikationsprotokolle (Internet der Dinge) und die flexible Auslegung der Maschinen.

Die dynamische Gestaltung der Produktionsprozesse in puncto Qualität, Zeit, Risiko, Robustheit, Preis und Umweltverträglichkeit erfolgt durch die Einbeziehung produktionsexterner Faktoren wie Rohstoffkosten, Verfügbarkeit und Kosten von Energie sowie Umweltbedingungen. Hierzu ist eine bidirektionale Vernetzung der Produktion mit den anderen Unternehmensbereichen erforderlich. Auch für eine durchgängige Transparenz in Echtzeit, die die Voraussetzung für eine optimierte Entscheidungsfindung ist und flexible Reaktionen auf Veränderungen im Marktumfeld ermöglicht, müssen kaufmännische Daten mit solchen aus der Produktion zusammengebracht werden, z. B. durch die Echtzeitkopplung von Sensordaten an die Geschäftsprozesse.

Die technologischen Grundlagen für Industrie 4.0 sind in weiten Teilen bereits gelegt: Maschinen werden zunehmend mit ausgefeilter Sensorik ausgestattet, das Internet der Dinge ist ein etabliertes Konzept, Cyber-physische Systeme sind vielfach schon heute Realität. Auch Big-Data-Technologien, die zur Bewältigung der Datenflut aus der Produktion unerlässlich sind, sind bereits verfügbar. Produkte und Materialien haben über verschiedene Technologien bereits die Fähigkeit, „smart" zu sein.

Auch bei den Kommunikationsprotokollen und semantischen Beschreibungen werden beständig Fortschritte erzielt.

Auf Industrie 4.0 angepasste Datenanalysemethoden sind allerdings noch kein Allgemeingut, und die Umkehr der Steuerlogik bedarf noch größerer Veränderungen in den Produktionsanlagen. Auch die Identifikation der geschäfts-, nicht nur der produktionsrelevanten Daten und deren Überführung in dispositive Systeme steht erst am Anfang. Die automatisierte Anpassung aktueller Vorgänge oder die Veränderung der Prozessabläufe aufgrund solcher Daten ist heute noch Thema von Forschungs- und Entwicklungsprojekten.

Literatur

1. McAfee AP (2006) Enterprise 2.0: the dawn of emergent collaboration. MIT Sloan Manage Rev 47(3)
2. Koch M, Richter A (2009) Enterprise 2.0 – Planung, Einführung und erfolgreicher Einsatz von Social Software im Unternehmen. Oldenburg Wissenschaftsverlag GmbH, München
3. Tapscott D, Wlilliams AD (2007) Wikinomics: die Revolution im Netz. Hanser, München

4. Klotz U (2010) Schöne neue Arbeitswelt 2.0? In: Eberspächter J, Holtel S (Hrsg) Enterprise 2.0. Springer, Berlin
5. Schöning H (2015) Das Konzept Industrie 4.0. In: Keuper F, Sommerlatte T (Hrsg) Vertrauensbasierte Führung – Credo und Praxis. Springer, Heidelberg

Prof. Dr. Tom Sommerlatte ist Vorsitzender des Vorstands des Trust Management Instituts e. V., das es sich zur Aufgabe gemacht hat, die Ergebnisse der Vertrauensforschung in die unternehmerische Praxis zu überführen. Dr. Sommerlatte ist Chairman des Advisory Board des internationalen Consulting-Unternehmens Arthur D. Little GmbH und Mitglied verschiedener Aufsichts- und Beiräte. Viele Jahre lang war er Managing Director der europäischen Aktivitäten und Senior Vice President der Muttergesellschaft von Arthur D. Little. Er ist Autor einer Reihe von Büchern zu Themen des Strategie- und Innovationsmanagements und Mitherausgeber des Buchs „Quintessenz der Vertrauensbildung". Er promovierte an der Université de Paris auf dem Gebiet der Verfahrenstechnik und erwarb den Master of Business Administration am Europäischen Institut für Unternehmensführung, INSEAD. An der Universität Kassel hält er eine Honorarprofessur auf dem Gebiet des Systemdesigns.

Ulrich Klotz schloss sein Studium an der Technischen Universität Berlin als Dipl.-Ing. Elektrotechnik / Informatik ab. Nach Stationen in der Computerindustrie und im Maschinenbau sowie an der TU Hamburg-Harburg auf dem Gebiet der Arbeitswissenschaften bearbeitete er ab 1987 beim Vorstand der IG Metall die Themenfelder Forschungs- und Innovationspolitik, Informationstechnik und Zukunft der Arbeit. Neben Lehraufträgen an den Universitäten Bremen, Hamburg und Hannover hatte er eine Stiftungs-Professur an der Hochschule für Gestaltung, Offenbach a.M. inne. Als langjähriger Beirat und Gutachter beim BMBF begleitete er mehrere Forschungsprogramme zum Thema „Arbeit und Innovation" und war zuletzt Mitglied der Expertengruppe „Zukunft der Arbeit" beim Bundeskanzleramt. Er publizierte ca. dreihundert teilweise preisgekrönte Arbeiten in den Themenfeldern Informationstechnik, Innovationspolitik und Zukunft der Arbeit. Neben zahlreichen einschlägigen Projekt-Beiräten war er zuletzt Mitglied der Expertengruppe „Zukunft der Arbeit" beim Bundeskanzleramt.

Dr. Harald Schöning ist Head of Research bei der Software AG. Er wirkte an der Gestaltung der Zukunftsprojekte „Industrie 4.0" und „Smart Service Welt" der Bundesregierung mit und ist Sprecher des Software-Clusters „Softwareinnovationen für Digitale Unternehmen", Mitglied im Board von NESSI (Networked European Software and Services Initiative) auf EU-Ebene sowie Vorsitzender des BITKOM-Arbeitskreises „Industrie 4.0 – Markt und Strategie". Als Gutachter ist er für EU und Bundesministerien tätig.

Teil II
Credo und Praxis in den Unternehmen

Einführung in die Unternehmensbeispiele

Tom Sommerlatte

Auf die in Kap. 2 gestellten Fragen vertrauensskeptischer Unternehmensführer wollten wir aus der Praxis belegte Antworten von erfahrenen und erfolgreichen Unternehmern einholen. Wir sprachen rund 40 Vorstände und Geschäftsführer von Unternehmen an, die uns als Gesprächspartner für eine vertiefende Auseinandersetzung mit ihrem Credo und ihrer Praxis der vertrauensbasierten Führung besonders interessant erschienen. Dazu bezogen wir ausgewählte große börsennotierte Kapitalgesellschaften, kleinere nicht börsennotierte AGs und große bis mittlere GmbHs mit ein, und zwar aus Branchen, in denen eine überdurchschnittliche Veränderungsdynamik herrscht.

Bei rund einem Drittel der angesprochenen Vorstände und Geschäftsführer stießen wir auf ausgesprochene Bereitschaft, sich zum Thema Credo und Praxis der vertrauensbasierten Führung zu „outen". Dieses Drittel wies in etwa die gleiche Verteilung von börsennotierten und nicht börsennotierten AGs sowie großen bis mittleren GmbHs auf, wie unsere ursprüngliche Zielgruppe (siehe Abb. 5.1). Als Grund für die Nichtteilnahme der anderen Angesprochenen wurde uns in den meisten Fällen zeitliche Überlastung genannt.

Was unser Vorgehen anbetrifft, so sind zwei einschränkende Bemerkungen angebracht:

- Ziel konnte nicht sein, eine regelrechte Korrelation zwischen dem Vertrauensprofil der Verantwortungsträger und dem Vertrauensklima in ihren Unternehmen auf der einen Seite und Performance-Parametern ihrer Unternehmen auf der anderen Seite abzuleiten. Alle angesprochenen Unternehmen stehen derzeit wirtschaftlich zwar gut da, aber es gibt natürlich auch Unternehmen, die vielleicht vertrauensbasiert geführt werden und dennoch gerade keine gute Performance zu bieten haben. Ebenso wie uns andere

---

T. Sommerlatte (✉)
Trust Management Institut e. V., Wiesbaden, Deutschland
E-Mail: tsommerlatte@trust-management-institute.com

© Springer-Verlag Berlin Heidelberg 2016
T. Sommerlatte, F. Keuper (Hrsg.), *Vertrauensbasierte Führung*,
DOI 10.1007/978-3-662-46233-1_5

Gesprächs-partner/ Autor	Position	Unter-nehmen	Branche	Größe (Umsatz in €)	Mit-arbeiter-zahl
Gerhard Berssenbrügge	Vorsitzender des d. Vorstands	Nestlé Deutschland AG	Nahrungs-/ Genussmittel-industrie	3,5 Mrd. (2014)	12.500
Dr. Emmanuel Siregar	Geschäftsführer	Sanofi-Aventis Deutschland GmbH	Pharmazeutische Industrie	5,4 Mrd. (2012)	9.000
Alexander Würfel	Vorsitzender der Geschäfts-führung	AbbVie Deutschland Gmbh &	Pharmazeutische Industrie	Weltweit 19,9 Mrd. (2014)	Deutsch-land 2.400
Prof. Thomas Edig	Mitglied des Vorstands	Dr. Ing.h.c. Porsche AG	Automobilindustrie	17,2 Mrd.	~ 23.000
Dr. Jürgen Hereaus	Vorsitzender des Aufsichtsrats	Heraeus Holding GmbH	Edelmetall-und Technologie-Industrie	3,4 Mrd.	12.600
Dr. Manfred Gentz	Vorsitzender	Corporate Governance Kommission	Regierungs-kommission	-	-
Prof. Dr. Götz Rehn	Vorsitzender der Geschäfts-führung	Alnatura Produktions- und Handels GmbH	Nahrungsmittel-herstellung und -distribution	0,7 Mrd.	2.400
Nicolas-Fabian Schweizer	Mitglied des Vorstands	Schweizer Electronics AG	Elektronikindustrie	0,12 Mrd. (2014)	760
Dr.-Ing. Gerd Eckelmann	Vorsitzender des Vorstands	Eckelmann AG	Steuer- und Regeltechnik		
Ulrich Weber	Mitglied des Vorstands	Deutsche Bahn AG	Transport- und Logistikindustrie	39,7 Mrd. (2014)	> 300.000
Prof. Dr. Heinz-Walter Große	Vorsitzender des Vorstands	B.Braun Melsungen AG	Pharmazeutische Industrie	5,4 Mrd. (2014)	54.000
Dr. Frank Heinricht / Salvatore Ruggiero	Vorsitzender des Vorstands / Vice President Marketing und Communication	SCHOTT AG	Glasindustrie	1,9 Mrd. (2013/2014)	11.500 (2013/2014)

Abb. 5.1 Die einbezogenen Unternehmen. (in der Reihenfolge des Erscheinens im Buch)

Unternehmen bekannt sind, in denen Misstrauen und eine strikte Kontrollmentalität vorherrschen und die dennoch eine gute bis sehr gute Performance zustande bringen. Allerdings gibt es bei Unternehmen der letzteren Art auch viele, deren Performance eher mediokrer oder schlecht ist.

5 Einführung in die Unternehmensbeispiele

Entscheidend für unser Vorgehen war vielmehr, die persönliche Sicht der angesprochenen Verantwortungsträger einzuholen, um zu sehen, ob sie aus eigener Erfahrung glaubhaft bestätigen können, was sie vertrauensbasierter Führung zu verdanken haben.
- Wir haben nicht versucht, unsere Autoren mit Fragebögen oder Checklisten „vorzuprogrammieren", sondern haben ihnen das Anliegen des entstehenden Buches geschildert und dann ihren Gedanken und Schwerpunkten dazu freien Lauf gelassen. Erst im Nachhinein wollen wir die Kriterien und Indikatoren anwenden, die für die Bestimmung des Vertrauensprofils von Führungskräften und das Vertrauensklima von Organisationen entwickelt wurden, um dann die Ergebnisse in Bezug zu den Auswirkungen auf diejenigen Performance-Merkmale der Unternehmen setzen, die von den Autoren selber in diesem Zusammenhang hervorgehoben werden (siehe Kap. 18).

Und nun zu den Unternehmensbeispielen.

Prof. Dr. Tom Sommerlatte ist Vorsitzender des Vorstands des Trust Management Instituts e. V., das es sich zur Aufgabe gemacht hat, die Ergebnisse der Vertrauensforschung in die unternehmerische Praxis zu überführen. Dr. Sommerlatte ist Chairman des Advisory Board des internationalen Consulting-Unternehmens Arthur D. Little GmbH und Mitglied verschiedener Aufsichts- und Beiräte. Viele Jahre lang war er Managing Director der europäischen Aktivitäten und Senior Vice President der Muttergesellschaft von Arthur D. Little. Er ist Autor einer Reihe von Büchern zu Themen des Strategie- und Innovationsmanagements und Mitherausgeber des Buchs „Quintessenz der Vertrauensbildung". Er promovierte an der Université de Paris auf dem Gebiet der Verfahrenstechnik und erwarb den Master of Business Administration am Europäischen Institut für Unternehmensführung, INSEAD. An der Universität Kassel hält er eine Honorarprofessur auf dem Gebiet des Systemdesigns.

Driving the Virtuous Circle – Vorsprung durch Vertrauen: Nestlé

Basierend auf einem Gespräch mit Gerhard Berssenbrügge

Michael Mollenhauer und Tom Sommerlatte

Im Jahr 2012 brachte die Nestlé Deutschland AG für den internen Gebrauch eine Art Bekenntnis heraus: „Vorsprung mit Vertrauen".

Darin wird Vertrauen als Basis der gemeinsamen Wertschöpfung aller Mitarbeiter des „Unternehmens Lebensqualität" Nestlé deklariert, einer Mission, die mit vertrauensbildenden Initiativen der Mitarbeiter- und Teamentwicklung, der Nachhaltigkeit und der kontinuierlichen Verbesserung verfolgt wird.

Mitarbeiterentwicklung beinhaltet dabei die Unterstützung der Mitarbeiter in Bezug auf ihre Sicherheit, ihre Gesundheit und ihr Wohlbefinden am Arbeitsplatz sowie ihre persönliche Weiterentwicklung. Die Mitarbeiter sollen dem Unternehmen als erstklassiger Arbeitgeber vertrauen können. Umgekehrt vertraut die Nestlé Deutschland AG den Mitarbeitern, dass sie ihren Beitrag zum weltweiten Erfolg der Nestlé-Gruppe leisten. Das Vertrauen der Konsumenten soll immer wieder durch neue wertschöpfende Produkte und kontinuierliche Verbesserung des Nährwertprofils des Sortiments gewonnen und bestätigt werden.

Zu den deklarierten Nestlé-Unternehmensgrundsätzen gehört ein entscheidender:

> Unsere Mitarbeiter sind die Grundlage für unseren Erfolg. Wir begegnen einander mit Würde und Respekt und erwarten von allen Beschäftigten die Bereitschaft zu verantwortlichem Handeln.

M. Mollenhauer (✉)
mmc AG, Wiesbaden, Deutschland
E-Mail: info@mmc.ag

T. Sommerlatte
Trust Management Institut e. V., Wiesbaden, Deutschland
E-Mail: tsommerlatte@trust-management-institute.com

© Springer-Verlag Berlin Heidelberg 2016
T. Sommerlatte, F. Keuper (Hrsg.), *Vertrauensbasierte Führung*,
DOI 10.1007/978-3-662-46233-1_6

Dieses Bekenntnis in einem Umfeld zu leben, in dem fortschreitender Vertrauensschwund gegenüber politischen und kirchlichen Institutionen, gegenüber Unternehmen und selbst gegenüber Gewerkschaften stattfindet, erfordert von der Nestlé Deutschland AG – so der Vorstandsvorsitzende Berssenbrügge – eine Unternehmenskultur, in der Vertrauen immer wieder erworben und weitergegeben wird. Die Menschen sollen erleben, einen Aufgabenbereich anvertraut bekommen zu haben, nicht nur einen „Job" auszuüben. Oft fragen sie sich anfangs: „Ist das wirklich so?" – bis ihnen verständlich wird, dass sie eine wichtige Rolle im Unternehmen spielen können und dabei unterstützt werden. Dadurch entsteht bei ihnen das Verantwortungsbewusstsein, das ihnen entgegen gebrachte Vertrauen auch zu verdienen. Diese vertrauensbasierte Unternehmenskultur zahlt sich nach der Erfahrung von Gerhard Berssenbrügge aus, ja, er ist überzeugt, dass erfolgreiche Unternehmensentwicklung ohne diese Vertrauensbasis nicht möglich ist, besonders nicht in Zeiten, in denen sich vielfältige Veränderungen abspielen. Der erforderliche Vertrauensvorschuss an die Menschen im Unternehmen beinhalte zwar Risiken, aber das Gegenteil, die in manchen Unternehmen zu beobachtende administrative Verfeinerung und Überregulierung, stumpfe das Engagement der Mitarbeiter ab und führe zu einem Misstrauensklima.

Die Nestlé-Unternehmenskultur erfordere dazu Führungskräfte, die durch ihren Führungsstil Vertrauen schaffen und erhalten, die ein ausgewogenes Verhältnis zwischen Vertrauensbereitschaft und Steuerung wahren können.

Die vertrauensbegleitende Steuerung vergleicht Gerhard Berssenbrügge mit der Teambildung bei einer Fußballmannschaft: es geht darum, unterschiedliche Fähigkeiten und Persönlichkeiten zuzulassen und „Diversity" zu einem Vorteil zu machen, indem die Unterschiede verstanden und orchestriert werden. In diesem Sinne sieht er Führung nicht als Kontrolle, sondern als Orientierungshilfe für die Teamwirkung, als Förderung erfolgreicher Entwicklungen und damit als Basis für Selbstvertrauen, mit dem auch Krisen und Niederlagen bewältigt werden können.

Wie entsteht eine solche vertrauensbasierte Unternehmenskultur?

Gerhard Berssenbrügge vertraut stark auf die Orientierungsfähigkeit, auf die Eigeninitiative der Mitarbeiter. Ihnen wird zwar eine Anfangsschulung gegeben und sie können das Bekenntnis „Vorsprung mit Vertrauen" ja in gedruckter Form lesen, sie müssen aber die Unternehmenskultur, die Verhaltensweisen im Unternehmen Nestlé selber erspüren. In Meetings, in der Kantine, durch die Beobachtung der Kollegen lernen sie und können sozusagen die Erfahrung der anderen „abschauen". Sie erleben, dass sie sich nicht in einer Sie-Gesellschaft, sondern in einer Du-Gesellschaft befinden. Die Führungskräfte geben weiter, wofür das Unternehmen steht, ihr Stil „färbt ab" – aber die Mitarbeiter müssen die Werte und entsprechenden Verhaltensweisen „inhalieren", um sie zu beherzigen. Dabei ist durchaus gewünscht, dass sie Etabliertes hinterfragen und vielleicht beeinflussen. Denn Nestlé integriert unterschiedliche Kulturen und ist zum Wandel bereit.

Eine kulturbestimmende Rolle spielt das Vorankommen der Menschen in der Organisation. Bei Nestlé werden Personalbewertungen und Beförderungen immer auf der Basis einer Beurteilung durch mehrere Verantwortliche ausgesprochen. Dabei spielen neben definierten quantitativen Faktoren (dem „track record") aber immer auch soziale Faktoren und die emotionale Beurteilung, das „Bauchgefühl", mit.

Dieses lockere Verhältnis von Strukturen und Offenheit zeigt sich auch in der Freiheit, bei der Kommunikation im Unternehmen Ebenen zu überspringen – nach oben und nach unten. Dadurch wird Schnelligkeit und Wendigkeit erreicht. Den langen Weg von Organisationsebene zu Organisationsebene hält Gerhard Berssenbrügge für innovations- und vertrauensfeindlich. Durchlässigkeit und offene Dialoge über Ebenen und Bereiche hinweg wie bei Nestlé setzen dagegen gegenseitigen Respekt und Vertrauen voraus.

Stimmt das alles aus der Sicht der Beschäftigten?

Eine Befragung neuer Mitarbeiter, wie sie die Nestlé-Unternehmenskultur einschätzen, bringt es an den Tag: als wichtigste Merkmale werden Freundlichkeit und Offenheit genannt, die dazu verhelfen, sich gut aufgehoben zu fühlen, Teil einer Familie zu sein. Genau das sind aber die Bestimmungsfaktoren eines guten Vertrauensklimas.

Und wie steht es mit der Innovationsfähigkeit, wie korreliert sie mit der vertrauensbasierten Unternehmenskultur?

Gerhard Berssenbrügge ist davon überzeugt, dass das Vertrauensklima bei Nestlé innovatives Denken fördert. Die Mitarbeiter entwickeln sich in diesem Klima besser, sie denken breiter. Das wiederum fördert die Effizienz der Arbeitsabläufe, die Organisationsentwicklung, die Nutzung digitaler Lösungen und der Social Media, und es wirkt sich auf die Qualität der Kundenkontakte aus. Mitdenken und eigene Initiativen der Mitarbeiter befruchtet seiner Erfahrung nach die Produktivität und Innovationsleistung mehr, als ausgetüftelte Prozessvorgaben und Formalismen.

Allerdings müssen innovative Entwicklungen größeren Ausmaßes kanalisiert werden, denn sie erfordern das wirkungsvolle Zusammenspiel vieler Bereiche über längere Zeit, die Bereitschaft zu einem größeren unternehmerischen Risiko, das aber immer kalkuliert sein muss, und – last but not least – das Vertrauen der Verantwortlichen in den Erfolg. Gerhard Berssenbrügge hat diese Erfahrung als CEO der Nestlé Nespresso S.A. gemacht, als er ein hochinnovatives und komplexes Vorhaben durch das Vorleben von Umsicht, Mut, Teamgeist und Vertrauen in die Vision zum Erfolg führte. „The icon of best coffee worldwide", das war die Vision. Nespresso-Kapsel und -Kaffeemaschinen revolutionierten den internationalen Kaffeemarkt. Alle Stufen der Wertschöpfungskette, von der Beschaffung des Kaffees bis zur Distribution an die Verbraucher sind von einem hohen gemeinsamen Qualitätsdenken geprägt und auf nachhaltige Effizienz ausgerichtet. Der „Virtuous Circle", den Nestlé hierbei auf der Basis von vertrauensbasierter Führung durchlief, hat dem Unternehmen einen deutlichen Vorsprung bei den Konsumenten verschafft und das Bekenntnis bestätigt: „Vorsprung mit Vertrauen".

Michael Mollenhauer ist Vorstand und Managing Partner der mmc AG, einem Beratungsunternehmen mit Fokus auf Strategieumsetzung. Er hat mehr als 35 Jahre Führungs- und Beratungserfahrung in Hunderten von Projekten und sehr verschiedenen Unternehmenssituationen. Wichtiger jedoch als seine Erfahrungswerte ist für Michael Mollenhauer das „Gespür" dafür geworden, was geht und auch was nicht geht, und welcher Ansatz geeignet ist, um Menschen und ihre Potenziale für gelungene Strategieumsetzung zu aktivieren. Bei den strategischen Vorhaben seiner Mandanten nimmt er, je nach Aufgabenstellung, unterschiedliche Rollen ein: sei es als Projektmanager, Business Coach, Moderator oder als Mediator. Seine beruflichen Stationen umfassen Unternehmen wie Nestlé, Arthur D. Little, A. T. Kearney und in 2001 die Gründung der mmc AG. In seiner Funktion als Vorstand des Trust Management Institutes arbeitet er an der Brücke zwischen Wissenschaft und Unternehmenspraxis der internationalen Vertrauensforschung mit. Er studierte Betriebswirtschaft an der Goethe-Universität Frankfurt mit Abschluss: Diplom Kaufmann.

Prof. Dr. Tom Sommerlatte ist Vorsitzender des Vorstands des Trust Management Instituts e. V., das es sich zur Aufgabe gemacht hat, die Ergebnisse der Vertrauensforschung in die unternehmerische Praxis zu überführen. Dr. Sommerlatte ist Chairman des Advisory Board des internationalen Consulting-Unternehmens Arthur D. Little GmbH und Mitglied verschiedener Aufsichts- und Beiräte. Viele Jahre lang war er Managing Director der europäischen Aktivitäten und Senior Vice President der Muttergesellschaft von Arthur D. Little. Er ist Autor einer Reihe von Büchern zu Themen des Strategie- und Innovationsmanagements und Mitherausgeber des Buchs „Quintessenz der Vertrauensbildung". Er promovierte an der Université de Paris auf dem Gebiet der Verfahrenstechnik und erwarb den Master of Business Administration am Europäischen Institut für Unternehmensführung, INSEAD. An der Universität Kassel hält er eine Honorarprofessur auf dem Gebiet des Systemdesigns.

Gerhard Berssenbrugger ist Vorstandsvorsitzender der Nestlé Deutschland AG. Zuvor war er bis 2007 als Vorstandsvorsitzender der Nestlé Nespresso S.A., Schweiz, verantwortlich für Entwicklung, weltweite Markteinführung und den Ausbau des Geschäfts mit dem Nespresso-System – von der technologischen Optimierung der Nespresso-Kapseln und -Kapselmaschinen, der Rohstoff-Beschaffung, der Markenpositionierung bis hin zur Organisationsentwicklung. Bis 1996 war er Managing Director der Jacobs Kraft Jacobs Suchard, Bremen, zuvor Marketing Manager und Sales Director bei Jacobs, später Jacobs Suchard, Bremen. Er studierte Betriebswirtschaftslehre an der Universität Münster.

Verletzte Identität überwinden – neues Vertrauen schaffen: Sanofi

basierend auf einem Gespräch mit Dr. Emmanuel Siregar

Tom Sommerlatte

7.1 Empfundener Identitätsverlust durch Übernahme

Die Übernahme der zum damaligen Hoechst-Konzern gehörenden Pharma-Tochter Aventis durch die französische Sanofi-Synthélabo im Jahr 2004 war ein traumatisches Erlebnis für die Hoechster.

Sie hatten sich als Mitglieder eines weltweit etablierten, reputierten Pharmaunternehmens gesehen, symbolisiert durch das Hoechst-Logo, das an vielen Apotheken in der ganzen Welt leuchtete. Sie hatten darauf vertraut, dass sie stark waren, getragen durch den Hoechst-Konzern, auch wenn aus der Forschung einmal längere Zeit kein „blockbuster" zu kommen versprach.

Dann plötzlich nach kurzem verbissenen Machtkampf die Übernahme, das Ende der lange gewachsenen Identität. Der siegreiche französische Sanofi-„Patron" Jean-Francois Dehecq kam mit Stolz erfüllt nach Hoechst und bekundete: „Jetzt gehört es uns!". Da nützten dann auch versichernde Erklärungen nicht viel, dass es gemeinsam zum Vorteil aller vorangehen werde, dass auf diese Weise ein europäisches Unternehmen mit einer führenden Weltmarktposition entstanden sei und dass die Arbeitsplätze gesichert seien. Der Verlust der Hoechst-Identität hinterließ Wunden und wurde vom Gros der „Hoechster" innerlich nicht hingenommen, wenn auch ein Teil der Führungskräfte die unternehmerische Logik einsah und den neuen Weg mit beschritt, aber oft eben auch aus Angst um die eigene Karriere.

T. Sommerlatte (✉)
Trust Management Institut e. V., Wiesbaden, Deutschland
E-Mail: tsommerlatte@trust-management-institute.com

© Springer-Verlag Berlin Heidelberg 2016
T. Sommerlatte, F. Keuper (Hrsg.), *Vertrauensbasierte Führung*,
DOI 10.1007/978-3-662-46233-1_7

7.2 Vertrauensdefizite als Folge

Die Zusammenarbeit mit der neuen Konzernleitung in Paris war in beiden Richtungen nicht vertrauensvoll, die Kommunikation blieb formal-reserviert. Die weiterhin mäßigen Ergebnisse des Forschungsapparats in Hoechst waren da nicht hilfreich. Dass im Unternehmensnamen aus dem zunächst entstandenen Doppelnamen Sanofi-Aventis dann auch das „Aventis" gestrichen wurde, schien die französische Dominanz zu besiegeln.

7.3 Neuorientierung

Aber auch in der Pariser Konzernleitung änderte sich einiges: schrittweise vollzog sich ein Wechsel im Konzernvorstand hin zu einer internationaleren Zusammensetzung. 2008 wurde der Deutsch-Kanadier Chris Viehbacher, bisher Leiter Nordamerika von GlaxoSmithKline, zum Directeur Général von Sanofi berufen, 2009 übernahm der Italiener Roberto Pucci die Aufgabe des Executive Vice President Human Resources etc. So setzt sich das 12-köpfige Executive Committee inzwischen zu 75 % aus Mitgliedern anderer als französischer Nationalität zusammen, davon fünf US-Amerikaner, allerdings kein Deutscher mehr, nachdem 2008 der Deutschland-Chef Dr. Heinz-Werner Meier, der auch Vorstandsmitglied des Konzerns geworden war, aus dem Unternehmen ausschied.

Für die deutsche Sanofi-Tochter wurde 2011 Dr. Emmanuel Siregar, Deutscher japanisch-indonesischer Eltern, als Geschäftsführer mit Verantwortung für Personal und Organisation gewonnen und zugleich auch zum Arbeitsdirektor und zum Leiter des Personalwesens des Länderclusters Deutschland-Österreich-Schweiz ernannt.

Sein Auftrag bestand neben Restrukturierungsaufgaben in der Verbesserung der Kommunikation zwischen der Pariser Zentrale und der deutschen Sanofi-Tochter. Dazu war er vom Konzernvorstand Roberto Pucci und vom neuen Vorsitzenden der deutschen GmbH-Geschäftsleitung, Dr. Martin Siewert, bewusst von außen ins Unternehmen geholt worden. Er sollte, frei von Lagerdenken, die Beziehungen normalisieren helfen. Was ihn für diese heikle Aufgabe prädestinierte, waren seine ungewöhnliche Vorgeschichte und Erfahrung. Nach dem Studium der Medizin und Theologie, seiner Promotion in Moraltheologie am Germanicum in Rom zum Thema „Sittlich handeln in Beziehungen" und einer Beratertätigkeit in Kommunikation, Weiterbildung, Training und Coaching hatte er bei der schnell wachsenden Fielmann AG als Personalentwickler und schließlich als Personalvorstand gewirkt und war dann zur Karstadt Warenhaus GmbH geholt worden, um dort als Mitglied der Geschäftsleitung für Personal und Organisation die Kundenorientierung zu stärken. Es kam allerdings ganz anders, denn die nach 2007 erneut einsetzende Karstadt-Krise stellte ihn stattdessen vor eine harte Restrukturierungsaufgabe mit Schließung von Warenhäusern und Stellenabbau. Hier bewährten sich seine moralische Basis und seine Erfahrung im Umgang mit menschlichen und organisationalen Beziehungen, nämlich den Mut zu haben, die Situation aufrichtig so zu kommunizieren, wie sie ist, und im fairen Umgang mit dem Sozialpartner eine klare und konsequente Vorgehensweise zu verfolgen.

7.4 Restrukturierung und Vertrauensbildung simultan

Auch bei der Sanofi-Aventis-Deutschland GmbH erwartete Siregar gleich eine Restrukturierungsaufgabe, denn die Schließung einer F&E-Einrichtung und die Reduktion des F&E-Personals standen an – keine günstige Ausgangsbasis, um die Beziehung zwischen Paris und Deutschland zu verbessern.

Aber Siregar erkannte, dass für die Beziehung zwischen der Konzernleitung in Paris und Sanofi Deutschland in erster Linie ein besseres Verständnis der tatsächlichen Situation und Beweggründe beider Seiten vonnöten war, ebenso wie er sich selber nach seiner Ankunft in Hoechst erst einmal ein Verständnis der Situation dort erarbeiten musste. Dass die über Jahrzehnte gewachsene Hoechst-Identität noch vorhanden war, auch wenn sie durch das Auseinanderbrechen der Hoechst AG Schaden erlitten hatte, wurde ihm sehr schnell bewusst. Stolz auf Hoechst sein zu können, war ein tief sitzendes Bedürfnis der Mitarbeiter geblieben. Diese emotionale Beziehung zu ihrem Unternehmen hatte für die Mitarbeiter immer eine große Bedeutung gehabt. Die Menschen nur in Bezug auf ihre funktionale Benutzbarkeit sehen zu wollen, schien ihm ein Grund des mangelnden Vertrauens zu sein.

So verfasste er 2011 für den Vorstand HR einen Statusbericht über Sanofi Deutschland, in dem er die vorgefundenen Verhältnisse kommunizierte, ohne zu schönen oder zu frisieren. Dieser Statusbericht wurde in Paris mit großer Aufmerksamkeit aufgenommen, er öffnete dort die Augen für die Beziehungsprobleme. Gemeinsam mit der gesamten deutschen Geschäftsführung, und auch durch viele Begegnungen Siregars vor Ort in der Sanofi-Zentrale sowie durch off-site-Meetings mit verschiedenen Leadership Teams konnte in den vergangenen Jahren eine Brücke zunehmender Vertrauensbereitschaft gebaut werden, die den Handlungsfreiraum für die deutsche Sanofi-Mannschaft erhöhte und ihr gleichzeitig das Bewusstsein vermittelte, dass sich der Vertrauensvorschuss als gerechtfertigt erweisen muss. So entstand allmählich eine neue Qualität der Beziehung zu Paris, die die Belastbarkeit der deutschen Tochter für die anstehenden Restrukturierungsmaßnahmen erhöhte und gleichzeitig das Vertrauensklima dank der ehrlichen und respektvollen Kommunikation zunehmend verbesserte.

Ausschlaggebend für diese Entwicklung war die Grundhaltung, die Siregar und seine Geschäftsführungskollegen mitbrachten, dass Führungskräfte nicht abheben dürfen, wenn sie die ihnen anvertrauten Menschen in der Organisation verstehen und führen wollen. Ob sie sich mit den Menschen als FTEs (Full-Time Employees) auseinandersetzen oder sie unabhängig von der hierarchischen Stellung als Ihresgleichen behandeln, sagt nach Siregars Überzeugung viel darüber aus, ob Führungskräften das Recht zusteht, über andere Menschen zu entscheiden.

Gleichzeitig betrachtet Siregar Vertrauen aber auch als eine persönliche Entscheidung, zu der beide Seiten bereit sein müssen. Im eigenen HR-Team stieß er anfangs auf einige Führungskräfte, die auf sein Vertrauensangebot nicht eingehen wollten, sondern ihm mit kaum verborgener Gegnerschaft begegneten. Von ihnen trennte er sich schnell, um das von ihm angestrebte Vertrauensklima nicht unterminieren zu lassen. Mit dem Sozialpartner, den Betriebsräten der IGBCE (Industriegewerkschaft Bergbau, Chemie und Energie), konnte er dagegen durch seine offene und ideologiefreie Vorgehensweise schnell eine Vertrauensbasis schaffen, so dass er mit ihnen bei den anstehenden Restrukturierungsmaßnahmen Lösungen ausloten konnte, ohne dass es zu einer Kontroverse kam. In Sondierungsgesprächen unter vier Augen signalisierten sich beide Seiten die Grenzen für das Verhandelbare, bevor es zu offiziellen Verhandlungen kam, die dann zügig zu einem von beiden Seiten akzeptierten Ergebnis führten.

7.5 Vertrauensgerechte Strukturen

Siregar schuf gemeinsam mit den Betriebsräten vor Ort eine paritätisch besetzte Kommission aus 4 Arbeitgebervertretern und 4 Vertretern des Sozialpartners, die als Plattform für die Abstimmung von Veränderungsvorschlägen an die Geschäftsleitung fungiert und damit der Beziehung beider Seiten eine Struktur gibt – Vertrauen nicht nur als „weicher Faktor" und „face-to-face", sondern mit der verlässlichen Arbeitsweise einer Business Partnership.

Ähnlich entwickelte sich an vielen Stellen im Unternehmen ein modernes Projektmanagement hin zu einem cross-funktionalen Prozess mit Steering Committee, vertrauensbasierter Projektleitung, Fokus-Gruppen mit hoher Transparenz und definierten Rechenschaftspunkten – Kontrolle nicht als Ausdruck von Misstrauen, sondern als Hilfe für selbstverantwortliche Steuerung. Siregar unterscheidet zwischen passivem Controlling, das in erster Linie eine Dokumentation von Misserfolgen darstellt, und aktivem Controlling, das dem Steuern und Befähigen in einem ausgeprägten Vertrauensklima dient. Letzteres zu kultivieren, ist Ziel seiner Personal- und Organisationsstrategie.

7.6 Was hat sich verändert?

Siregar stellt fest, dass der Geist des ständigen Absicherungsmanagements, den er bei seinem Eintritt vorfand, an vielen Stellen überwunden ist. Auch bei Sitzungen der Geschäftsführung werden junge Führungskräfte, die vortragen, mit Kollegialität behandelt, ihnen wird zugehört und ihre Vorschläge werden, wenn überzeugend, umgesetzt. Aber sie können auch korrigiert werden, ohne das in sie gesetzte Vertrauen zu verlieren.

Im Sinne des Talent-Managements wurde schon vor Jahren ein Junior Committee für junge Spitzentalente geschaffen, die eigene Projekte beantragen und durchführen dürfen. Und immer mehr jüngere HR-Mitarbeiter präsentieren ihre Ideen auch in Paris und werden von Siregar dabei unterstützt, im Headquarter richtig aufzutreten, ihre Präsentationen überzeugend zu gestalten und sich auch durch kritische Hinterfragungen nicht entmutigen zu lassen.

Die Qualität und Quantität kreativer Ideen haben deutlich zugenommen und die Bereitschaft junger Führungskräfte aus der deutschen Organisation, sich für internationale

Projekte zu melden, ist im Sanofi-Konzern beispielhaft geworden. Deutschland ist auf diese Weise für das Unternehmen zu einer „Sandkiste", einem Experimentierfeld für vertrauensbasierte Führung geworden.

7.7 Neue Unternehmenskultur als Ziel

Das Experimentierfeld ist umso relevanter, als der Konzern insgesamt seine Unternehmenskultur neu gestalten will. Zunächst wurde in einem ersten Schritt die derzeitige Unternehmenskultur durch eine weltweite Erhebung bei 900 Mitarbeitern analysiert. Bei allen Unterschieden zwischen Zentrale, Regionen und operativen Einheiten zeigen die Ergebnisse überall Elemente eines Druck- und Angstklimas, dem entgegengewirkt werden soll, um Agilität und Vertrauensbildung im Unternehmen zu erhöhen.

Dass dann allerdings Ende Oktober 2014 wie aus heiterem Himmel und ohne erkennbare Ursache der CEO des Unternehmens, Chris Viehbacher, entlassen wurde, schürt von Neuem ein Gefühl der Undurchschaubarkeit und wirkt der Vertrauensbildung entgegen. Zumal ein Nachfolger nicht benannt werden konnte.

In Deutschland kommt hinzu, dass das Marken-Image von Sanofi erst schwach ausgeprägt ist und dass der Ruf der Pharma-Unternehmen generell extrem gesunken ist. Retention guter Mitarbeiter ist daher für Sanofi Deutschland eine besondere Herausforderung, die sich verschärft, wenn das Vertrauen in die Vorgesetzten beeinträchtigt wird.

Sanofi wirkt diesen Herausforderungen durch eine stark nachwuchsorientierte Kommunikation entgegen, besonders an Universitäten und auf Messen. Die Karriereentwicklung bei Sanofi wird nicht mehr als Karriereleiter verstanden, sondern als Kletterwand, die Seitenschritte erlaubt und mehr Flexibilität und Eigendynamik bietet. Ziel ist es, fähige vielseitige Manager für ein global agierendes Unternehmen zu bilden.

7.8 Fazit

Sanofi ist ein Beispiel für die oft unterschätzten Auswirkungen einer Übernahme auf das Vertrauensklima in der betroffenen Organisation. Der damit verbundene Identitätsverlust führt zu Verhaltensweisen, die aus der Sicht des „Siegers" fälschlicherweise als Zeichen geringeren Leistungswillens und von Verhaftetsein in ineffizienter Mentalität verstanden werden können. Die Vertrauensbrücke zu bauen, erfordert ein Beziehungsmanagement, das Vertrauensbeweise auf beiden Seiten ermutigt und dadurch Kontroll- und Absicherungsenergie in Agilität und Innovationsenergie umwandelt.

Prof. Dr. Tom Sommerlatte ist Vorsitzender des Vorstands des Trust Management Instituts e. V., das es sich zur Aufgabe gemacht hat, die Ergebnisse der Vertrauensforschung in die unternehmerische Praxis zu überführen. Dr. Sommerlatte ist Chairman des Advisory Board des internationalen Consulting-Unternehmens Arthur D. Little GmbH und Mitglied verschiedener Aufsichts- und Beiräte. Viele Jahre lang war er Managing Director der europäischen Aktivitäten und Senior Vice President der Muttergesellschaft von Arthur D. Little. Er ist Autor einer Reihe von Büchern zu Themen des Strategie- und Innovationsmanagements und Mitherausgeber des Buchs „Quintessenz der Vertrauensbildung". Er promovierte an der Université de Paris auf dem Gebiet der Verfahrenstechnik und erwarb den Master of Business Administration am Europäischen Institut für Unternehmensführung, INSEAD. An der Universität Kassel hält er eine Honorarprofessur auf dem Gebiet des Systemdesigns.

Dr. Emmanuel Siregar begann 1982 an der Westfälischen-Wilhelms-Universität Münster Humanmedizin und Katholische Theologie zu studieren. Von 1984 an verbrachte er insgesamt zehn Jahre in Rom, wo er an der Päpstlichen Universität Gregoriana 1994 zum Doktor der Theologie promoviert wurde. Nach einer Station als Unternehmensberater und Trainer arbeitete Dr. Siregar von 1997 an beim Augenoptik-Unternehmen Fielmann, wo er 2004 zum Personalvorstand aufstieg. Von 2007 bis 2011 leitete er dann als Mitglied der Geschäftsführung der Karstadt Warenhaus GmbH den Personalbereich und war in dieser Funktion auch Arbeitsdirektor. 2011 wurde er zum Geschäftsführer Personal und Organisation der Sanofi-Aventis Deutschland GmbH berufen, deren Arbeitsdirektor er auch ist. Zugleich leitet er das Personalwesen des Länderclusters Deutschland-Österreich-Schweiz bei Sanofi.

Von den Skandinaviern lernen – integrativ führen: AbbVie

8

basierend auf einem Gespräch mit Alexander Würfel

Tom Sommerlatte

8.1 Vertrauen aus internationaler Sozialisierung

Alexander Würfel formte seine Lebensphilosophie und seine Persönlichkeit von früher Jugend an durch Bewährungsproben in anderen Kulturen.

Mit 16 Jahren kam er als Austauschschüler in den Mittleren Westen der USA, wo er die rechtschaffene Grundeinstellung, die „ehrliche Haut", die selbstvertrauende Gelassenheit der Menschen dort erlebte und schätzen lernte.

Zurück in Deutschland, formte ihn ein humanistisches Gymnasium im Münsterland – auch hier fand er eine noch intakte ganzheitliche Sichtweise des Menschen vor, in der Überzeugung, dass Wertschätzung und faire Behandlung der Menschen ihre Potenziale zur Entfaltung kommen lässt.

Nach dem Studium der Betriebswirtschaft an den Universitäten Münster und Zaragoza begann er als Trainee in der Pharmasparte der BASF, der Knoll AG in Ludwigshafen, und lernte hier das Führungsmodell eines deutschen Großkonzerns kennen, das durch Hierarchiedenken, organisatorische Strukturiertheit und strikt einzuhaltende Berichtswege gekennzeichnet ist. Aber schon Ende 2000 wechselte er zusammen mit der gesamten Pharmasparte zu dem amerikanischen Pharma- und Medizintechnik-Konzern Abbott Laboratories, Inc., über, an den die BASF das ihr artfremde Pharmageschäft verkaufte. Für Würfel ein glücklicher Wechsel in eine ihm aus seiner Zeit als Austauschschüler vertraute pragmatische Kultur des Mittleren Westens: flache Hierarchie, Empowerment durch alle Führungsetagen, Symbiose aus „Hands-on" und gemeinsamer Planung. Abbott Labora-

T. Sommerlatte (✉)
Trust Management Institut e. V., Wiesbaden, Deutschland
E-Mail: tsommerlatte@trust-management-institute.com

© Springer-Verlag Berlin Heidelberg 2016
T. Sommerlatte, F. Keuper (Hrsg.), *Vertrauensbasierte Führung*,
DOI 10.1007/978-3-662-46233-1_8

tories war und ist von dieser pragmatischen Mischung und einer langen, erfolgreichen Unternehmensgeschichte am Standort Chicago, Illinois, geprägt.

2007 kam dann die neue internationale Sozialisierungsherausforderung. Die Konzernleitung sandte Würfel als General Manager zur dänischen Abbott-Tochter. In der dänischen Organisation, die mit einer Fluktuationsrate von über 30 % zu kämpfen hatte, löste das zunächst einen Schock aus, denn es gab dort geschichtlich bedingte Vorurteile gegen einen deutschen „Boss". Aber Würfel erwies sich als das genaue Gegenteil des Klischees vom „Deutschen" – er gab sich erst einmal 3 Monate Zeit, um die Organisation, die Menschen und ihre Kultur kennen zu lernen. Er fragte und beobachtete, anstatt anzuweisen und durchzugreifen.

Seiner Vorstellung von einer erstrebenswerten Organisation kam die dänische Autorin Camilla Kring entgegen, die in ihrem Buch „Life Navigation" die Erkenntnis vertritt, dass eine gesunde Work-Life-Balance der beste Weg ist, um über eine hohe Mitarbeiterzufriedenheit und -bindung eine hohe Produktivität zu erzielen. Als Weg dahin rät sie dazu, den Mitarbeitern so weit wie möglich die Flexibilität zu belassen, selber zu bestimmen, wann und wo sie arbeiten wollen. Krings Botschaft ist, dass nicht die Anwesenheit am Arbeitsplatz das entscheidende Kriterium sei, sondern dass diejenigen Menschen am produktivsten und kreativsten seien, die arbeiten können, wann immer ihre Energie und Effizienz am höchsten sind. Das daraus resultierende organisatorische Konzept setzt das Vertrauen voraus, dass die Mitarbeiter bereit sind, Verantwortung für ihr Zeitmanagement und ihre zuverlässige Aufgabenerfüllung zu übernehmen, und dass sie sich selber koordinieren, um eine hohe Gemeinschaftsleistung für ihr Unternehmen zu erbringen. Besonders für eine Branche mit einem hohen Anteil von Forschungs-, Entwicklungs-, Marketing-, Vertriebs- und Kommunikationstätigkeiten wie der Pharmabranche schien Würfel dieses Konzept überzeugend. So führte er es Schritt für Schritt in der dänischen Organisation ein und stieß damit auf große Akzeptanz. Die Fluktuation fiel auf unter 10 %, die Produktivität blieb auf hohem Niveau und das Vertrauen der Dänen in die neue gemeinsame Arbeitskultur festigte sich zusehends. Abbott vertraute ihm daraufhin auch die schwedische Tochtergesellschaft an, bis er 2011 zum Sprecher der Geschäftsleitung der deutschen Abbott GmbH & Co. KG berufen wurde. Nach der Abspaltung der AbbVie Inc. von Abbott Laboratories Inc. im Jahr 2013 wurde Würfel zum General Manager der deutschen Gesellschaft dieses nunmehr eigenständigen Bio-Pharma-Unternehmens ernannt, das insbesondere auf den Gebieten der Immunologie, Onkologie und Virologie forscht und bearbeitet, während Abbott Laboratories sich auf die Diagnostik, Medizintechnik und auf Ernährungsprodukte konzentriert.

Würfel hat als Verantwortlicher des zweitgrößten Standorts von AbbVie – sowohl in puncto F&E-Kapazitäten und Produktion, als auch in puncto Umsatzvolumen – das Vertrauen des CEOs in Chicago, der auf die marktnahen Kräfte setzt und dessen Führungsansatz des Empowerment und der integrativen, kooperativen Planung gut mit dem Führungskonzept von Alexander Würfel zusammenpasst.

8.2 Das Führungskonzept

Für Alexander Würfel hat sich Vertrauen als ein zentraler Wert in seiner persönlichen und beruflichen Entwicklung erwiesen, basierend auf Wahrhaftigkeit sowohl nach innen, wie nach außen. Denn das zu gewinnende Kundenvertrauen, entscheidend für ein Pharmaunternehmen, muss seiner Überzeugung nach der innerbetrieblichen Realität entsprechen, um authentisch und nachhaltig sein zu können. Die Führung muss den Mitarbeitern Vertrauen entgegen bringen, um ein Vertrauensklima in der Organisation entstehen zu lassen. Diese, wie er sagt, „gutmütige" Grundeinstellung hat für Würfel eine menschliche, eine berufliche, aber auch eine spirituelle Dimension. Wer anderen misstraut, so seine Erfahrung, bekommt das, was er befürchtet. Wesentlich ist für ihn, keine Maske zu tragen, sich nicht zu verstellen, sondern der zu sein, der man ist – zu allen. Seine daraus resultierende selbstsichere Gelassenheit setze aber auch einen hohen eigenen Beitrag voraus und befähige ihn dazu, mit offenem Visier zu agieren. Diese „skandinavische" Führungskultur habe er durch seine Arbeit in Dänemark und Schweden schätzen gelernt.

Wichtig ist bei diesem kooperativen, integrativen Führungsansatz, alle relevanten Player in den Visions- und Strategieprozess einzubeziehen, zu zeigen, wo es hingehen soll, aber den Weg gemeinsam zu erarbeiten, um das Führungsteam zu befähigen, an einem Strang zu ziehen und die Mitarbeiter im Rahmen der Richtungsvorgabe in eigener Initiative und mit ihrer intrinsischen Motivation agieren zu lassen. Die Wissensträger in einem Pharmaunternehmen wie AbbVie brauchen kreative Freiräume, sie wollen gestalten und sich in Projektteams selbst organisieren. Entscheidungen müssen, um schnell voranzukommen, in Eigenverantwortung da getroffen werden können, wo ausreichende Informationen vorliegen. Eine Kontrollkultur wäre kontraproduktiv. Aber die Führung muss visibel und nachvollziehbar sein, sie muss nicht nur das „big picture" kennen und ausreichende Kenntnisse für langfristige Entscheidungen besitzen, sie muss im Zweifelsfall in der Lage sein, tiefer in pharmazeutische Themen und Problemstellungen einzudringen, wenn sie strategisch wesentlich sind. Das Vertrauen der Mitarbeiter in die Führung wird dadurch immer wieder fundiert.

Dafür hat Würfel im Unternehmen Plattformen des Austauschs geschaffen. Bei regelmäßigen Frühstücks-Meetings des Führungsteams, an denen alle Mitarbeiter teilnehmen können, herrscht eine Atmosphäre der Offenheit, in der Kritik und Ideen vorgebracht werden. Mitarbeiter aller Ebenen sind zu einer Begegnung mit Würfel eingeladen, die sich „Lunch or run" nennt, denn sie haben die Wahl, mit ihm im Mitarbeiterrestaurant des Unternehmens zu Mittag zu essen oder ab 17:30 Uhr mit ihm zusammen zu joggen. So entstand bei den Mitarbeitern das Vertrauen, dass sie offen Probleme adressieren können und dass ihnen von der Führung ein authentisches Interesse und eine prinzipielle Wertschätzung entgegengebracht werden. Dass es in diesem Rahmen um Leistung geht und dass dafür transparente Regeln bestehen, ist allen bewusst. Das Vertrauensklima erzeugt Verantwortungsbewusstsein und Einsatzbereitschaft. Würfel ist in seiner Vertrauensbereitschaft nur sehr selten enttäuscht worden.

8.3 Vertrauen nach außen

Gerade weil der Pharmazeutischen Industrie in Öffentlichkeit und Politik in Deutschland, besonders in Deutschland, viel Misstrauen entgegengebracht wird und weil Medikamente im höchsten Maß Vertrauensgüter sind, sieht es Würfel als seine große Aufgabe an, die Vertrauenswürdigkeit des Unternehmens AbbVie unter Beweis zu stellen.

Die Produkte von AbbVie dienen zur Behandlung komplexer chronischer Krankheiten (Immunkrankheiten, Krebs, Virusinfektionen). Zwischen den leidenden Patienten und dem forschenden Pharmaunternehmen besteht hier eine Informationsasymmetrie, die zu Misstrauen führen kann, wenn sie nicht durch vertrauensschaffende Informationsbereitschaft „entschärft" wird. Die Bundesregierung hat dazu das Arzneimittelmarkt-Neuordnungsgesetz erlassen, das nach der Zulassung eines neuen Medikaments durch die Zulassungsbehörde noch die Bewertung seines Zusatznutzens gegenüber schon bestehenden Medikamenten vorschreibt und damit auch eine Rechtfertigung des Preises fordert.

In dem Zusammenwirken von Pharmazeutischer Industrie, Ärzten, Patienten und den Krankenkassen kann eine volkswirtschaftlich sinnvolle Beziehung nach Ansicht von Würfel nur durch eine Vertrauensbasis entstehen, die auf umfassender Kenntnis und Respektierung aller Kostenfaktoren beruhen muss. Das Beispiel für eine solche Vertrauensbasis ist seiner Ansicht nach Schweden, wo durch Informationsaustausch zwischen den Playern eine partnerschaftliche Beziehung im Gesundheitssystem entstehen konnte.

Hierbei muss, so Würfel, berücksichtigt werden, dass die Pharmazeutische Industrie neue Medikamente nur hervorbringen kann, wenn sie stark in Forschung und Entwicklung investieren und die F&E-Kosten über den Preis ihrer erfolgreichen Produkte abdecken kann. Die F&E-Aufwendungen steigen aber wegen der zunehmenden Komplexität der Indikationsgebiete und erfordern immer stärker Kooperationen, nicht nur zwischen Pharmaunternehmen, sondern zwischen den forschenden Unternehmen, der Gesundheitspolitik und der Wirtschaftspolitik im Sinne eines ganzheitlichen Systemdenkens. Zu dieser funktionsübergreifenden Kooperation bekundet AbbVie seine Bereitschaft und implementiert zurzeit den Transparenzkodex der im vfa (Verband der forschenden Arzneimittelindustrie) zusammengeschlossenen Unternehmen, die zu diesem Zweck den Verein freiwillige Selbstkontrolle für die Arzneimittelindustrie e. V. (FSA) gegründet haben. Ziel ist es, alle Zuwendungen im Rahmen der Beziehungen zwischen Ärzten und den Pharma-Unternehmen systematisch zu erfassen. Die Informationen sollen für jedermann zugänglich auf einer Website des jeweiligen Pharma-Unternehmens veröffentlicht werden. Diese Transparenz soll dazu dienen, das im Gesundheitswesen so wichtige Gut Vertrauen durch den Nachweis ethischen Verhaltens wieder herzustellen.

8.4 Vertrauen nach innen

Als ganz entscheidend für die zukünftige Entwicklung der AbbVie sieht Würfel die Gewinnung und Entfaltung von Spitzenkräften an. Dabei ist es gerade einem Pharma-Unternehmen wie AbbVie bewusst, dass annähernd 30 % der Fachkräfte in Deutschland mit chronischen Erkrankungen leben müssen, die ihre Leistungsfähigkeit besonders deswegen beeinträchtigen, weil sie sich nicht outen können. AbbVie hat daher ein Mitarbeiter-Gremium eingerichtet, bei dem betroffene Mitarbeiter vertraulich ihre Situation zur Sprache bringen können. Das Unternehmen bietet ihnen dann Aufgaben und Arbeitsbedingungen an, die ihnen das Arbeitsleben bei AbbVie erleichtern. Auch Gesundheitsbeeinträchtigungen durch falsches Führungsverhalten werden mit Hilfe von Gesundheitsumfragen im Unternehmen sichtbar gemacht und durch entsprechende Verhaltensänderungen angegangen. Erklärtes Führungsziel der AbbVie Deutschland ist: „Wir achten auf die Gesundheit unserer Mitarbeiter."

Was gerade jungen begabten, aber auch den erfahrenen älteren Mitarbeitern (Alter über 60 Jahre) bei AbbVie entgegenkommt, ist das Vertrauensklima, das ihrem Bedürfnis nach Selbstbestimmtheit gerecht wird. So strahlen die selbstsichere Gelassenheit und die vertrauensbasierte Grundeinstellung der Unternehmensführung auf das verantwortungsvolle Engagement der Mitarbeiter aus.

Nach der Überzeugung und inzwischen 16-jährigen Erfahrung von Alexander Würfel ist heute die erfolgreiche Führung eines forschungsintensiven Unternehmens der Spitzentechnologie ohne Empowerment der Mitarbeiter nicht mehr möglich – und Empowerment setzt ein integrierendes Vertrauensklima voraus, das von der Unternehmensführung vorgelebt werden muss.

Prof. Dr. Tom Sommerlatte ist Vorsitzender des Vorstands des Trust Management Instituts e. V., das es sich zur Aufgabe gemacht hat, die Ergebnisse der Vertrauensforschung in die unternehmerische Praxis zu überführen. Dr. Sommerlatte ist Chairman des Advisory Board des internationalen Consulting-Unternehmens Arthur D. Little GmbH und Mitglied verschiedener Aufsichts- und Beiräte. Viele Jahre lang war er Managing Director der europäischen Aktivitäten und Senior Vice President der Muttergesellschaft von Arthur D. Little. Er ist Autor einer Reihe von Büchern zu Themen des Strategie- und Innovationsmanagements und Mitherausgeber des Buchs „Quintessenz der Vertrauensbildung". Er promovierte an der Université de Paris auf dem Gebiet der Verfahrenstechnik und erwarb den Master of Business Administration am Europäischen Institut für Unternehmensführung, INSEAD. An der Universität Kassel hält er eine Honorarprofessur auf dem Gebiet des Systemdesigns.

Alexander Würfel ist General Manager und Sprecher der Geschäftsführung der AbbVie Deutschland GmbH & Co. KG. Nach seinem Abschluss in Betriebswirtschaft an der Universität Münster und Zaragoza/Spanien als Diplom-Kaufmann, war er in verschiedenen Positionen im Vertrieb und Marketing bei BASF Pharma in Deutschland und Australien tätig. Er begann seine Karriere bei Abbott im Jahr 2001 und hat verschiedene Stationen im Unternehmen sowohl auf deutscher als auch auf europäischer Ebene durchlaufen. 2007 stieg der zum General Manager von Abbott Dänemark auf. Im August 2009 wechselte er zu Abbott Schweden, wo er bis Ende 2010 ebenfalls als General Manager tätig war. Ab 2011 verantwortete Würfel als Geschäftsführer das deutsche Pharmageschäft für innovative Arzneimittel von Abbott, das seit dem 1. Januar 2013 in dem BioPharma-Unternehmen AbbVie gebündelt ist. Alexander Würfel ist seitdem Sprecher der Geschäftsführung von AbbVie Deutschland, einem der forschungsintensivsten biopharmazeutischen Unternehmen mit über 2,400 Mitarbeitern in Deutschland, davon alleine rund 1,000 in Forschung und Entwicklung.

Die Idee Porsche – Urvertrauen

Basierend auf einem Gespräch mit Thomas Edig

Tom Sommerlatte und Peter P. Müller

„Porsche ist weltweit einer der profitabelsten Automobilhersteller. Nicht zuletzt, weil der wichtigste Erfolgsfaktor immer noch eines ist: ‚unsere Mitarbeiter' – so die Präambel zu den Führungsleitlinien der Dr. Ing. h. c. F. Porsche AG."

Ähnliche Aussagen über die Bedeutung der Mitarbeiter haben in der Vergangenheit viele Unternehmen gemacht. Da war die Rede vom Human-Kapital, das gepflegt und ausgebaut werden muss – bis bei der nächsten Rezession ein gehöriger Teil genau dieses Kapitals als Belastung angesehen und abgestoßen wurde. Kein Wunder, dass in vielen Unternehmen gegenüber solchen Sprüchen Misstrauen gewachsen ist, das die Identifikation der Mitarbeiter mit ihrem Unternehmen unterminiert.

Nicht so bei Porsche.

Auch bei diesem Unternehmen gab es seit den Anfängen in den Nachkriegsjahren, als Ferry Porsche mit 12 Mitarbeitern den ersten Porsche entwickelte und baute (den Porsche 356 Nr. 1 Roadster), „Ups and Downs" – aber die Mitarbeiter gehörten immer zu „ihrem" Unternehmen, die Unternehmenskultur blieb über die zum Teil stürmische Unternehmensgeschichte hin von einem unerschütterten Vertrauensklima geprägt.

Natürlich entwickelte sich die Art und Weise weiter, wie das Vertrauensklima bei Porsche gelebt wird. Vom tagtäglichen Arbeitskontakt mit dem genialen Automobilingenieur und inspirierenden Unternehmensführer Ferry Porsche, den er mit allen seinen Mitarbeitern noch in den frühen 1960er Jahren pflegte, bis zu den heute über 20.000 Mitarbeitern

---

T. Sommerlatte (✉)
Trust Management Institut e. V., Wiesbaden, Deutschland
E-Mail: tsommerlatte@trust-management-institute.com

P. P. Müller
mmc AG, Wiesbaden, Deutschland
E-Mail: info@mmc.ag

© Springer-Verlag Berlin Heidelberg 2016
T. Sommerlatte, F. Keuper (Hrsg.), *Vertrauensbasierte Führung*,
DOI 10.1007/978-3-662-46233-1_9

an mehreren großen Standorten (Stuttgart-Zuffenhausen, Weissach, Ludwigsburg, Leipzig, Bietgheim-Bissingen) haben sich die Anforderungen an vertrauensbasierte Führung, an Erhalt und Weiterentwicklung der Porsche-Unternehmenskultur wesentlich gewandelt.

Aber ebenso wie sich die Fahrzeug- und Fertigungstechnik dank hoher Innovationsleistung veränderte, ohne dass die Qualität und der Nimbus Porsche beeinträchtigt wurden, hat sich das soziale System Porsche trotz einer Verdoppelung der Mitarbeiterzahl in den letzten 5 Jahren auf die sich verändernden Gegebenheiten eingestellt, ohne seine Qualität und Vertrauensbasis zu verlieren. Ja, zwischen beiden Entwicklungen – der erfolgreichen Markenpositionierung und der auf Vertrauen, dem Gefühl der Zugehörigkeit. (Edig spricht sogar von *Familien*zugehörigkeit) und Einsatz abzielenden Personalpolitik – hat sich offensichtlich eine verstärkende Wechselbeziehung eingestellt.

9.1 Wie wurde diese beispielhafte Synergie erreicht?

Ein Weg zum Verständnis besteht wohl darin, das Wirken des für Personal- und Sozialwesen zuständigen Stellvertretenden Vorstandsvorsitzenden Thomas Edig nachzuvollziehen.

Thomas Edig trat 2007 als Vorstandsmitglied mit Verantwortung für Human-Ressourcen dem dreiköpfigen Porsche-Vorstand bei. Seine integrative Führungskompetenz in Sachen Personal, Organisation und Unternehmenskultur hatte er zuvor bei der Alcatel S.A. in Paris unter Beweis gestellt.

Als wesentliche Eigenschaften der Führung bei Porsche stuft er Ehrlichkeit, Zuverlässigkeit, Mut und Bescheidenheit ein, von denen er Ehrlichkeit und Zuverlässigkeit als unerlässlich ansieht, um langfristig Vertrauen zwischen der Unternehmensführung und den Mitarbeitern zu erhalten. Aber gerade auch den Mut, neue Wege zu gehen, schwierige Entscheidungen zu treffen und zu dem zu stehen, woran man glaubt, hält er für vertrauensbildend, denn dieser Mut beinhaltet auch die Bereitschaft, Vertrauen in das engagierte Mitwirken der Mitarbeiter zu haben.

Die Eigenschaft, die seiner Erfahrung nach eine gute zu einer hervorragenden Führungskraft macht, ist jedoch Bescheidenheit. Bescheidenheit bedeutet für ihn, sich persönlich nicht zu wichtig zu nehmen und zu verstehen, dass die Führungsrolle mit lebenslangem Lernen verbunden ist. Diese ehrliche Bescheidenheit, die Abwesenheit von Selbstherrlichkeit und Besserwisserei, erzeugt seiner Erfahrung nach Vertrauenswürdigkeit in den Augen der Kollegen und Mitarbeiter. Und die eigene Vertrauenswürdigkeit, so Vorstand Edig, ist Voraussetzung vertrauensbasierter Führung.

9.2 Auswirkungen des Vertrauensklimas

Das starke Vertrauensklima bei Porsche bewirkt, dass sich die Mitarbeiter – die Porscheaner – uneingeschränkt mit dem Unternehmen Porsche identifizieren und immer wieder eigene Ideen und Verbesserungsvorschläge einbringen – sie wissen, dass Mitdenken gewünscht ist und gute Vorschläge auch umgesetzt werden. Bei der letzten Mitarbeiterbefragung mit einer Beteiligungsquote von 88 % der Belegschaft äußerten sich 95 % der Mitarbeiter, dass sie gerne bei Porsche arbeiten. In der Imagestudie 2014 des Manager Magazins belegt Porsche in der Kategorie Mitarbeiterorientierung dann auch den 1. Platz. Auch beim Trendence-Arbeitgeber-Ranking durch abschlussnahe Studierende schneidet Porsche als beliebtester Arbeitgeber ab. Entscheidend an dieser Einstufung ist, dass das Unternehmen die Spitzenabsolventen der Universitäten und Hochschulen gewinnt und dadurch seine überragende Leistungs- und Innovationsfähigkeit aufrechterhalten kann.

In der von Offenheit, direkter Kommunikation und intensivem Erfahrungsaustausch geprägten Porsche-Kultur entwickeln sich die Kernkompetenzen der heutigen Führungskräfte, die überzeugen, vermitteln und Menschen zu kooperativem Verhalten motivieren können. Statt zu Machtdemonstrationen bewegen die Porsche-Unternehmenswerte die Führungskräfte zu Lernbereitschaft, Respekt und hohem Verantwortungsbewusstsein.

9.3 Harte und weiche Faktoren

Dass Vertrauen und Loyalität nicht nur atmosphärische Nettigkeiten sind, zeigen die Produktivitätssteigerungen bei Porsche, die jährlich bei mindestens sechs Prozent liegen. Weil die Mannschaft ein starkes Gemeinschaftsgefühl besitzt, kann sie Jahr für Jahr Höchstleistungen für das Unternehmen vollbringen. Als Vertrauensbeweis in dieses gemeinsame Engagement verkürzt das Unternehmen die Arbeitszeit in der Produktion schrittweise auf bis zu 34 h pro Woche, wenn die Produktivitätsanstrengungen der Mitarbeiter die angestrebten 6 % überschreiten.

Nicht nur die Produktivität, auch die Innovationsbereitschaft hat sich in der Unternehmensgeschichte auf hohem Niveau gehalten. Seit dem legendären Porsche 356, über den 911 bis zu dem jüngst hervorgebrachten 918 Spyder hat das Unternehmen automobile Träume Wirklichkeit werden lassen. Diese Innovationsfähigkeit verdankt das Unternehmen, so Vorstand Edig, nicht zuletzt der Begeisterung seiner Mitarbeiter, den flachen Hierarchien, der hohen Eigenverantwortlichkeit aller Mitarbeiter und der guten Kooperation zwischen den Unternehmensbereichen. Das Vertrauensklima bewirkt, dass innovative Ideen sprudeln und ohne Bürokratie und Bedenkenträgertum ihren Weg in die Umsetzung finden.

Ein Motivationsfaktor besteht darin, dass es erklärtes Ziel der Personalstrategie ist, Schlüsselpositionen im Porsche-Konzern weitgehend mit Potenzialträgern aus den eigenen Reihen zu besetzen – zur Zeit sind es 70 % aller Führungspositionen, die intern besetzt werden. Ziel ist 90 %. Die Menschen spüren, dass sich Loyalität, Leistungsbereitschaft und innovative Initiativen lohnen. Sie denken mit.

9.4 Unternehmensperspektive

Ein wichtiger vertrauensbildender Faktor ist das bei den Mitarbeitern vorhandene Verständnis der Unternehmensperspektive und ihre Teilhabe am Strategieentwicklungsprozess. Kontinuierlich ein klares Bild der Unternehmensstrategie und -ziele zu vermitteln, ist laut Edig Voraussetzung dafür, dass die Mitarbeiter der Unternehmensführung vertrauen, dass sie sich als wichtiger Teil einer Familie sehen. Dafür werden Strategie-Schulungen, Intranet-Foren, Betriebsversammlungen, Mitarbeiterzeitungen und Informationsbroschüren genutzt – sie dienen einem kontinuierlichen Austausch zwischen Unternehmensführung und Mitarbeiterschaft und stärken das Wir-Gefühl, aber auch das Bewusstsein jedes einzelnen Mitarbeiters, eine wichtige Rolle für die Marke und den Unternehmenserfolg zu spielen. Im offenen persönlichen Gedankenaustausch mit den Führungskräften erhalten die Mitarbeiter die Möglichkeit, die Strategie zu reflektieren und ihre Beobachtungen und Anregungen einzubringen.

Dass wertschaffendes Wachstum die Grundrichtung der Porsche-Strategie 2018 ist, findet auch seinen Niederschlag in der Personalstrategie. Das Unternehmen will exzellenter Arbeitgeber bleiben und dazu seine leistungsorientierte und soziale Unternehmenskultur weiterverfolgen, über innovative und flexible Personalkonzepte verfügen, qualifizierte Mitarbeiter gewinnen, entwickeln und binden sowie die Kundenorientierung der Mitarbeiter sichern. Die Faszination und Emotion der Kunden in die Marke Porsche macht einen großen Teil der Mitarbeiteridentifikation mit der Strategie aus.

9.5 Mitarbeiterführung

Die direkte Betreuung, Orientierung und Motivation der Mitarbeiter „face-to-face" mit den Führungskräften lässt wechselseitiges Vertrauen entstehen. Denn so wird das Interesse der Führungskräfte an den Entwicklungsmöglichkeiten ihrer Mitarbeiter spürbar. So entstehen qualitative und quantitative Zielvereinbarungen, die ambitioniert, aber erreichbar sind und die Interessen der Mitarbeiter berücksichtigen. So finden ständig Rückmeldungen in beiden Richtungen statt – nicht zuletzt positive, wenn es gut läuft.

Die Feedback-Kultur erfordert nach Vorstand Edig seitens der Führungskräfte zunächst einen Vertrauensvorschuss in die Fähigkeiten und in die Gewissenhaftigkeit der Mitarbeiter, den diese seiner Erfahrung nach aber mit ihrem Engagement immer wieder rechtfertigen.

So zu führen, setzt in der von Vorstand Edig vertretenen Führungsphilosophie Leadership-Kompetenzen in drei Dimensionen voraus: in der fachlichen Führung und Leistung, in der überfachlichen Führung (Zusammenarbeit, Mitarbeiterorientierung) und im unternehmerischen Denken und Handeln. Diese Leadership- Kompetenzen sind in den Porsche-Führungsleitlinien eingehend erläutert.

Sie werden im jährlichen Zielbewertungsprozess auf allen Ebenen bei jeder Führungskraft vom jeweiligen Vorgesetzten bewertet und gehen zu 50 % in die Gesamtbewertung der individuellen Leistung ein. Das Ergebnis bildet dann die Grundlage für individuelle Qualifizierungsmaßnahmen der Führungskräfte.

9.6 Herausforderungen der Personalstrategie

Porsche strebt an, nicht nur die richtigen Mitarbeiter zu gewinnen, sondern sie durch Weiterentwicklung über ihr ganzes Berufsleben hinweg auch zu behalten. Wichtig ist nach Vorstand Edig dabei, dass die Mitarbeiter bei Porsche ein ausgewogenes Miteinander von Berufs- und Familienleben entfalten können. Als global agierendes Unternehmen will Porsche darüber hinaus auch die Fähigkeit ausbauen, immer stärker Mitarbeiter und Führungskräfte unterschiedlicher Kulturkreise und persönlicher Merkmale zu integrieren und dazu zwar an seinen langfristigen Werten festzuhalten, aber in puncto Diversity Management dazuzulernen.

Vorstand Edig ließ das Unternehmen einen Prozess durchlaufen, in dem die Unternehmensleitung und die Mitarbeiter in zwei Arbeitsgruppen die aus der Unternehmensvision und aus den Unternehmenszielen abzuleitenden Führungsleitlinien im Gleichtakt top-down und bottom-up erarbeiteten. Diese Führungsleitlinien betreffen die vertrauensvolle Zusammenarbeit, offene Kommunikation, Sozialpartnerschaft, die Bindung der Mitarbeiter, vertrauensbasierte Führung, faire Geschäftspraktiken, transparente Karriereplanung u. a. Die zusammen erarbeiteten Ergebnisse wurden in Betriebsversammlungen kommuniziert und sind in die Schulungsprogramme für alle Führungskräfte eingeflossen.

Diese durch Zusammenwirken geprägte Vorgehensweise hat sich als wesentlicher Beitrag für die Weiterentwicklung des Vertrauensklimas im Unternehmen Porsche erwiesen.

Das Vertrauensverhältnis zwischen dem Unternehmen und den Mitarbeitern wird durch die gute Zusammenarbeit von Vorstand Edig in seiner Funktion als Arbeitsdirektor mit den Betriebsräten untermauert. So kommen immer wieder Einigungen im beidseitigen Einvernehmen zustande.

9.7 Talentmanagement

Nachwuchsbeschaffung, Nachwuchsförderung und Führungskräfteentwicklung sind wichtige Aufgaben der personellen Zukunftssicherung, für die Vorstand Edig ein umfassendes Vorgehen entwickelt hat. Das Porsche-Talentmanagement bildet einen ganzheitlichen Prozess von der Berufsausbildung über die Gewinnung des akademischen Nachwuchses bis hin zur Besetzung von Top-Managementpositionen.

Das Talentmanagement fängt auf der Schüler-Ebene an. Für die besten Abiturienten wird jährlich der Ferry-Porsche-Preis verliehen, der zu einer frühzeitigen Bekanntschaft der Preisträger mit dem Unternehmen Porsche führt. Praktika für begabte Studenten stellen die nächste Stufe in der Beschaffung von Nachwuchs dar – rund 80 % der akademischen Neueintritte sind ehemalige Praktikanten des Unternehmens. Die Förderung des

Nachwuchses im Unternehmen erfolgt durch Lernen in Gruppen, durch ein Porsche-Management-Training, aber auch durch Selbstreflexion, Auslandserfahrung und Netzwerktreffen der Nachwuchskräfte. Für die Führungskräfteentwicklung besteht ein Top-Management-Training „top 100", für das sich junge Führungskräfte bewerben können und in dessen Rahmen sie an der China European International Business School in Kooperation mit der französischen Business School HEC (Hautes Études Commerciales) und dem amerikanischen MIT (Massachusetts Institute of Technology) ein mehrmonatiges Trainingsprogramm durchlaufen.

9.8 Von Vertrauen getragen

Thomas Edig als Vorstand Personal- und Sozialwesen hat dem Unternehmen Porsche zu einem modernen integrierten Führungs-, Mitarbeiterentwicklungs- und Wertekonzept verholfen, dessen Grundlage Vertrauensbereitschaft und Vertrauenswürdigkeit, dessen unternehmerische Rechtfertigung aber Produktivität und Innovationsleistung sind. Porsche soll die zweite Familie für die Mitarbeiter sein und die Möglichkeit des lebenslangen Arbeitgeber bieten. „Was man gibt, kommt fünfmal zurück!", so Edig. Das gilt sowohl in der Mitarbeiterführung als auch in der Zusammenarbeit mit Partnerunternehmen.

So wird Vertrauenskultur bei Porsche aktiv gelebt.

Prof. Dr. Tom Sommerlatte ist Vorsitzender des Vorstands des Trust Management Instituts e. V., das es sich zur Aufgabe gemacht hat, die Ergebnisse der Vertrauensforschung in die unternehmerische Praxis zu überführen. Dr. Sommerlatte ist Chairman des Advisory Board des internationalen Consulting-Unternehmens Arthur D. Little GmbH und Mitglied verschiedener Aufsichts- und Beiräte. Viele Jahre lang war er Managing Director der europäischen Aktivitäten und Senior Vice President der Muttergesellschaft von Arthur D. Little. Er ist Autor einer Reihe von Büchern zu Themen des Strategie- und Innovationsmanagements und Mitherausgeber des Buchs „Quintessenz der Vertrauensbildung". Er promovierte an der Université de Paris auf dem Gebiet der Verfahrenstechnik und erwarb den Master of Business Administration am Europäischen Institut für Unternehmensführung, INSEAD. An der Universität Kassel hält er eine Honorarprofessur auf dem Gebiet des Systemdesigns.

Prof. Peter P. Müller studiert Betriebswirtschaft an der Sorbonne, Paris, und in Münster, wo er den Abschluss als Dipl.-Kaufmann machte. Nach dem Studium begann er 1984 seine Berufskarriere im Management Consulting bei Roland Berger Strategy Consultants. Nach der Geschäftsführer-Funktion bei der Olympische Sommerspiele GmbH der Stadt Frankfurt wechselte er 1994 zu Arthur D. Little und war dort als Partner für die weltweite „Travel and Transportation Industry" verantwortlich. Von 2002 bis 2007 verantwortete Prof. Müller als Partner bei Deloitte den Bereich „CIO Advisory Service" sowie als Key Accounter alle Aktivitäten mit der Metro. Seit 2008 ist er Partner bei der mmc AG, Wiesbaden. Darüber hinaus übernahm Prof. Müller diverse Lehraufträge an Hochschulen in Basel, Ho Chi Minh City, Kalkutta und Beijing. Die Beijing Normal University ernannte ihn zum Professor.

Prof. Thomas Edig trat nach einem Studium an der Dualen Hochschule Baden-Württemberg mit Abschluss Diplom-Betriebswirt 1986 bei der Alcatel SEL AG in Stuttgart ein. Nach verschiedenen internationalen Führungsfunktionen war er seit 1998 Mitglied des Vorstandes und Arbeitsdirektor der Alcatel SEL AG in Stuttgart. Anfang 2002 wurde er als Personalchef des Alcatel-Konzerns in den Vorstand der Alcatel S.A. in Paris berufen. Seit Mai 2007 ist er Personalvorstand und Arbeitsdirektor und seit 2009 stellvertretender Vorstandsvorsitzender der Dr. Ing. h.c. F. Porsche AG. Darüber hinaus ist er als Honorarprofessor an der Dualen Hochschule Baden-Württemberg tätig.

Tradition des Vertrauens: Heraeus

Basierend auf einem Gespräch mit Jürgen Heraeus

Tom Sommerlatte

10.1 Vier Generationen des Familienunternehmens im Zeitraffer

Wilhelm Carl Heraeus, Apotheker in Hanau, hatte, als er 1851 die väterliche Apotheke übernahm, Chemie und Pharmazie studiert und diversifizierte dank einer selbst gebauten Knallgas-Apparatur in die Metallurgie: ihm gelang es, Platin und später auch Rubidium und Caesium per Hochtemperatur-Schmelze in reinster Form zu liefern.

Seine Söhne und Enkelsöhne bauten das Unternehmen trotz Erstem und Zweitem Weltkrieg kontinuierlich weiter auf, die Quarzglasherstellung, Dentallegierungen und Vakuumschmelze kamen hinzu.

In der vierten Generation trat 1964 Jürgen Heraeus ins Unternehmen ein, dessen Geschäftsführung er 1983 übernahm. Er baute das Unternehmen zu einer schnell wachsenden, international tätigen Gesellschaft aus, der er 1986 eine Holdingstruktur mit einer Reihe von selbstständig geführten Tochtergesellschaften gab. Der Tradition des Vertrauens folgend, war auch die Verbindung zwischen ihm als Vorsitzendem der Holding und den Geschäftsführern der Tochtergesellschaften eine sehr persönliche, oft freundschaftliche.

Im Jahr 2000 übernahm Jürgen Heraeus den Vorsitz des Aufsichtsrats der Heraeus Holding GmbH. Inzwischen führt Jan Rinnert, ein Schwiegersohn von Jürgen Heraeus, das Unternehmen als CEO in fünfter Generation.

Heute, 163 Jahre nach den ersten Anfängen, beschäftigt das Unternehmen insgesamt 12.500 Mitarbeiter und erwirtschaftet in sechs Geschäftsbereichen (Precious Metals, Materials Technology, Electro-Nite, Medical, Quarzglas, Noblelight) über 17 Mrd. € Umsatz im Jahr, davon rund 75 % im Ausland.

T. Sommerlatte (✉)
Trust Management Institut e.V., Wiesbaden, Deutschland
E-Mail: tsommerlatte@trust-management-institute.com

10.2 Die Rolle von Vertrauen

Die gesamte Geschichte des Unternehmens ist, so Jürgen Heraeus, von Vertrauen geprägt gewesen, Urvertrauen der Mitarbeiter in die Führungspersönlichkeiten der ersten bis vierten Generation der Familie, Vertrauen aber auch der Führung in die Mitarbeiter und darin, dass sie das Vertrauen nicht missbrauchen. Dieses gegenseitige Vertrauen äußert sich in hoher Leistungsbereitschaft und Zuverlässigkeit. Kontrollinstrumente dienten immer in erster Linie dazu, die Zielerfüllung zu unterstützen, um gegebenenfalls nachzuhelfen oder zu korrigieren.

Die Mitarbeiter schätzen ihre Leistung, so Jürgen Heraeus, meistens ziemlich richtig ein und waren bei Bonuszahlungen mit der Entscheidung der Unternehmensleitung auch ohne Formel meistens einverstanden.

Dieses Vertrauensklima entstand durch viel direkte Kommunikation zwischen der Geschäftsführung und den Mitarbeitern. Insbesondere in den Aufbaujahren nach dem Krieg kannte man sich gut und begegnete sich im Unternehmen und im Ort Hanau, in dem sie alle lebten, ohne Förmlichkeiten.

Nur in einem Fall erlebte Jürgen Heraeus einmal einen Vertrauensbruch eines seiner Geschäftsführer, der aber ohne Aufheben bereinigt werden konnte.

10.3 Wie entsteht das Vertrauensklima

Den Vorgesetzten zu schätzen und von ihm geschätzt zu werden, bewirkt auch heute noch, dass die Menschen im Unternehmen Heraeus Freude an ihrer Arbeit haben und ihren Arbeitsplatz lieben. Gute Leistung ist die automatische Folge.

Dabei geht es nicht um häufiges Loben, sondern um Respekt für die Mühe, die die Menschen sich geben.

Auch mit dem Betriebsrat bestand seit Anbeginn ein vertrauensvolles Auskommen, weil der Umgang miteinander seit jeher offen ist, man sich als Menschen schätzt und sich auf einen fairen Umgang miteinander verlassen kann. Jürgen Heraeus, selber die gesamte Zeit als Geschäftsführer und CEO auch Arbeitsdirektor des Unternehmens, machte Tageswanderungen mit dem Betriebsrat, nahm an allen Betriebsversammlungen teil und entwickelte menschliche Nähe zum Betriebsratsvorsitzenden. In Krankheitsfällen sandte man sich Genesungswünsche. Aber zugleich legte er Wert darauf, dass es keine Kumpanei gab. Verhältnisse wie zeitweise in Wolfsburg wollte Heraeus auf keinen Fall.

Um dieses Vertrauensklima aufrecht zu erhalten, legt Jürgen Heraeus größten Wert darauf, dass die Geschäftsführer der Tochtergesellschaften ein hohes Maß an sozialer Kompetenz mitbringen. Mit den 100 wichtigsten Führungskräften im Unternehmen hatte er immer einen persönlichen Kontakt.

Die Offenheit in der wechselseitigen Kommunikation bewirkt, dass die Führungskräfte, wenn sich Probleme abzeichnen, sie diese in einem frühen Stadium der Unternehmensleitung vorbringen, wissend, dass ihnen nichts passiert, so dass gemeinsam Abhilfe geschaffen werden kann. Auf diese Weise vermeidet Heraeus, dass problematische Entwicklungen, wie es in manchen großen Unternehmen der Fall ist, so lange kaschiert werden, bis sich schwerwiegende Konsequenzen nicht mehr vermeiden lassen.

Diese Kooperations- und Vertrauensbereitschaft muss „die Treppe hinunter" vorgelebt werden. So fand bei Heraeus lange Zeit an den Werkstoren keine Torkontrolle statt, stillschweigend darauf vertrauend, dass die Mitarbeiter des Edelmetallbetriebs „nichts mitgehen" lassen und dass flexible Arbeitszeit nicht missbraucht wird, um sich vor der Arbeit zu drücken. Die Philosophie war: „Keine Kontrolle ist gut genug, um Unehrlichkeit zu verhindern". Generell gibt Jürgen Heraeus zu bedenken, dass Kontrolle nicht zum Zeichen von fehlendem Vertrauen werden darf, weil die so behandelten Menschen es dann dem kontrollierenden Unternehmen überlassen, ständig alle Möglichkeiten des Abweichens im Auge zu haben.

Im Zuge des Unternehmenswachstums mussten dann doch manche Kontrollmaßnahmen eingeführt werden. Aber das Prinzip „So wenig wie möglich" ist bis heute beibehalten worden.

10.4 Die Reaktion der Mitarbeiter

Eine weltweite schriftliche Mitarbeiterbefragung, auf die über 8500 der insgesamt rund 12.500 Mitarbeiter geantwortet haben, gibt Aufschluss über die Einstellung der Menschen zum Unternehmen Heraeus.

Die Antworten auf drei der Fragen machen besonders deutlich, wie wohl sich die Menschen im Unternehmen fühlen:

Arbeiten Sie gern hier? Würden Sie Freunden empfehlen, hier zu arbeiten? Sind Sie mit der Bezahlung zufrieden?

Die Antworten auf die ersten beiden Fragen fielen überwältigend positiv aus, (~85%) bei der dritten Frage antworteten immerhin etwas mehr als 50% mit „Ja" – ein für diese Frage als gut anzusehendes Ergebnis, denn es zeigt, dass auch das Erfolgsstreben ausgeprägt ist, für das das Unternehmen Chancen bieten muss.

Schwachpunkte bei anderen Antworten zu den über 60 gestellten Fragen wurden transparent gemacht und werden offen angegangen.

10.5 Talent Management

Wie heutzutage viele Unternehmen, geht Heraeus die Heranbildung junger Führungskräfte mit einer Reihe von Entwicklungsangeboten an. In puncto Vertrauensbildung empfiehlt ihnen Jürgen Heraeus jedoch, sich selber damit auseinander zu setzen, was sie tun müssen, um zunächst einmal Vertrauen zu gewinnen, Vertrauen ihrer Vorgesetzten, ihrer Mitarbeiter und ihrer Kollegen auf gleicher Ebene, und dabei zwischen echtem Vertrauen und Effekthascherei zu unterscheiden.

Ebenso wichtig ist ihm, dass junge Führungskräfte lernen, sich auf die kulturellen Gegebenheiten in anderen Ländern einzustellen. So stieß ein junger Heraeus-Manager in einem Joint Venture mit einem japanischen Unternehmen trotz seiner fachlichen Kompetenz auf Ablehnung, bis ihn Jürgen Heraeus, angesprochen von dem japanischen Chef, dazu bewegen konnte, sein Verhalten in dem für ihn ungewohnten Umfeld zu reflektieren und sich über die Auswirkungen auf seine Akzeptanz Gedanken zu machen. Seine „Art" änderte sich daraufhin, und das Vertrauensverhältnis mit dem japanischen Joint-Venture-Partner verbesserte sich zusehends.

Führungskräfteentwicklung ist nach Einschätzung von Jürgen Heraeus heute eine der wichtigsten Aufgaben der Unternehmensführung. Als Aufsichtsratsvorsitzender hat er immer wieder mit dieser Aufgabe zu tun. Sein Ansatz bei der Auswahl und Gewinnung von Geschäftsführern basiert auf intensiven Gesprächen, die der Vertrauensbildung dienen, zusätzlich zur Nutzung von Referenzen und von Feedback darüber, wie der neu gewonnene Geschäftsführer führt. Auf dieser Basis kann er dann im vertraulichen persönlichen Kontakt einwirken, um zu bremsen oder zu ermutigen. Der persönliche vertrauensbildende Kontakt ist für ihn genauso wichtig wie die Kontrolle der Zahlen.

10.6 Externe Einflüsse

Die Unternehmenskultur in den deutschen Unternehmen muss sich heute nach Beurteilung von Jürgen Heraeus unter Berücksichtigung der vielfältigen externen Veränderungen entwickeln. Der schnelle technische Wandel, die Digitalisierung, das Auftreten asiatischer Wettbewerber fordern zu neuem Denken und Verhalten heraus. Die Performance der deutschen Unternehmen sieht nur im Vergleich zu Frankreich, Italien und anderen EU-Ländern gut aus – im Vergleich zu Asien und den USA ist sie aber nur Mittelmaß. In Zukunft wird es seiner Ansicht nach immer mehr darum gehen, eine größere Geschlossenheit, Einsatzbereitschaft und Wendigkeit zu entwickeln, die mehr Kommunikation und Transparenz voraussetzt, um die Menschen mitzunehmen. In Betriebsversammlungen muss die Herausforderung des globalen Wettbewerbs durch die immer leistungsfähigeren Asiaten deutlicher zur Sprache gebracht werden, dem Betriebsrat muss dabei Vertrauen entgegen gebracht werden, denn Vertrauen überträgt Verantwortung für den gemeinsamen Wandel. Jürgen Heraeus trat auch in seiner Mitgliedschaft im BDI-Präsidium für größere marktwirtschaftliche Aufrichtigkeit ein. Ihm geht es darum, die alte kämpferische Taktik der Auseinandersetzung zwischen der Arbeitgeber- und der Arbeitnehmerseite zu überwinden, in der beide Seiten erst einmal mit Maximalforderungen aufeinander prallen, während die vernünftige Einigung ohne ideologische Positionen meistens greifbar nahe liegt.

10.7 Fazit

Die größte Herausforderung war es, diese vertrauensbasierte Führung an die nächste Generation weiterzugeben. Das ist gelungen. Somit ist beim Unternehmen Heraeus die vertrauensbasierte Führung seit fünf Generationen Teil der DNA. Sie ist in der persönlichen Überzeugung der Führungspersönlichkeit an der Spitze verankert und hat zur Nachhaltigkeit der inzwischen 163-jährigen Unternehmensgeschichte beigetragen, auch im jeweils zeitbedingten Wandel. Diese Überzeugung und das daraus resultierende Verhalten der Führung strahlen in das ganze Unternehmen aus, auch heute noch bei der Mitarbeiterzahl von über 12.500 und der zunehmenden geografischen Dezentralisierung des Unternehmens. Jürgen Heraeus ist implizit der beste PR-Mann für das Unternehmen – auch wenn er dafür nicht bezahlt wird.

Prof. Dr. Tom Sommerlatte ist Vorsitzender des Vorstands des Trust Management Instituts e.V., das es sich zur Aufgabe gemacht hat, die Ergebnisse der Vertrauensforschung in die unternehmerische Praxis zu überführen. Dr. Sommerlatte ist Chairman des Advisory Board des internationalen Consulting-Unternehmens Arthur D. Little GmbH und Mitglied verschiedener Aufsichts- und Beiräte. Viele Jahre lang war er Managing Director der europäischen Aktivitäten und Senior Vice President der Muttergesellschaft von Arthur D. Little. Er ist Autor einer Reihe von Büchern zu Themen des Strategie- und Innovationsmanagements und Mitherausgeber des Buchs „Quintessenz der Vertrauensbildung". Er promovierte an der Université de Paris auf dem Gebiet der Verfahrenstechnik und erwarb den Master of Business Administration am Europäischen Institut für Unternehmensführung, INSEAD. An der Universität Kassel hält er eine Honorarprofessur auf dem Gebiet des Systemdesigns.

Dr. Jürgen Heraeus studierte Betriebswirtschaftslehre an der Universität München und wurde 1963 zum Doktor oec. publ. promoviert. Er verbrachte dann fast zwei Jahre in den USA und war für verschiedene Heraeus-Tochtergesellschaften tätig. 1970 wurde er in die Geschäftsleitung der W. C. Heraeus GmbH berufen und übernahm später den Vorsitz der Geschäftsleitung der Heraeus Holding GmbH. Seit Januar 2000 ist er Vorsitzender des Aufsichtsrats und Vorsitzender des Gesellschafterausschusses der Heraeus Holding GmbH. Dr. Heraeus ist zudem Vorsitzender des Aufsichtsrats der GEA Group AG und der Messer Group GmbH sowie Mitglied des Aufsichtsrats des Bankhauses Hauck & Aufhäuser Privatbankiers KGaA. Darüber hinaus engagiert er sich als Vorstandsvorsitzender des Deutschen Komitees für UNICEF e.V. und der Kathinka-Platzhoff-Stiftung für die Gesellschaft. Außerdem ist er seit 2014 als Vorsitzender des Beirats für die Reorganisation des ADAC aktiv. Dr. Jürgen Heraeus ist verheiratet und interessiert sich als Vater von fünf Töchtern besonders für Bildungspolitik.

11

Reflektierte Führungserfahrung par excellence: Manfred Gentz

Basierend auf einem Gespräch mit Manfred Gentz

Tom Sommerlatte

11.1 Profunde Erfahrungsbasis

Manfred Gentz begann 1970 nach dem Studium der Rechtswissenschaften mit Abschluss Promotion und Zweitem Staatsexamen eine phänomenale 34-jährige berufliche Entwicklung bei der Daimler-Benz AG, die ihrerseits in dieser Zeitspanne beträchtliche Entwicklungsschübe durchlebte (1985 Übernahme von AEG und Dornier, 1989 Übernahme von MBB durch die DASA, 1998 Merger mit Chrysler zur Daimler Chrysler AG, 2000 Beteiligung bei Mitsubishi und Einbringung der DASA in die EADS).

Dr. Gentz erlebte 5 Vorstandsvorsitzende unterschiedlichster Persönlichkeit, Führungsambition und -fortüne (Prof. Dr. Zahn, Dr. Prinz, Prof. Breitschwerdt, Reuter, Schrempp), bis er 2004 die Ruhestandsgrenze erreichte. Danach trat für ihn jedoch kein Ruhestand ein, sondern ging eine Fülle von Aufsichtsratsmandaten und Führungsaufgaben weiter, zu denen insbesondere die Präsidentschaft im Verwaltungsrat der Zurich Versicherungsgruppe und später der Aufsichtsratsvorsitz bei der Deutschen Börse AG sowie die Präsidentschaft bei der Internationalen Handelskammer ICC (Deutschland) und die Mitgliedschaft im internationalen Executive Board zählen.

2013 übernahm er schließlich den Vorsitz der Regierungskommission Corporate Governance, deren Mitglied er schon seit 2006 war. Ziel dieser Regierungskommission ist es, durch einen Kodex für nachhaltige unternehmerische Verantwortung die Selbstregulierung der Wirtschaft und deren Dialog mit der Gesellschaft zu bewirken und so die Gefahr einer Überregulierung zu vermeiden. Darüber hinaus informiert der Kodex in komprimierter Form in- und ausländische Investoren über die wesentlichen gesetzlichen Vorschriften zur Leitung und Überwachung deutscher börsennotierter Gesellschaften.

T. Sommerlatte (✉)
Trust Management Institut e.V., Wiesbaden, Deutschland
E-Mail: tsommerlatte@trust-management-institute.com

© Springer-Verlag Berlin Heidelberg 2016
T. Sommerlatte, F. Keuper (Hrsg.), *Vertrauensbasierte Führung*,
DOI 10.1007/978-3-662-46233-1_11

11.2 Unerschütterliches Verständnis von Vertrauen

Was hat bewirkt, dass ein Mensch wie Manfred Gentz mit kontinuierlich wachsender Führungsverantwortung betraut wurde und ihr mit so hoher Beständigkeit und Überzeugungskraft gerecht werden konnte?

Abgesehen von fachlicher Kompetenz, klarem Blick für die Verhältnisse und konsequentem Einsatz ist die Erklärung in seiner Grundüberzeugung zu sehen, dass erfolgreiche Führung nicht in erster Linie durch Kontrolle der Geführten, sondern vor allem durch das Vertrauen ermöglicht wird, dass „die Leute von sich aus das Richtige machen" und bereit sind, durch Selbstkontrolle das ihnen entgegen gebrachte Vertrauen zu rechtfertigen. Wem man mit Vertrauen entgegen kommt, der fühlt sich, so die Erfahrung von Dr. Gentz, im Wort, das Vertrauen nicht zu enttäuschen und es nicht mehr zu verlieren.

Für Dr. Gentz ist Vertrauen in einer Organisation vor allen Dingen ein atmosphärisches Phänomen, das man dadurch spürt, dass offen kommuniziert wird und abweichende Meinungen ausgesprochen, ernst genommen und berücksichtigt werden. Als Gegenteil davon hat Dr. Gentz auch Situationen erlebt, in denen eine gespannte Atmosphäre bewirkte, dass Abwehrmechanismen, bad feelings und die Unfähigkeit zur Verständigung vorherrschten und daraus im Endeffekt Fehlentscheidungen resultierten.

Offenheit setzt nach seiner Erfahrung aber auch voraus, dass man sich auf Vertraulichkeit verlassen kann und dass man selber und die andere Seite einem möglichen Druck von Dritten im Hintergrund standhalten können.

Zur lösungsorientierten Strategie zählte es für Dr. Gentz auch zu vermeiden, sich und seine Mitarbeiter gegen andere Zuständigkeitsbereiche abzugrenzen bzw. zu glauben, dass man sich verteidigen müsse, und in ihnen Widersacher zu sehen. Stattdessen sollte man ihnen mit dem Vertrauen begegnen, dass man eine gemeinsame Lösung finden kann und wird. Besonders in Tarifverhandlungen und im Umgang mit Betriebsräten ging es ihm immer darum zu verstehen, was die andere Seite will, und jedenfalls im Dialog, oft im kleinsten Kreis, mit den direkten Verhandlungspartnern in aller Vertraulichkeit einen Kompromiss zu finden, von dem beide Seiten dann ihre „Lager" (z. B. Gewerkschaft und Arbeitgeberverband) überzeugen mussten. Dazu gehören Vertraulichkeit und Vertrauen der direkten Verhandlungspartner und immer auch die Bereitschaft, das Risiko eines Fehlschlags einzugehen. Auf diese Weise gelang es Dr. Gentz, traditionelle Konfliktpositionen zu überwinden und nach einer Schlichtung den Beginn der flexiblen Arbeitszeit zu ermöglichen, die für beide Seiten Vorteile gebracht hat. Ein Beweis mehr, dass das intensive Bemühen um Verständnis der anderen Seite zur Vertrauensbildung führt und dass auf dieser Basis sogenannte Win-win-Lösungen gefunden werden können.

11.3 Warum dennoch Vertrauensdefizite in den Unternehmen?

Das Gegenmodell der vertrauensbasierten Führung, die auf ständiger Vorsicht und immer umfassenderer Kontrolle basierende Führung, wird von ihren Anhängern oft mit Enttäuschungen begründet. Dr. Gentz kennt typische Situationen, in denen solche

Enttäuschungen entstehen. In Verhandlungen wirkt sich der Druck auf jeden der Verhandlungspartner negativ aus, nicht nachzugeben und „so viel wie möglich herauszuholen". Schon der Anfangsverdacht, dass die andere Seite sich so verhalten wird, führt zur Verhärtung aus Misstrauen und gerade dadurch zu enttäuschenden Ergebnissen. Dem durch immer ausgefeiltere Vertragstexte entgegen wirken zu wollen, ist in den Augen von Dr. Gentz eine Illusion, denn im Endeffekt verlagert sich das Vertrauensrisiko auf die Juristen und deren Helfer, die die immer umfangreicheren Vertragstexte erstellen, die in Entscheidungssituationen dann unbesehen als trügerische Sicherheit wirken.

Vertrauensschwund entsteht nach der Erfahrung von Dr. Gentz oft auch dadurch, dass Führungskräfte auf ihrem Weg in gehobene Positionen infolge des Verhaltens und der Erwartungen des Umfelds „anders werden", dass sie „abheben" und sich ihr Führungsverhalten wandelt. Je nach Persönlichkeitsstruktur reagieren Führungskräfte unterschiedlich auf diesen Umfeldeinfluss des „vorauseilenden Gehorsams", bei dem Mitarbeiter nicht selten versuchen zu antizipieren, was die Führungskraft denken und erwarten könnte, und der nicht selten von einem Autoritätsbedürfnis der Mitarbeiter geprägt ist. Die Herausforderung in einem solchen Umfeld besteht darin, das Selbstvertrauen der Mitarbeiter anzusprechen und zu stärken, ihnen Leistung und Können zuzutrauen und sich Offenheit und Zugänglichkeit zu erhalten.

11.4 Externe Einflüsse

Konjunktureinbrüche, Wettbewerbsdruck, Strukturwandel und Medienkampagnen können Unsicherheit und wirtschaftliche Sachzwänge in die Unternehmen tragen, die das Vertrauensklima schwer beeinträchtigen. In der Vergangenheit lösten derartige Entwicklungen in vielen Unternehmen kurzfristige Reaktionen aus, die zu Entlassungswellen führten und die Vertrauenswürdigkeit des Managements dieser Unternehmen in der Öffentlichkeit bleibend beschädigten, besonders wenn gleichzeitig Steigerungen der Managereinkommen bekannt wurden.

Dr. Gentz ist davon überzeugt, dass die Unternehmen und die Politik inzwischen daraus gelernt haben und dass die Verhaltensweisen beim letzten Konjunktureinbruch das beweisen. Denn anstelle von Entlassungen wurden die Mitarbeiter, insbesondere die Fachkräfte, in den meisten Fällen mit Hilfe von Kurzarbeitergeld gehalten und standen dann bei der folgenden Konjunkturerholung unmittelbar wieder zur Verfügung. Dazu kommt, dass die Unternehmen heute angesichts der demografischen Entwicklung voraussehen, dass es zukünftig immer schwieriger werden wird, Arbeitsplätze mit qualifizierten Fachkräften zu besetzen. Familienunternehmen verhalten sich in dieser Hinsicht in den Augen von Dr. Gentz häufig vorbildlich, denn ihr Umgang mit den bei ihnen beschäftigten Menschen ist in der Regel nicht durch kurzfristige Personalmaßnahmen geprägt, vielmehr pflegen sie stärker ein Bewusstsein der Zusammengehörigkeit und des gemeinsamen Einsatzes für ihre solidarische Weiterentwicklung – die Grundlage eines starken Vertrauensklimas, das auch ihre Flexibilität und Innovationskraft bedingt.

11.5 Vertrauensverhältnis Unternehmen-Kunden

Das Vertrauensverhältnis zwischen Unternehmen und ihren Kunden wird, so Dr. Gentz, vor allen Dingen von der Beziehung zwischen den Menschen auf beiden Seiten bedingt. Die Kunden haben es bei Qualitätsproblemen, bei der Wartung und Betreuung, bei Terminzusagen und anderen Interaktionen mit den beauftragten Kontaktpersonen auf Seiten des liefernden Unternehmens zu tun. Diese Mitarbeiter können nachhaltiges Vertrauen nur erzeugen und erhalten, wenn sie ihrerseits Vertrauen in die eigene Organisation haben, die zugesagten Leistungen und Termine und das Qualitätsniveau zu halten. Das Vertrauensklima im Unternehmen ist daher Voraussetzung für seine Vertrauenswürdigkeit den Kunden gegenüber, es wirkt sich auf die Motivation, das Selbstbewusstsein und die Identifikation seiner Mitarbeiter mit ihrem Unternehmen aus und gibt ihnen das Vertrauen, den Kunden gegenüber offen und empathisch zu sein und dadurch eine dauerhafte Beziehung zu entwickeln.

11.6 Das Verhältnis zwischen Vorstand und Aufsichtsrat

Dr. Gentz ist der Ansicht, dass auch das Verhältnis zwischen dem Vorstandsvorsitzenden und dem Aufsichtsrat durch ein gegenseitiges Grundvertrauen geprägt sein sollte und in manchen Unternehmen verbessert werden muss. Er hat die Erfahrung gemacht, wie schädlich es sein kann, wenn formal-rechtliche Regelungen zur absoluten Grundlage der Interaktion werden. Auch hier ist die Bildung einer Vertrauensbasis entscheidend, um zu einer offenen Information des Vorstands gegenüber dem Aufsichtsrat zu kommen, unabhängig davon, welche Informationspflichten der Vorstandsvorsitzende formal hat. Spannungen und Misstrauen zwischen Vorstand und Aufsichtsrat sind oft die Folge einer Defensivhaltung des Vorstandsvorsitzenden gegenüber der Sorgfaltspflicht des Aufsichtsratsvorsitzenden, der sich, wenn er seine Rolle ernst nimmt, ein möglichst umfassendes Bild der Unternehmensentwicklung machen will, gegebenenfalls durch den Austausch auch mit den anderen Vorstandsressorts. Vertrauensvorschuss heißt hier, nicht von vornherein Misstrauen zu unterstellen.

11.7 Deutscher Corporate Governance Kodex

Die Ernennung von Dr. Gentz zum Vorsitzenden der Regierungskommission Corporate Governance erklärt sich aus seiner über viele Jahre hinweg bewiesenen vorbildlichen Tätigkeit auf Vorstands- und Aufsichtsratsebene. Er war für diese Aufgabe prädestiniert. Die im Deutschen Corporate Governance Kodex (DCGK) festgehaltenen Regeln für nachhaltige unternehmerische Verantwortung im Sinne einer Selbstregulierung der Wirtschaft haben entscheidend damit zu tun, dass in der gesellschaftlichen Sicht wieder Vertrauen in die Unternehmen entstehen muss.

Dr. Gentz ist davon überzeugt, dass fortschreitendes Kontrollisten-Denken nur zu einer falschen und trügerischen Sicherheit führen würde, bei der der Regulierer vorgibt, was gut und was verwerflich ist, während der einzelne Unternehmer darüber nicht mehr nachzudenken braucht. Der Kodex erwartet dagegen mit seinem Comply or Explain-Prinzip, das ausdrücklich begründete Ausnahmen vorsieht, dass Unternehmen nicht unreflektiert Regeln formal befolgen, sondern sich mit dem Thema der guten Unternehmensführung aktiv auseinander setzen. Ziel guter Corporate Governance ist der faire Umgang aller Stakeholder miteinander – im Sinne des Ehrbaren Kaufmanns. Ethische und ökonomisch faire Verhaltensweisen der Unternehmen sollen darüber hinaus eine Gewähr dafür bieten, staatliche Regulierung des Wirtschaftsgeschehens nicht zu einer Überregulierung werden zu lassen.

Prof. Dr. Tom Sommerlatte ist Vorsitzender des Vorstands des Trust Management Instituts e.V., das es sich zur Aufgabe gemacht hat, die Ergebnisse der Vertrauensforschung in die unternehmerische Praxis zu überführen. Dr. Sommerlatte ist Chairman des Advisory Board des internationalen Consulting-Unternehmens Arthur D. Little GmbH und Mitglied verschiedener Aufsichts- und Beiräte. Viele Jahre lang war er Managing Director der europäischen Aktivitäten und Senior Vice President der Muttergesellschaft von Arthur D. Little. Er ist Autor einer Reihe von Büchern zu Themen des Strategie- und Innovationsmanagements und Mitherausgeber des Buchs „Quintessenz der Vertrauensbildung". Er promovierte an der Université de Paris auf dem Gebiet der Verfahrenstechnik und erwarb den Master of Business Administration am Europäischen Institut für Unternehmensführung, INSEAD. An der Universität Kassel hält er eine Honorarprofessur auf dem Gebiet des Systemdesigns.

Dr. Manfred Gentz begann 1970 seine berufliche Laufbahn bei der Daimler-Benz AG. Im Jahre 1983 wurde er in den Vorstand der Daimler-Benz AG berufen und war anfangs für den Bereich Personal zuständig. Von 1990 bis 1995 war er Vorstandsmitglied Daimler Benz AG und Vorstandsvorsitzender der Daimler-Benz Interservices (debis) AG in Berlin, von 1995 Vorstandsmitglied, zuständig für Finanzen und Personalwesen der Daimler-Benz AG, ab 1997 bis zum Eintritt in den Ruhestand im Dezember 2004 Vorstandsmitglied, zuständig für Finanzen und Controlling der Daimler Benz AG, ab 1998 DaimlerChrysler AG. Dr. Manfred Gentz war von 2005 bis März 2012 Vorsitzender des Verwaltungsrats der Zurich Financial Services und von 2008 bis Mai 2012 Vorsitzender des Aufsichtsrats der Deutsche Börse AG. Im Oktober 2013 wurde Dr. Manfred Gentz von der Bundesministerin der Justiz, Sabine Leutheusser-Schnarrenberger, zum Vorsitzenden der Regierungskommission Deutscher Corporate Governance Kodex berufen. Bis Mai 2014 war er Präsident der Internationalen Handelskammer (ICC) Deutschland und Mitglied des Executive Board der ICC in Paris. Er ist nach wie vor in einer Reihe von wissenschaftlichen und kulturellen Institutionen tätig.

12
Aus Erkenntnis zu einer Haltung gelangen: Alnatura

Basierend auf einem Gespräch mit Götz Rehn

Tom Sommerlatte und Michael Mollenhauer

12.1 Der Mensch Götz Rehn

Ursprünglich wollte er der Tradition seiner Familie folgen und Arzt werden. Doch die Bekanntschaft mit einem ihn beeindruckenden Menschen – Fabrikant, Schriftsteller, Wissenschaftler und Anthroposoph in einem – veranlasste den jungen Götz Rehn, sich erst einmal intensiv mit Erkenntnissen über die Phänomene der nicht-sinnlichen Welt auseinanderzusetzen. (nicht–sinnlich = geistige, d. h. nicht sinnlich oder gemäß physikalischen Gesetzmäßigkeiten erfahrbare Welt).

Dank einer weiteren eindrucksvollen Begegnung – mit einem Organisationsentwickler eines Technologieunternehmens, der ihm die Welt der Wirtschaft nahebrachte – beschloss er schließlich, nicht Medizin, sondern Wirtschaftswissenschaften zu studieren. Die Motivation „Sinnvolles für Mensch und Erde zu gestalten", trieb Rehn bereits als junger Mann an. Später sollte aus diesem inneren Antrieb die Handlungsmaxime für das Unternehmen Alnatura werden.

Seine Doktorarbeit in Betriebswirtschaft hatte „Modelle der Organisationsentwicklung" zum Thema. Sie behandelte, auch anhand von anthroposophisch orientierten Aspekten, die Fragestellung, wie ein Unternehmen so organisiert werden kann, dass die wirtschaftlichen Ziele und die Interessen der Mitarbeiter in einen Ausgleich gebracht werden.

T. Sommerlatte (✉)
Trust Management Institut e.V., Wiesbaden, Deutschland
E-Mail: tsommerlatte@trust-management-institute.com

M. Mollenhauer
mmc AG, Wiesbaden, Deutschland
E-Mail: info@mmc.ag

© Springer-Verlag Berlin Heidelberg 2016
T. Sommerlatte, F. Keuper (Hrsg.), *Vertrauensbasierte Führung*,
DOI 10.1007/978-3-662-46233-1_12

Den eigentlich logischen nächsten Schritt, die Gründung eines eigenen Unternehmens, verschob der soeben promovierte Dr. Rehn jedoch nach einer weiteren Begegnung in die Zukunft: Ein Manager der Nestlé AG, der auf ihn aufmerksam wurde, holte ihn als Trainee in das Unternehmen, wo er sich bald als Produktmanager und Gruppenleiter vor herausfordernde Aufgaben im Marketing und im Vertrieb gestellt sah.

Nach einigen Jahren setzte bei Rehn aber wieder die Suche nach Neuorientierung ein, bis weitere wegweisende Begegnungen – mit Götz Werner, dem Gründer von dm drogerie markt, und Wolfgang Gutberlet, damaliger Geschäftsführer der Lebensmittelkette tegut, beide auch anthroposophisch orientierte Persönlichkeiten – ihn darin bestärkten, seine ursprüngliche Absicht anzugehen und ein eigenes Unternehmen zu gründen. Ein Unternehmen, das er nach seinen sozialorganischen Grundsätzen gestalten konnte: Alnatura, zunächst mit seinen Markenprodukten als shop-in-shop-Angebot von Bio-Lebensmitteln in tegut-Filialen, dann auch in den dm-Märkten.

1987 folgte dann die Eröffnung des ersten eigenen Alnatura Super Natur Marktes für Bio-Produkte, der von Anfang an „einschlug". Und heute, 27 Jahre später, betreibt Alnatura 90 eigene Bio-Supermärkte in Deutschland sowie, in Kooperation mit der Migros, fünf Filialen in der Schweiz. Die über 1100 Alnatura-Produkte findet man in den Alnatura Märkten und in mehr als 3800 Filialen der Handelspartner. Rund 2500 Mitarbeiter sind im Unternehmen beschäftigt. Was Alnatura zugutekommt, ist das wachsende Interesse der Menschen daran, was die Art der Erzeugung von Nahrungsmitteln für sie selbst und für die Umwelt bedeutet. Immer mehr Menschen sind überzeugt, dass die ganzheitlich wirtschaftende Bio-Agrar-Kultur der sinnvollere Weg zur Erzeugung von Lebensmitteln ist. Lebensmittelskandale mit agroindustriell erzeugten Produkten bewirken zusätzlich ein Umdenken bei den Konsumenten.

Worum es Götz Rehn nach eigenem Bekunden ging, war die Verwirklichung einer Unternehmensidee, deren Ziel es nicht ist, möglichst viel Gewinn zu machen, sondern einen Organismus zu entwickeln, in dem selbstständig denkende und eigenverantwortlich handelnde Menschen tätig sind. Er verfolgt die Vision einer Wirtschaft, die sich an den Bedürfnissen der Menschen orientiert und zwar so, dass der Umwelt kein Schaden entsteht. Was andere für unmöglich hielten, hat er längst als machbar bewiesen – mit bemerkenswerter Bereitschaft, dafür viel Überzeugungsarbeit zu leisten.

12.2 Der Führungsansatz

Dr. Rehn sieht es als die zentrale Führungsfrage an, wie der Unternehmer „Wirtschaften" versteht. Für Rehn heißt Wirtschaften, gemeinsam mit anderen für andere tätig sein zu wollen und dafür sein Bestes zu geben. Er hatte von Anfang an ein Menschenbild und eine Unternehmensvision, die auf dem Miteinander basieren – ein soziales Modell, das den Menschen in den Mittelpunkt stellt, nicht als reinen Leistungserbringer, sondern als Individuum mit eigenen Wünschen und Zielen im Leben. Dessen Selbstverantwortlichkeit gefördert und gefordert werden kann und muss. Entscheidend ist in diesem Rehn'schen

Modell die Frage: „Was traue ich den Menschen zu?" Denn die Leistung des Unternehmens für die Kunden ist für ihn die gemeinsame Leistung aller Mitarbeiter und der Geschäftspartner, die einander vertrauen und denen der Unternehmer die Leistungserbringung anvertraut. Führen bedeutet für Rehn ein Anleiten zur kundenorientierten Selbstverantwortung der Mitarbeiter. Sein Vertrauen, dass auf dieser Basis ein wachsendes, gesundes Unternehmen entstehen kann – eine nachhaltige Arbeitsgemeinschaft – wird durch die rasante Entwicklung von Alnatura bewiesen.

12.3 Die Umsetzung

Wie entsteht eine solche auf Selbstverantwortung aufbauende Organisation?

Rehn versteht die Arbeitsgemeinschaft „Unternehmen" als eine Lerngemeinschaft, ja als eine Lebensschule für Menschen, die gemeinsam aus einer inneren Haltung Wertschöpfung für die Kunden und das Unternehmen erbringen. Dazu gehören Menschen, die bereit sind, sich auf selbstverantwortliches Handeln einzulassen, kreativ zu sein und ihre geistige Freiheit zu nutzen, um Leistungen hoher Qualität für andere Menschen, d. h. für ihre Kunden zu erbringen. Eine solche Organisation aufzubauen, setzt Vertrauen in die Mitarbeiter und umgekehrt deren vertrauendes Engagement für die Unternehmensvision und in den Unternehmer voraus. Rehn führt dazu als Beispiel die Filialleiter an: Sie müssen gleichermaßen Händler, Arbeitsleiter und Schuldner sein – als Händler geschickt und gewissenhaft mit Ware umgehen, als Arbeitsleiter Menschen fördern, motivieren und leiten und als Schuldner mit Geld so wirtschaften, dass mit dem anvertrauten Kapital ein steigender Wert gebildet wird. Das operative Konzept von Rehn benutzt andere Begriffe und Denkweisen als die tradierte Betriebswirtschaft, es orientiert sich in erster Linie an der nachhaltigen Wertschöpfung, die mit einer Wertbildungsrechnung abgebildet wird. Das Konzept orientiert sich am Sinn des Handelns, bei dem Gewinn nicht das Ziel, sondern die Folge des Dienstes am Kunden und der Entwicklung der Mitarbeiter ist, an Leistungen und nicht an Kosten. Dazu bietet Alnatura seinem Führungskräftenachwuchs die Lernchance, in einer Mischung aus Studium und Praxisphasen in der Fachrichtung Handel und Food Management ausgebildet zu werden. Neue Mitarbeiter werden anhand von Assessment-Centern, Probearbeitstagen und intensiv genutzter sechsmonatiger Probezeit vorbereitet. Sie erhalten die Möglichkeit, in der besonderen Unternehmenskultur von Alnatura eigene Erfahrungen zu sammeln und zu zeigen, dass sie die Unternehmensgrundsätze des ganzheitlichen Denkens, des selbstverantwortlichen Einsatzes und des kundenorientierten Handelns leben wollen. Ihnen wird in kollegialer Atmosphäre früh das Vertrauen geschenkt, dass sie sich in diesem Sinn entwickeln und eigene Initiativen entfalten werden. Zwar erweist sich diese offene und freie, aber auch fordernde Gemeinschaft nicht für jeden neuen Mitarbeiter als geeignet. Jedoch ist die Fluktuation bei Alnatura bemerkenswert gering. Die Alnatura-Mitarbeiter lancieren vielfältige gemeinsame Initiativen außerhalb der Arbeitszeit wie Bienenkurse, Musikgruppen und Theaterinszenierungen und bringen sich bei Organisationsvorhaben des Unternehmens mit großem Engagement ein. So konnte beispielsweise die SAP3-Einführung in vergleichsweise kurzer Zeit und ohne größere Umstellungsprobleme durch den gemeinsamen Einsatz bewerkstelligt werden. Im Focus-Ranking für mittelständische Einzelhändler errang Alnatura im Jahr 2014 Platz 1 als bester Arbeitgeber.

12.4 Das Geschäftsmodell

Das Ziel des Unternehmens, mehr Lebensmittel aus biologischem Landbau zu den Kunden zu bringen, um so mehr Sinnvolles für Mensch und Erde zu ermöglichen, eignet sich in besonderer Weise für eine Mensch-orientierte Ausrichtung von Führung und Unternehmen. So lebt das Geschäftsmodell von einer sinnbasierten Unternehmenskultur, die Kunden und Geschäftspartner mit einbezieht. Mit den Bio-Höfen der ökologischen Landbauverbände und allen Partnern von der Erzeugung, Verarbeitung bis hin in den Handel besteht eine vertrauensvolle und auf Langfristigkeit angelegte Zusammenarbeit. Die Kunden tragen die Alnatura-Idee mit, sie sind in gewisser Hinsicht Mit-Unternehmer, sie erleben die ausgeprägte Kundenorientierung der Alnatura-Mitarbeiter und die Wert-Haltigkeit des Angebots. Dies zeigt sich unter anderem in einer aktuellen Forsa-Studie der Brandmeyer Markenberatung, die Alnatura als beliebteste Lebensmittelmarke der Deutschen noch vor Coca-Cola würdigt.

Ein wichtiges Merkmal der Alnatura-Philosophie ist, dass die Rezepturen der Alnatura-Produkte von einem externen „Arbeitskreis Qualität" aus sechs unabhängigen Ernährungs- und Lebensmittelexperten geprüft und genehmigt werden müssen. Hinzu kommen eine hocheffiziente Warenlogistik mit modernstem, nach neuesten ökologischen Erkenntnissen gestaltetem Hochregallager aus zertifiziertem Holz und ein durchdachtes, ästhetisches Design der Alnatura-Filialen.

Zu den wichtigsten Handelspartnern gehören dm drogerie markt, tegut, HIT, Globus und die Schweizer Migros. Bewusst gestaltete Partnerschaften, Kunden, die unabhängig von Konjunktureinflüssen ein echtes und stabiles Interesse für Bio-Lebensmittel beweisen, ein Markt, der noch viel Zukunft vor sich hat, und die kundenorientierte, sinnbewusste Haltung der Mitarbeiter stellen die entscheidenden Elemente des Geschäftsmodells dar, das mehr ist als eine auf Gewinnsteigerung ausgerichtete monetäre Bilanz.

12.5 Nachhaltigkeit

Das Unternehmen ist von einem durchgängigen Vertrauensklima geprägt, man könnte auch sagen „beseelt", dessen Ursprung und Zentrum die Persönlichkeit von Götz Rehn ist. Bei der zunehmenden Größe des Unternehmens stellt sich jedoch die Frage, wie die Führung, die Kommunikation und die Weiterentwicklung der Organisation gestaltet werden können, um diese Geisteshaltung authentisch weiterzutragen und weiter zu entwickeln.

Das Unternehmen wird von einem zwölfköpfigen Leitungskreis geführt, dem neben Götz Rehn als Geschäftsführer die Bereichsverantwortlichen angehören. Der Dialog des Leitungskreises mit den Mitarbeitern erfolgt über die Bereiche hinweg in zweimonatlich veranstalteten Dialogforen, in denen der Leitungskreis größtmögliche Transparenz zur Unternehmenssituation und der Strategie herstellt, Anregungen aufnimmt und zu einem aktiven Informationsaustausch unter den Mitarbeitern anregt. Daneben dienen Impulstage mit den Filialleitern und Mitarbeitern mit Führungsverantwortung dazu, Ideen aus dem Kreis der Mitarbeiter zu stimulieren und, wenn sie auf fundiertes Interesse stoßen, sie in Projektform weiterzuverfolgen. Einmal im Jahr wird eine Zukunftskonferenz abgehalten, bei der die wichtigsten Trends in Markt und Gesellschaft diskutiert und ihre Bedeutung für die Weiterentwicklung von Alnatura beleuchtet werden. Hieraus wird die qualitative Basis für die nächste Jahresplanung abgeleitet. Transparenz über die Leistungsfähigkeit wird auch durch regelmäßige Vergleiche zwischen den Filialen hergestellt – nicht um Druck auszuüben, sondern um bei Schwankungen und Abweichungen die Gründe zu suchen und Hilfestellung anzubieten.

Regelmäßig wird im Unternehmen zudem eine Befragung über die Mitarbeiterzufriedenheit durchgeführt, um hieraus den Stand des Vertrauensklimas abzulesen. Das Ergebnis der letzten Befragung bestätigte, dass auch bei stark wachsender Mitarbeiterzahl die Grundzüge Offenheit, Fairness, menschliche Wärme und partnerschaftliches Arbeiten erhalten geblieben sind.

So dienen die Instrumente der Führung und Steuerung zwar dazu, das Unternehmen auf Kurs zu halten und seine Unabhängigkeit zu sichern, sie werden aber nicht als Kontrolle oder Reglementierung benutzt, sondern als Unterstützung der Selbstverantwortung und kundenorientierten Leistungserbringung.

12.6 Fazit

Götz Rehn zitiert gern Friedrich Schiller. Dessen Satz „Der seltene Mann will seltenes Vertrauen – gebt ihm Raum, das Ziel wird er sich setzen" dürfte ganz seiner Unternehmerüberzeugung entsprechen. Die beeindruckende Entwicklung von Alnatura auf der Basis eines positiven, die individuelle Entwicklungsfähigkeit voraussetzenden Menschenbildes und der Lebens- und Funktionsfähigkeit eines sozialorganisch gestalteten Unternehmens bestätigen sein Grundvertrauen.

Prof. Dr. Tom Sommerlatte ist Vorsitzender des Vorstands des Trust Management Instituts e.V., das es sich zur Aufgabe gemacht hat, die Ergebnisse der Vertrauensforschung in die unternehmerische Praxis zu überführen. Dr. Sommerlatte ist Chairman des Advisory Board des internationalen Consulting-Unternehmens Arthur D. Little GmbH und Mitglied verschiedener Aufsichts- und Beiräte. Viele Jahre lang war er Managing Director der europäischen Aktivitäten und Senior Vice President der Muttergesellschaft von Arthur D. Little. Er ist Autor einer Reihe von Büchern zu Themen des Strategie- und Innovationsmanagements und Mitherausgeber des Buchs „Quintessenz der Vertrauensbildung". Er promovierte an der Université de Paris auf dem Gebiet der Verfahrenstechnik und erwarb den Master of Business Administration am Europäischen Institut für Unternehmensführung, INSEAD. An der Universität Kassel hält er eine Honorarprofessur auf dem Gebiet des Systemdesigns.

Michael Mollenhauer ist Vorstand und Managing Partner der mmc AG, einem Beratungsunternehmen mit Fokus auf Strategieumsetzung. Er hat mehr als 35 Jahre Führungs- und Beratungserfahrung in Hunderten von Projekten und sehr verschiedenen Unternehmenssituationen. Wichtiger jedoch als seine Erfahrungswerte ist für Michael Mollenhauer das „Gespür" dafür geworden, was geht und auch was nicht geht, und welcher Ansatz geeignet ist, um Menschen und ihre Potenziale für gelungene Strategieumsetzung zu aktivieren. Bei den strategischen Vorhaben seiner Mandanten nimmt er, je nach Aufgabenstellung, unterschiedliche Rollen ein: sei es als Projektmanager, Business Coach, Moderator oder als Mediator. Seine beruflichen Stationen umfassen Unternehmen wie Nestlé, Arthur D. Little, A. T. Kearney und in 2001 die Gründung der mmc AG. In seiner Funktion als Vorstand des Trust Management Institutes arbeitet er an der Brücke zwischen Wissenschaft und Unternehmenspraxis der internationalen Vertrauensforschung mit. Er studierte Betriebswirtschaft an der Goethe-Universität Frankfurt mit Abschluss: Diplom Kaufmann.

Prof. Dr. Götz E. Rehn studierte Volkswirtschaftslehre an der Albert-Ludwigs-Universität in Freiburg. Dem Diplom folgte 1978 die Promotion zum Dr.rer.pol. 1984 gründete Rehn die Alnatura Produktions- und Handels GmbH, deren Geschäftsführer er bis heute ist. Die von ihm konzipierte Marke Alnatura umfasst heute 1.200 verschiedene Bio-Lebensmittel, die in den Filialen ausgewählter Handelspartner und in fast 100 Alnatura Super Natur Märkten erhältlich sind. Seit 2007 ist Rehn Honorarprofessor am Fachbereich Wirtschaft der Alanus Hochschule in Alfter bei Bonn. Dort leitet er das von ihm gegründete Institut für Sozialorganik.

Generationen von Vertrauen: Schweizer Electronic AG

13

Basierend auf einem Gespräch mit Nicolas-Fabian Schweizer

Michael Mollenhauer und Tom Sommerlatte

13.1 Familiengeschichte als Vertrauensbasis

Was heute die Schweizer Electronics AG ist, drittgrößter Produzent von Leiterplatten in Europa und zusammen mit einem japanischen und einem chinesischen Partner einer der 10 größten Leiterplattenhersteller weltweit, begann vor über 160 Jahren als kleine Schwarzwälder Manufaktur von handbemalten Holzziffernblättern für lokale Uhrenfirmen.

In der zweiten Generation bildeten sich zwei Familienstämme heraus, die fortan das Unternehmen führten. Gemeinsam suchten sie vorsorglich nach weiteren Absatzmärkten, um die Abhängigkeit von der Schwarzwälder Uhrenindustrie nicht zu einseitig werden zu lassen. Da bot sich die neue Emailliertechnik an, mit der das kleine Unternehmen ab 1871 eine Palette von Schildern und aller Art von Skalen für Präzisionsgeräte wie Messinstrumente, Waagen, Telefonapparate usw. herstellte, den damaligen Innovationsprodukten mit hohem Markpotenzial.

Die dritte Generation ergriff in den 1930er Jahren die Chance einer weiteren neuen Technik, der galvanischen Ätztechnik, zur immer effizienteren Produktion von mit Schrift, Bildern und Graphik zu versehenden Trägern.

Von da aus war dann in den 1950er Jahren der Schritt nicht mehr weit, den die vierte Generation unternahm, Leiterplatten für alle möglichen Schaltungs-, Steuerungs- und

---

M. Mollenhauer (✉)
mmc AG, Wiesbaden, Deutschland
E-Mail: info@mmc.ag

T. Sommerlatte
Trust Management Institut e.V., Wiesbaden, Deutschland
E-Mail: tsommerlatte@trust-management-institute.com

© Springer-Verlag Berlin Heidelberg 2016
T. Sommerlatte, F. Keuper (Hrsg.), *Vertrauensbasierte Führung*,
DOI 10.1007/978-3-662-46233-1_13

Reglungsanwendungen zu produzieren. Sie sprangen damit auf den damals erst anrollenden Zug der Automations- und Informationstechnik auf.

Das Leiterplattengeschäft musste von der Technologie und den Mengen her mit den Anforderungen dieses rasant wachsenden Feldes Schritt halten.

So war Ende der 1970er Jahre ein neues Werk fällig, das für die Fertigung von zukunftsträchtigen Leiterplatten ausgelegt war. Die fünfte Generation der beiden Familienstämme der Schweizers erlebte aber auch das zunehmende Vordringen asiatischer Konkurrenten, die Anfänge der Globalisierung und einen immer härteren Preis-Leistungs-Wettbewerb. Sie reagierten darauf mit einem Joint Venture in Singapur, um bei den Fertigungskosten mithalten zu können, aber auch mit einem Zweigwerk im Schwarzwald für anspruchsvollere Leiterplatten-Aufträge bei mittleren und kleinen Stückzahlen. Das Unternehmen wurde 1989 in eine Aktiengesellschaft, die Schweizer Electronics AG, umgewandelt, um an die Börse gehen zu können. Wobei allerdings die Mehrheit der Anteile in der Familie blieb.

Das Unternehmen musste dann eine Herausforderung ganz besonderer Art bestehen, als 2005 das Hauptwerk am Stammsitz in Schramberg fast völlig abbrannte und die Fertigung mit einem Schlag zum Stillstand kam. Es hätte das Ende des Unternehmens sein können. Aber die Familien und die Mitarbeiter hielten zusammen und machten sich an den Wiederaufbau. Zwei Jahre später konnte die nunmehr hochmoderne Fertigung mit einer auf starkes Wachstum ausgelegten Kapazität aufgenommen werden. Partnerfirmen und selbst Konkurrenten hatten inzwischen ausgeholfen, aber der Wiedereinstieg war nicht leicht und erforderte ein neues Denken, intensive Marketing- und Vertriebsanstrengungen und überlegenen Service – eine Schule der unternehmerischen Selbstbehauptung, die die Schweizers an der Schwelle zur sechsten Generation zu bestehen hatten.

Als sie 2009 das 160-jährige Bestehen ihres Unternehmens feiern konnten, brach zu allem Übel die Weltmarktkrise aus, die sie zu einem Strategiewechsel zwang – Fokussierung auf große Accounts und Wandel vom „technology push" zum „market pull" mit hoher Kundennähe. Die Schweizer Electronics AG schloss eine Partnerschaft mit dem japanischen Familienunternehmen Meiko Electronics Co. Ltd. ab, das 6-mal so groß wie die Schweizer Electronics AG ist. So entstand eine Kombination von kostengünstiger Massenfertigung für Großabnehmer und der Fähigkeit, hochkomplexe Leiterplatten für anspruchsvolle Anwendungen schnell, kreativ und in enger Abstimmung mit den Kunden entwickeln und herstellen zu können.

Im Bewusstsein der Fähigkeit, den enormen Herausforderungen des technischen Wandels, der Markt- und Wettbewerbsveränderungen und der dynamischen Unternehmensentwicklung immer wieder gewachsen gewesen zu sein, hat die nunmehr sechste Generation der beiden Familienstämme der Schweizers die Führung übernommen. Sie vertraut darauf, diese Fähigkeit auch in Zukunft unter Beweis stellen zu können.

13.2 Vertrauensbildung im Familienunternehmen und mit Partnern

Das Unternehmen wird heute von einem vierköpfigen Vorstand, bestehend aus drei Mal Schweizer und einem externen Manager geführt: Während die Vorstandsvorsitzende, Frau Dr. Maren Schweizer, ihren Sitz nach Singapur in Reichweite des japanischen Partners und des immensen asiatischen Markts verlegt hat, übernahm ihr Bruder Nicolas-Fabian Schweizer am Schramberger Firmensitz die Verantwortung für Vertrieb und Marketing, Technik, Personal, Rechtswesen und Medien/Kommunikation sowie die lokale Verantwortung für den Standort Deutschland. Bernd Schweizer repräsentiert den anderen Familienstamm und ist für die operative Führung der Fertigung, die Qualitätskontrolle sowie Supply Chain am Standort Schramberg verantwortlich. Finanzen und Controlling, Einkauf und IT wird von Marc Bunz, einem externen Manager geführt. Auch im Aufsichtsrat sind die Sichtweisen beider Familien sowie die anderer Stakeholder gespiegelt – im Bemühen um nachhaltige Vertrauenbildung.

Zurück zu Nicolas-Fabian Schweizer: vom Studium her Jurist, wurde er nach einer längeren internationalen Karriere in Konzernen der Luftfahrt- und Konsumgüterindustrie, wo er Verantwortung im Rechts- und Personalwesen mit Schwerpunkt auf Organisationsentwicklung, Change Management und Employee Relations trug, ins Familienunternehmen nach Schramberg gerufen. So konnte er aus eigener Erfahrung einen kritischen Vergleich sehr unterschiedlicher Unternehmenskulturen anstellen und sich der Vorteile der vertrauensbasierten Führung des eigenen Unternehmens bewusst werden. Dass die gewachsenen Vertrauensbeziehungen nach innen und außen entscheidend für den langfristigen Erfolg seines Unternehmens sind, dass Strategie, Marktorientierung und Innovationsmanagement nur auf der Basis von über Jahre hinweg erfolgter Vertrauensbildung nachhaltig Früchte tragen, steht für ihn außer Zweifel. Das gilt auch für den Erfolg der Partnerschaft mit Meiko Electronics Co. Ltd. und seit Neuem auch mit dem chinesischen Unternehmen WUS Printed Circuit Kunshan Co., Ltd., beides Familienunternehmen, mit denen gute persönliche Beziehungen gepflegt werden.

Die Grundlage dafür ist ein allen gemeinsames Wertegerüst, zu dem Verantwortung für das langfristige Unternehmenswohl und gegenseitige Wertschätzung gehören, nicht auf Basis von Vertragsklauseln, wie sie Juristen für alle denkbaren Eventualitäten ausarbeiten, sondern ähnlich wie die hanseatischen Kaufmannseigenschaften auf Basis eines selbstverständlichen unternehmerischen Ethos. Da dabei Sprache und Landeskultur einen starken, aber eher unterschwelligen Einfluss ausüben, müssen sich die Partner immer wieder Mühe geben, Missverständnisse auszuräumen und ihr eigenes Verhalten selbstkritisch zu überprüfen. Sie müssen einander verstehen und kulturbedingte Vorurteile überwinden wollen und sich im Zweifelsfall erst einmal fragen, wie der Partner denn wirklich denkt und wie sich ein Verhalten erklärt. Nicolas-Fabian Schweizer geht es darum, die Manager auf den verschiedenen Ebenen im eigenen Unternehmen zu bewegen, bei Problemen in der Zusammenarbeit nicht über den Partner, sondern mit ihm zu sprechen.

Dabei soll die Führungsmannschaft den offenen und kritischen Dialog mit den Partnerunternehmen pflegen, um im Bewusstsein der Notwendigkeit vertrauensvoller Zusammenarbeit und in aller Bescheidenheit an die gemeinsamen Werte zu appellieren. Die Mitarbeiter unterhalb der Führungsebene sollten der Führungsmannschaft vertrauen können, dass sie das Beste für das Unternehmen auch in der Kooperation mit den Partnerunternehmen verfolgt. Solange das gemeinsame Wertegerüst gelebt wird, so Nicolas-Fabian Schweizer, ist diese Vertrauensbasis gegeben.

Die Unternehmensführung muss dabei die der internen Vertrauensbildung zugrunde liegende Offenheit mit dem taktischen Informationsverhalten gegenüber dem Kapitalmarkt vereinbaren können und für diese selektive Authentizität bei den Mitarbeitern Verständnis finden. Nicolas-Fabian Schweizer ist sich bewusst, dass die Mitarbeiter sich darauf verlassen können müssen, dass die Führung nicht nur von Vertrauen „tönt", sondern es auch verdient und dass ein einmal eingetretener Vertrauensbruch kaum reparabel wäre.

13.3 Vertrauensklima

Nicolas-Fabian Schweizer hat in den letzten zwei Jahren gemeinsam mit dem Vorstand und mit den Führungskräften des Unternehmens einen intensiven Diskurs über vertrauensbasierte Führung gehalten und glaubt, damit die Saat gelegt zu haben, damit sich das Vertrauensklima im Unternehmen weiter entfalten kann. „Aber Gießen bleibt weiterhin notwendig", so Schweizer. Und „Gießen" heißt für ihn, selber zu halten, was er sagt, selber zu leben, was er fordert, und immer wieder zu erklären, warum er und die Unternehmensleitung bestimmte Wege und Entscheidungen für die besten halten.

Wie stehen die Mitarbeiter dazu? Die Schweizer Electronics AG führt, wie andere Unternehmen auch, alle zwei Jahre eine Mitarbeiterbefragung durch und analysiert die Ergebnisse. Aber Nicolas-Fabian Schweizer hält es für besser, selber mit möglichst vielen Mitarbeitern zu sprechen und einen direkten persönlichen Einblick zu gewinnen. Er ist überzeugt davon, dass die Bedeutung so genannter weicher Faktoren, wie sie im persönlichen Gespräch mit den Mitarbeitern erkennbar werden, in der Managementpraxis immer noch nicht ausreichend geschätzt wird, dass vielmehr zahlengetriebenes Management in vielen Unternehmen noch dominiert.

Der Unterschied zeigt sich, wie die Schweizer Electronics AG erfahren hat, in schweren Zeiten. Als das Schramberger Werk abgebrannt war, wussten die Mitarbeiter, dass sich die Familie Schweizer „nicht aus dem Staub machen", dass sie für den Erhalt des Unternehmens kämpfen würde. Aber umgekehrt konnte die Familie darauf vertrauen, dass die Mitarbeiter sich für das Überleben des Unternehmens einsetzen würden. Und in der Tat waren die Mitarbeiter bereit, Tag und Nacht zu arbeiten, ohne ihre Zeitkarten zu „stempeln". Dieses gegenseitige Vertrauen war die Basis für das Durchhalten und den Wiederaufbau und wirkte von da an nach. Als dann jedoch die Krise im Jahr 2009 eine schnelle Restrukturierung erforderte und dabei die Kommunikation an die Mitarbeiter nicht ideal verlief, bewirkte der Turn-around einen Vertrauensverlust, der erst im Laufe der Zeit und nach einer Änderung im Managementstil wieder wettgemacht wurde. Die Änderung bestand darin, dass der Vorstand die zweite und dritte Ebene verstärkt in Führungsentscheidungen und damit ins unternehmerische Vertrauen einbezog. Die seitdem sichtbare erfolgreiche Entwicklung der Schweizer Electronics AG ist in starkem Maß auf dieses partizipative Management zurückzuführen.

13.4 Vertrauensorientierte Personalentwicklung

Nicolas-Fabian Schweizer betrachtet die Gewinnung neuer Mitarbeiter als eine Aufnahme „in die Familie". Daher werden wesentliche Kandidaten von ihm, der HR-Direktorin und den Bereichsleitern genau angesehen, wobei der Schwerpunkt der Gespräche darin besteht, die Werte, die Lebensweise und die Leidenschaften der Kandidaten kennen zu lernen, um beurteilen zu können, ob sie als Menschen zur Familie passen. Auch in das „on boarding" neuer Mitarbeiter wird vom Unternehmen viel Zeit investiert. Sie erhalten bis zu 8 Wochen Zeit, um sich im Unternehmen ein Netzwerk von Kontaktpersonen aufzubauen, um die Unternehmenskultur kennen zu lernen und um ihre Rolle und ihre Aufgaben zu verstehen. Dadurch wird ihnen der Profilierungsdruck genommen, der neue Mitarbeiter in anderen Unternehmen oft in eine Art Initialwettbewerb treibt.

Als Anreiz für die Gewinnung qualifizierter Mitarbeiter bietet die Schweizer Electronics AG die Dynamik einer hochinnovativen Branche, die von Visionen geprägt ist und viel Raum für Initiative und verantwortungsvolle Aufgaben lässt, wobei die Besonderheit der Schweizer Electronics AG darin besteht, einen Begleitschutz durch Zugehörigkeit „zur Familie" und Offenheit der Kommunikationsbeziehungen im Unternehmen zu gewährleisten.

Angesichts der konjunkturellen Abhängigkeit der gesamten Elektronikbranche glaubt Nicolas-Fabian Schweizer, den Anteilseignern und den Mitarbeitern des Unternehmens gleichermaßen Vertrauen in die Zukunft vermitteln zu können. Denn die strategische Perspektive der Schweizer Electronics AG resultiert aus der Differenzierung durch hohe Entwicklungs-, Produkt- und Servicequalität, aus der bewiesenen Fähigkeit, sich aus eigener Kraft und durch eigenen Fleiß immer wieder neu zu erfinden, aus dem starken Vertrauensverhältnis zwischen Unternehmensführung und Mitarbeitern und aus der komplementären Partnerschaft mit starken internationalen Partnern.

Michael Mollenhauer ist Vorstand und Managing Partner der mmc AG, einem Beratungsunternehmen mit Fokus auf Strategieumsetzung. Er hat mehr als 35 Jahre Führungs- und Beratungserfahrung in Hunderten von Projekten und sehr verschiedenen Unternehmenssituationen. Wichtiger jedoch als seine Erfahrungswerte ist für Michael Mollenhauer das „Gespür" dafür geworden, was geht und auch was nicht geht, und welcher Ansatz geeignet ist, um Menschen und ihre Potenziale für gelungene Strategieumsetzung zu aktivieren. Bei den strategischen Vorhaben seiner Mandanten nimmt er, je nach Aufgabenstellung, unterschiedliche Rollen ein: sei es als Projektmanager, Business Coach, Moderator oder als Mediator.

Seine beruflichen Stationen umfassen Unternehmen wie Nestlé, Arthur D. Little, A. T. Kearney und in 2001 die Gründung der mmc AG. In seiner Funktion als Vorstand des Trust Management Institutes arbeitet er an der Brücke zwischen Wissenschaft und Unternehmenspraxis der internationalen Vertrauensforschung mit. Er studierte Betriebswirtschaft an der Goethe-Universität Frankfurt mit Abschluss: Diplom Kaufmann.

Prof. Dr. Tom Sommerlatte ist Vorsitzender des Vorstands des Trust Management Instituts e.V., das es sich zur Aufgabe gemacht hat, die Ergebnisse der Vertrauensforschung in die unternehmerische Praxis zu überführen. Dr. Sommerlatte ist Chairman des Advisory Board des internationalen Consulting-Unternehmens Arthur D. Little GmbH und Mitglied verschiedener Aufsichts- und Beiräte. Viele Jahre lang war er Managing Director der europäischen Aktivitäten und Senior Vice President der Muttergesellschaft von Arthur D. Little. Er ist Autor einer Reihe von Büchern zu Themen des Strategie- und Innovationsmanagements und Mitherausgeber des Buchs „Quintessenz der Vertrauensbildung". Er promovierte an der Université de Paris auf dem Gebiet der Verfahrenstechnik und erwarb den Master of Business Administration am Europäischen Institut für Unternehmensführung, INSEAD. An der Universität Kassel hält er eine Honorarprofessur auf dem Gebiet des Systemdesigns.

Fabian Schweizer Nicolas Schweizer ist Mitglied des Vorstands und Chief Commercial Officer der Schweizer Electronic AG. Er studierte Rechtswissenschaften an der Ludwig-Maximilian-Universität in München, der Université de Lausanne und der Universität Augsburg und war zunächst als Rechtsanwalt mit Spezialisierung auf internationales Luftfahrtrecht tätig. Ab 2005 beriet er die Flughafen Hannover-Langenhagen GmbH, bei der er 2007 als Director Human Resources eintrat. 2008 wechselte er als Employee Relations Manager Deutschland zur British American Tobacco in Hamburg, bei der er Ende 2009 zum Head of Employee Relations für Westeuropa mit Sitz in Amsterdam avancierte. Im April 2011 wurde er in den Vorstand des Familienunternehmens Schweizer Electronic AG berufen, wo er als Chief Operating Officer die Verantwortung für die Bereiche Sales & Marketing, Technologie und F&E, Recht, Humanressourcen und Medien & Kommunikation trägt.

Vertrauenskultur als Basis eines kooperativen Führungsstils in einem Ingenieur-Unternehmen

14

Gerd Eckelmann

Die Frage, welche Relevanz Vertrauen für den Erfolg eines Unternehmens hat, ist eng verknüpft mit der Frage, welcher Führungsstil die Ressourcen des Unternehmens bestmöglich aktiviert. Beides wiederum hängt mit dem spezifischen Geschäftsmodell und seinen spezifischen Anforderungen an die Führung und das Verhalten aller Mitarbeiter zusammen.

Grob lassen sich dazu zwei Führungsstile unterscheiden: die autoritäre und die kooperative Führung. Bei Geschäftsmodellen mit einfacher Logik kann die autoritäre Führung von Mitarbeitern effizient und erfolgreich sein. Hier kann ein genialer Chef, seine Talente durch „Befehl und Gehorsam" im Unternehmen multiplizieren. Wenn er allerdings nur semi-genial ist, kommt zumeist nichts Gutes dabei heraus.

Komplexere Geschäftsmodelle verlangen in jedem Fall eine andere Art von Führung. Dann werden nämlich für Stabilität und Wachstum solche Mitarbeiter gebraucht, die über ein höheres Fach- und Detailwissen als ihre Vorgesetzten verfügen. In diesem Fall, wo sich wirtschaftlicher Erfolg dank der Kreativität und Leistungsbereitschaft intelligenter Experten ergibt, gibt es keine Alternative zu einem kooperativen Führungsstil. Es gilt ein Arbeitsklima größtmöglicher Freiwilligkeit zu fördern. Der Aufbau und die Pflege einer Vertrauenskultur ist hierzu ein wesentlicher Beitrag.

G. Eckelmann (✉)
Eckelmann AG, Wiesbaden, Deutschland
E-Mail: g.eckelmann@eckelmann.de

14.1 Intelligente Wertschöpfung intrinsisch motivierter Mitarbeiter in einem Ingenieur-Unternehmen

Der Kern der Wertschöpfung in unserem Unternehmen der Automatisierungstechnik besteht in der kreativen Lösung einer Entwicklungs- oder Konstruktionsaufgabe. Dabei kann es sich – um Beispiele aus meinem eigenen Unternehmen zu zitieren – um das Design einer elektronischen Baugruppe zur Steuerung einer Maschine handeln oder um eine Software, die die Zustände und Abläufe einer verfahrenstechnischen Anlage überwacht, regelt und steuert.

Ausgangspunkt sind die in Form eines Lastenheftes definierten Anforderungen an das zu entwickelnde Produkt. Dazu gehören funktionale Spezifikationen, sicherheitstechnische Anforderungen, gesetzliche Vorschriften u.v.m. Darüber hinaus können technische und ökonomische Parameter die Entwicklung beeinflussen: Etwa Betriebsmittelvorschriften, die Konformität oder Kompatibilität zu industriellen Standards oder selbstverständlich Budgetbeschränkungen.

Für den Ingenieur stellt sich die Lösung dieser Entwicklungsaufgabe nicht bloß als ein Realisierungsauftrag, sondern immer auch als eine Optimierungsherausforderung dar. Die Aufgabe lässt nämlich meistens eine ganze Schar möglicher Lösungen zu. Der Entwickler ist daher nicht nur bestrebt, die gewünschte Funktionalität seiner Hard- oder Software valide umzusetzen, sondern er ist zugleich davon getrieben, dass seine Entwicklung diese Funktionalität in einer besonderen Weise realisiert. Z. B. besonders robust, effizient, elegant oder konform zu einem bestimmten Standard. Das Ziel der Realisierung eines optimalen oder doch zumindest bestmöglichen Lösungsweges stellt für den Ingenieur eine starke intrinsische Motivation bei seiner Arbeit dar.

Diese intrinsische Motivation führt also bei Ingenieuren und Technikern zu einem sehr robusten Engagement-Modell. Die Identifikation mit der fachlichen Aufgabe ist so stark, dass selbst bei schwach ausgeprägter Identifikation mit dem Arbeitgeber oder bei mangelnder Akzeptanz der Führung sehr engagiert und lösungsorientiert gearbeitet wird. Je anspruchsvoller und interessanter die Aufgabenstellung ist, desto stärker reizt sie den fachlichen Ehrgeiz des Entwicklers.

14.2 Vertrauen als riskante Vorleistung

Die Aufgabe der Führung besteht im Ingenieur-Unternehmen also nicht darin, Mitarbeiter zur motivieren. Vielmehr geht es darum, die vorhandene intrinsische Motivation zu erhalten, gegen Störungen zu schützen und durch Bereitstellung guter Arbeitsbedingungen zu bestmöglicher Produktivität zu führen. Grundvoraussetzung dazu ist es, den einzelnen Mitarbeiter zur selbstständigen und selbstverantwortlichen Erledigung seiner Aufgabe zu ermächtigen und ihm die dazu notwendigen Informationen und Werkzeuge bereitzustellen. Das Prinzip der Subsidiarität ist demnach eine entscheidende Strategie zur Erschließung der wertschöpfenden kreativen und fachlichen Ressourcen der Mitarbeiter.

In der weitreichenden Delegation von Verantwortung an den Mitarbeiter stecken Risiken. Dies gilt insbesondere bei komplexen technischen Entwicklungsprojekten, bei denen die Tauglichkeit der sukzessiven Entwicklungsschritte lange Zeit nicht hinreichend getestet werden kann. Der im Rahmen des Subsidiaritätsprinzips geleistete Vertrauensvorschuss ist also eine riskante Vorleistung. Vertrauen impliziert Verletzlichkeit.

In dem Maße, in dem der Vorgesetzte die Obliegenheiten des Unternehmens in die Obhut seines Mitarbeiters gibt, macht er das Unternehmen verletzlich: Verletzlich in Form von möglichen Termin-, Budget- oder anderen Vertragsverletzungen, die im schlimmsten Fall zu Strafen führen können, gegen die es keine Versicherungen gibt. Der Vorgesetzte bzw. der Unternehmer befindet sich in einer Situation, in der er den Mitarbeiter gewähren lassen muss. Dabei riskiert er immer auch, „Haus und Hof" zu verlieren.

Sich diesem Risiko auszuliefern, macht unternehmerisch nur dann Sinn, wenn man erwarten darf, dass der Vertrauensnehmer der Situation gewachsen ist. Das setzt einerseits sehr große Sorgfalt bei der Auswahl und bei der fortlaufenden Bewertung der Mitarbeiter voraus und andererseits einen sorgfältig beobachteten Prozess der Vertrauensentwicklung.

14.3 Unternehmerische Maßnahmen der Vertrauensbildung

Das A und O einer nachhaltigen Vertrauenskultur ist eine offene, proaktive, zeitnahe und umfängliche Information aller Mitarbeiter. In meinem Unternehmen, das auf das Vertrauen seiner Mitarbeiter zählt und das umgekehrt sein Vertrauen in die Mitarbeiter dokumentieren will, gibt es einen Anspruch auf freien Zugang zu allen Informationen, die nicht ausdrücklich als vertraulich oder datenschutzwürdig gekennzeichnet sind. Mein Bild dafür ist das virtuelle Großraumbüro, wo jeder zufällig Zeuge eines Gesprächs oder Telefonats sein kann.

Diese *Informationsgroßzügigkeit* schafft Glaubwürdigkeit und ist damit eine der Grundlagen jeglicher Vertrauenskultur. Wer informiert wird, kann sich orientieren und gewinnt eigene Sicherheit. Wer informiert ist, kann mitdenken und eigene Lösungen entwickeln. Solch eine Vertrauenskultur ist nicht das Ergebnis einer einzelnen Gut-Mensch-Haltung, sondern eine mühsam entwickelte Gemeinschaftseinstellung. Dabei ist der Appell zur Informationsgroßzügigkeit nicht nur an die Führung gerichtet. Die Neigung zu kleinlichem Umgang mit eigenem Wissen scheint in allen Hierarchie-Ebenen zum Wesen des Menschen zu gehören. Informationsgroßzügigkeit als ein Faktor der Vertrauenskultur muss auf allen Ebenen eingefordert werden. Als Transparenz schafft sie Sicherheit und Bindung. Und sie schafft beim Mitarbeiter das Selbstbild eines mündigen Teils des Unternehmens. Auf dieser Grundlage kann er die Aufforderung zu selbstverantworteter Arbeit annehmen.

Getragen werden muss diese wichtige Informations- und Vertrauenskultur von einer Basis des gegenseitigen Respekts. Wenn ein Mitarbeiter Vertrauen zu seinem Arbeitgeber und seinen Kollegen entwickeln soll, muss er vor allem Verlässlichkeit erleben. Er muss vor jeglicher Form von Willkür geschützt sein. Das betrifft selbstverständlich das Führungsverhalten. Der Unternehmer hat aber auch die Verantwortung für das allgemeine

Umgangsmilieu im Unternehmen. Der Umgang aller Mitarbeiter untereinander muss von Respekt getragen sein. Letztlich gilt es durch Vorbild und durch die explizite Formulierung von Verhaltensgrundsätzen, ein Klima der Kollegialität zu schaffen, in dem jeder jedem mit Höflichkeit begegnet, in dem man sich bei der Erledigung seiner Aufgaben gegenseitig zuarbeitet und vor allem in dem niemand durch Nachlässigkeit und Bequemlichkeit Anderer in seiner Arbeit gestört oder behindert wird (Wir lassen uns nicht bedienen!).

14.4 Vertrauensbildung als Evolution

Vertrauen beginnt als Vorleistung. Damit es im Unternehmen zu einem nachhaltig produktiven Kulturfaktor werden kann, muss es allerdings wachsen. Vertrauen braucht seine Aufbauzeit. In der Führung von Entwicklungsingenieuren wird diese Einsicht in einer progressiven Skalierung bei der Übertragung von Verantwortung seinen Ausdruck finden.

Kreativ arbeitende Mitarbeiter wachsen nicht nur fachlich an ihren Aufgaben. Sie lernen im Laufe kontinuierlich wachsender Herausforderungen auch Vertrauen – nämlich Vertrauen in ihre eigenen Fähigkeiten und Vertrauen in den Rahmen, den das Unternehmen ihrer Arbeit bietet. Ein Berufseinsteiger wird in einem ersten überschaubar eigenverantwortlichen Projekt oder Teilprojekt an das Prinzip der Subsidiarität herangeführt werden. Er wird in einem fachlich nicht zu komplexen Kontext erlernen, die ihm zugebilligten Freiheiten und die ihm abverlangte Verantwortung anzunehmen.

Im Laufe größer werdender Verantwortung und wachsenden Vertrauens wird sich im erwünschten Fall folgendes Szenario einstellen: Sein steigendes Gefühl der Sicherheit im Vertrauensmilieu des Unternehmens erlaubt es dem Mitarbeiter, immer mehr der eigenen Ressourcen in die fachliche Aufgabe zu investieren und immer weniger Aufwand in die Absicherung seiner Person und Tätigkeit. Er fühlt sich akzeptiert und kann im Dienst des Unternehmens aus dem Vollen seiner Kreativität schöpfen. Vertrauen optimiert die geistige Produktivität.

Das wachsende Vertrauen seitens des Mitarbeiters steht auch in Wechselwirkung mit den berufsbiografischen Perspektiven des Mitarbeiters. Letztlich verkauft dieser seine exklusive Lebensarbeitszeit an ein Unternehmen. Im Zuge seiner voranschreitenden Spezialisierung in dem ihm übertragenen Aufgabenbereich reduziert er seine breite Wettbewerbsfähigkeit für den Einsatz in anderen Unternehmen und Branchen.

Dieses persönliche Risiko des Arbeitnehmers sollte der Unternehmer, der an der Treue seiner Mitarbeiter interessiert ist, in zweifacher Hinsicht vertrauensbildend abfedern.

Erstens klassisch, indem er alle Mittel ausschöpft, um langjährigen Mitarbeitern die Weiterbeschäftigung im Unternehmen in Aussicht stellen zu können. Denn wenn Vertrauen für den Mitarbeiter in der Verlässlichkeit und Vorhersehbarkeit der Reaktionen seiner Vorgesetzten basiert, dann ist die berechtige Erwartung, langfristig dazugehören zu dürfen, Grundvoraussetzung für entspannte Produktivität.

Zweitens sollte der Unternehmer durch ständige Weiterbildung der Mitarbeiter deren Marktfähigkeit hoch halten und dabei bewusst auch das Risiko eingehen, einzelne Mitarbeiter für die Konkurrenz attraktiv zu machen. Denn selbstverständlich sind Spezialisten mit aktuellem Wissensstand auch bei den Mitbewerbern gern gesehen. An Weiterbildung führt ohnehin kein Weg vorbei, da sie für die Sicherstellung von Qualität der Entwicklung und der Produkte unverzichtbar ist. Wenn sie dem Mitarbeiter zugleich die Gewissheit bietet, am Arbeitsmarkt wettbewerbsfähig zu bleiben, wird auch dies seiner entspannten Loyalität zu Gute kommen. Den besten Schutz vor Abwanderung bietet nun mal die fachliche und kulturelle Attraktivität des aktuellen Arbeitsplatzes.

14.5 Vertrauenskompatible Kontrolle und Kritik

In Unternehmen mit Ingenieurs-Wertschöpfung sind also Partizipation, Subsidiarität und Respekt maßgebliche Prinzipien und Erfolgsfaktoren. Diese bilden das Klima des Vertrauens, das selbstständiges, entspanntes und kreativ-produktives Arbeiten von hochspezialisierten Fachleuten ermöglicht. Dennoch muss auch im Rahmen von Entwicklungsprojekten ein gewisses Maß an Kontrolle und kritischem Feedback erfolgen. Und zwar nicht zuletzt, weil die erwähnte intrinsische Motivation des Ingenieurs in Konflikt mit ökonomischen Parametern eines Projektes geraten kann. Ein Entwickler auf der Suche nach der technisch besten Lösung könnte tendenziell versucht sein, Termin- und Budgetvorgaben zu überreizen.

Die Konstellation zwischen Entwickler und Vorgesetzten ist im Fall der kritischen Projektkontrolle durchaus heikel. Fachlich hat der Mitarbeiter im Normalfall einen nicht einholbaren Vorsprung gegenüber der Führungskraft. Diese reflektiert daher den Fortschritt eines Entwicklungsprojektes gegenüber dem Entwicklungsingenieur über Indizien. Diese sind zunächst die globalen und äußerlichen Erfolgsfaktoren wie Termintreue, Budgeteinhaltung, Transparenz der Projektdokumentation. Zugleich verschafft er sich ein persönliches Bild davon, wie souverän der Mitarbeiter bei der Präsentation und Befragung seines Projektfortschritts agiert. Im Zweifelsfall wird er die fachliche Diskussion in ein Expertenteam übertragen.

In dieser sensiblen Konstellation ist ein Grundgesetz aller Feedback-Kultur streng zu beachten: Ich muss, wenn erforderlich, behutsam sowie sach- und dialogorientiert kritisieren. Ich darf als Unternehmer, Vorstand und Führungskraft mit meiner Kritik niemals eine Hierarchieebene überspringen. Meine Intervention richtet sich an meine unmittelbaren Mitarbeiter, nicht aber an deren Mitarbeiter. Die Verletzung dieser Grundregel wird ansonsten unproduktiven Trotz und falsche Solidarisierung der mittleren Führungsebene mit ihren Mitarbeitern provozieren.

14.6 Ausblick: Vertrauen fördert die Organisationsentwicklung

Eine mangelnde Vertrauenskultur führt zu unternehmerischer Energieverschwendung. Die Ressourcen von Führungskräften werden durch unproduktive Kontrollaufgaben gebunden, die Kreativkräfte qualifizierter Mitarbeiter bleiben durch Absicherungsaktivitäten gebunden und gehemmt. Will man vorhandene intrinsische Motivationen erhalten, freiwilliges Engagement und Kreativität erreichen, sollte man Leistungsträger, Führungskräfte und Mitarbeiter Sicherheit durch Vertrauen erleben lassen.

Sicherheit, Abbau von Ängsten und entspanntes Arbeiten – manchen Lesern mag das Projekt der vertrauensbasierten Führung als gut gemeinte Prozession in die Komfortzone antiautoritären Arbeitens erscheinen.

Doch diese Kritik verkennt die innovativen Impulse, die durch ein konsequent markt- oder kundenorientiertes Arbeiten ins Unternehmen getragen werden. Wie eingangs erwähnt müssen wir den hochqualifizierten Experten seines Fachs nicht eigentlich erst zu Leistung und Kreativität motivieren. Beides erzeugt die anspruchsvolle Aufgabe im Rahmen eines Kundenprojektes ganz von selbst in ihm. Wenn wir ihn – in seine Kräfte und Loyalität vertrauend – nur ungestört machen lassen, werden die immer neuen Aufgaben, die der Kunde in Form von Anforderungen für neue Produkte an ihn heranträgt, für einen immer neuen Flow engagierten Arbeitens sorgen. Das Verharren in einer Komfortzone ist in dieser Situation für den Mitarbeiter eine weniger attraktive Alternative.

Zugleich wird die Ermächtigung zu selbstverantwortetem Arbeiten auch Impulse zur kontinuierlichen organisatorischen Erneuerung des Unternehmens selbst generieren. Mündige Mitarbeiter, die mit anspruchsvollen Projekten betraut sind, werden in einem Unternehmen, dem sie vertrauen, die zu effektiver Arbeit notwendigen Werkzeuge, Prozesse und Organisationsstrukturen aktiv einfordern.

Eine lebendige Vertrauenskultur sorgt so nicht nur für eine möglichst effiziente Wertschöpfung, sie ist zugleich der Motor für die interne Weiterentwicklung von Mitarbeitern und Unternehmen.

Dr. Ing. Gerd Eckelmann studierte Elektrotechnik an der Technischen Hochschule Darmstadt und promovierte 1976 mit einer Arbeit über Netzwerksynthese. Nach der Promotion gründete er 1977 die Dr.-Ing. Eckelmann GmbH, Wiesbaden, die seitdem Mikroprozessor-Steuerungen und Automatisierungstechnik für Maschinen und Anlagen entwickelt und produziert. Das Unternehmen firmierte 2001 zur nicht börsennotierten Eckelmann AG um und wird von Gerd Eckelmann als Vorstandsvorsitzendem geführt. Die Eckelmann AG hat mit ihren Tochterunternehmen ca. 350 Mitarbeiter und erwirtschaftet konsolidiert ca. 50 Mio. € Umsatz. Gerd Eckelmann war von 1994 bis 2014 Präsident der Industrie und Handelskammer Wiesbaden. Für sein gesellschaftliches Engagement wurde er 2011 mit dem Bundesverdienstkreuz am Bande ausgezeichnet.

Transformationale Führung – vorleben und Inspirieren: Deutsche Bahn

15

Basierend auf einem Gespräch mit Ulrich Weber

Michael Mollenhauer und Tom Sommerlatte

15.1 Weichenstellung und neuer Fahrplan

Ulrich Weber, Personalvorstand der Deutschen Bahn, übernahm 2009 die Mammutaufgabe, im Einklang mit seinem im selben Jahr neu besetzten Vorstandsteam, dem Bahn-Koloss, der unter internem und externem Vertrauensschwund litt, neuen Dampf zu machen.

Ulrich Weber, von Hause aus Jurist, war aus seiner Erfahrung als Vorstand und Arbeitsdirektor der RWE Rheinbraun AG (bis 1991), dann der daraus hervorgegangenen RAG Aktiengesellschaft (bis 2006) und schließlich der auf Zukunftsfähigkeit getrimmten Evonik Industries AG (2006 bis 2009) im Umgang mit schwierigen Transformationen geübt – auch im Zusammenspiel mit Betriebsrat und Gewerkschaften. Er wusste, dass die Gewinnung von neuem Vertrauen in der Organisation der Deutschen Bahn und in der Öffentlichkeit viel Zeit erfordern würde, um Wirkung zu zeigen – immer mit der Frage, ob sich das hierfür erforderliche Investment lohnen wird: die Vorleistung von vertrauensbildenden Maßnahmen, bis das „Return" in Form von Leistung, Qualität, Kundenzufriedenheit und anderen messbaren Größen kommen würde.

Für Ulrich Weber ist Vertrauensbildung im Unternehmen kein Lippenbekenntnis, aber auch nicht selbstlos. Die entscheidende Frage ist für ihn: „Wie führen, um die Komplexität eines so vielschichtigen Unternehmens zu beherrschen?" Seine Antwort: „Ohne Vertrauen geht es nicht – aber auch nicht ohne Regeln!" Respekt für die Menschen und Instrumente

---

M. Mollenhauer (✉)
mmc AG, Wiesbaden, Deutschland
E-Mail: info@mmc.ag

T. Sommerlatte
Trust Management Institut e.V., Wiesbaden, Deutschland
E-Mail: tsommerlatte@trust-management-institute.com

© Springer-Verlag Berlin Heidelberg 2016
T. Sommerlatte, F. Keuper (Hrsg.), *Vertrauensbasierte Führung*,
DOI 10.1007/978-3-662-46233-1_15

der Steuerung gehören zusammen, widersprechen sich nicht und können sich gegenseitig stützen. Seine persönliche Erfahrung hat ihm gezeigt, dass das Menschenbild, das die Unternehmensführung besitzt, die Basis ist, um Motivation und Einsatzbereitschaft bei den Mitarbeitern entstehen zu lassen. Ertüchtigung der Organisation heißt für ihn, dass jeder im Unternehmen an seinem Platz Verantwortung für den Unternehmenserfolg empfindet und Freude an der Leistung und den Ideen hat, die er beisteuern kann.

Die Deutsche Bahn hatte sich seit der Bahnreform vor nunmehr 20 Jahren in puncto Organisationsstruktur, Geschäftsprozesse und mitbestimmender Governance eindrucksvoll entwickelt, hatte aber nach den Strapazen der Transformation vom beamteten Staatsbetrieb zu einem Unternehmen, das unter Gesichtspunkten des Kapitalmarkts geführt werden soll, eine Neuorientierung der Unternehmenskultur nötig, um aufgestautes Unbehagen zu überwinden.

Der Führungswechsel an der Spitze war dafür der Ausgangspunkt.

15.2 Neue Qualität in der internen Kommunikation

Eine Analyse der Unternehmenskultur anhand einer Stichprobe von gut 200 Führungskräften und Mitarbeitern quer durch die Geschäfte und Hierarchien des Unternehmens, die der Vorstand in seiner neuen Zusammensetzung durchführen ließ, deckte desolate Beziehungen zwischen der Führung der verschiedenen Verantwortungsbereiche und der Vorstandsebene auf, in weiten Bereichen zeigte sich Orientierungslosigkeit und fehlender Zukunftsoptimismus.

Die Frage war: „Wo geht die Reise hin?", nachdem so viel Vertrauen zerstört war. Manche sagten: „Es ist eben so", manche wollten „die gute alte Zeit" wiederhaben, manchen ging es umgekehrt gerade darum, die DB modern und wirtschaftlich erfolgreich zu machen. Und von den Mitarbeitern kam: „Warum nutzt Ihr unser Wissen nicht?"

Der Vorstand schlug daraufhin einen interaktiven Weg ein, investierte viel Zeit in das direkte Gespräch mit den Führungskräften auf allen Ebenen und den Mitarbeitern, um von ihnen zu hören, was sie erwarteten, um wieder Vertrauen fassen zu können. Aus einer Reihe von Zukunftskonferenzen und Zukunftsdialogen kristallisierten sich die Themen für eine gemeinsame Weiterentwicklung heraus: Führung, Kommunikation/Einbindung, Zusammenarbeit und Eigenverantwortung. Für diese Felder konnte geklärt werden, was das Unternehmen eigentlich daran gehindert hatte, erfolgreicher zu sein. Nun ging es darum, Mut aus der neuen Ehrlichkeit, der Gemeinsamkeit auch mit dem Betriebsrat und daraus zu schöpfen, dass die Mitarbeiter trotz allem ein intaktes Verantwortungsbewusstsein zeigten.

In intensiven Diskussionen wurden die nächsten Schritte präzisiert, die Antwort auf Herausforderungen wie Qualität, Digitalisierung und Vernetzung, neue Mobilitäts- und Logistiklösungen und Sicherheit der Arbeitsplätze in einem sich kontinuierlich ändernden Umfeld. Die Risiken für die Mitarbeiter wurden durch die Zusicherung relativiert: „Du hast bei uns einen Platz".

Ulrich Weber leitete daraus einen roten Faden für eine transformationale Führung ab: das Unternehmen permanent in einem Entwicklungsmodus zu halten, ohne zu überfordern. Dazu mussten Gegensätze in partnerschaftliches Denken und Verhalten umgewandelt, statusbezogene Sorgen und Ängste abgebaut und neues Vertrauen geschaffen werden. Die Köpfe der Führungskräfte und Mitarbeiter mussten frei werden für gemeinsames Lernen, Denken und Innovieren.

15.3 Neues Führungsverständnis

In Leadership-Foren wurden die 250 Spitzenführungskräfte des Unternehmens mit dem neuen Führungsverständnis vertraut gemacht, dem vier Elemente der transformationalen Führung zugrunde liegen:

- Vorbild zu sein und durch Einfühlungsvermögen, Glaubwürdigkeit, Respekt und Wertschätzung vorzuleben, was sie von den Mitarbeitern erwarten,
- die Mitarbeiter zu ermutigen, Denkmuster aufzubrechen, Ideen und Meinungen einzubringen, auch abweichende Meinungen, die sich im offenen Austausch als Chance für Verbesserungen und Innovation erweisen können; sie zu bestärken, Bestehendes zu hinterfragen und Neues vorzuschlagen,
- mit eigener Begeisterung Zielbilder zu formulieren, die das emotionale Engagement der Mitarbeiter wecken und ihnen die Faszination der Märkte und Produkte der Deutschen Bahn nahe bringen, ihnen den Beitrag ihrer Arbeit zum Ganzen zu verdeutlichen und ihnen Stolz dafür zu vermitteln,
- die Bedürfnisse und Talente ihrer Mitarbeiter zu erkennen, sie zu fördern und die Mitarbeiter spüren zu lassen, dass sie in ihrer Entwicklung unterstützt werden und dass ihre Belange dem DB-Konzern wichtig sind.

In der Logik einer Dialogkaskade wurden weitere Foren für die 800 Führungskräfte der nächsten Führungsebene abgehalten. Dieser Dialog- und Aneignungsprozess wird auch für die leitenden und betrieblichen Führungskräfte in den einzelnen Geschäftsfeldern weiter fortgesetzt.

Wo Defizite bei den Elementen der transformationalen Führung festgestellt werden, gehen die betroffenen Führungskräfte die Verpflichtung ein, nachzubessern, auch durch persönliches Coaching. Das neue Führungsverständnis spielt auch bei den Auswahlverfahren für die Besetzung offener Stellen und an Karriereschwellen eine ausschlaggebende Rolle. Dahinter steht immer die Frage: „Passen die Führungskraft und das Unternehmen zusammen?"

Denn als entscheidend für einen sich selbst tragenden Wandel sieht Ulrich Weber den Dreiklang von Strategie, Struktur und Kultur an. Strategie und Struktur, so unverzichtbar sie sind, reichen seiner Erfahrung nach nicht aus. Erst eine starke Vertrauenskultur verbinde die einzelnen Interessen im Unternehmen zu einem Ganzen und befähige es, Hindernisse zu überwinden und die Kraft aller auf ein gemeinsames strategisches Ziel zu fokussieren. Dieses Ziel, enthalten in der Konzernstrategie DB2020, wurde im Dialogprozess bestätigt: das weltweit führende Mobilitäts- und Logistikunternehmen zu werden. Aber die Art und Weise, wie diese Vision erreicht werden soll, ist neu, nämlich im Einklang von ökonomischen, ökologischen und sozialen Zielen, um Akzeptanz gleichermaßen bei den Mitarbeitern, den Kunden und in der Gesellschaft zu erreichen.

15.4 Der beständige Wandel

Dass die Deutsche Bahn auf diesem Weg Fortschritte gemacht hat, zeigten die Ergebnisse der Mitarbeiterbefragung von 2012[1], die von da an alle zwei Jahre stattfinden sollte. Aber die Ergebnisse wiesen auch noch viel Verbesserungspotenzial auf, an dem auf allen Ebenen des Konzerns gearbeitet wurde. In über 10.000 Folgeworkshops haben Führungskräfte mit ihren Mitarbeitern intensiv gearbeitet und insgesamt 29.000 konkrete Maßnahmen verabredet.

Im Oktober 2014 fand die nächste Mitarbeiterbefragung statt, deren Ergebnis erfreulich ist: die Mitarbeiterzufriedenheit ist gestiegen – gerade auch dank des engagierten Folgeprozesses in den Jahren 2013 und 2014. Wichtige Kernfragen waren: „Teilen die Mitarbeiter unsere Ziele? Haben sie Vertrauen in die Führung und in die Zukunft?" Die Befragung ergab, dass sie sich noch mehr mit ihrem Job und ihrem Unternehmen identifizieren, dass sie hinter den Zielen stehen, auch die Strategie besser kennen und sich stärker eingebunden fühlen. Aber zugleich wurde deutlich, dass Kommunikation, Vertrauen und Nähe zwischen Führungskräften und Mitarbeitern weiterhin Handlungsfelder sind. An der Stärkung transformationaler Führungsaspekte weiter zu arbeiten, bleibt somit auf der Agenda.

Diese intensive und kontinuierliche Hinwendung zu den Mitarbeitern als Dreh- und Angelpunkt für die transformationale Führung erklärt sich aus der Erkenntnis, dass Mitarbeiterzufriedenheit die Voraussetzung für Kundenorientierung und den langfristigen Geschäftserfolg ist. Ulrich Weber ist tief davon überzeugt, dass Mitarbeiter, die Aufmerksamkeit und Zugewandtheit durch das Unternehmen erfahren, diese Zugewandtheit aus eigener Initiative an ihre Kunden weitergeben, dass sie dazu aber auch den Freiraum erhalten müssen, um situativ die richtigen Entscheidungen im Sinne der Kunden und des Geschäfts treffen zu können, wobei Sicherheit und Zuverlässigkeit an oberster Stelle stehen.

Ulrich Weber beurteilt das Ergebnis von vier Jahren Kulturarbeit bei der Deutschen Bahn mit vorsichtigem Optimismus. Dass die Menschen und ihr Vertrauen im Zentrum der Führung stehen, habe unwiderrufliche Erwartungen bei den Mitarbeitern und Führungskräften geweckt, der Kulturwandel verbreite sich Schritt für Schritt selbstständig weiter. Aber es gebe immer wieder auch Abwehrreflexe und Missverständnisse, die überwunden werden müssen. Denn das neue Führungsverständnis bedeute nicht, dass die Anforde-

---

[1] Die Mitarbeiterbefragung von 2001 hatte noch schlechte Ergebnisse geliefert, die weder breit veröffentlicht noch weiterverfolgt worden waren.

rungen von Technik und Betriebswirtschaft in den Hintergrund rückten. Führungskräfte müssen weiterhin bei Fehlern eingreifen, gute Leistungen anerkennen und bei schlechten reagieren. Im Rahmen der Kulturentwicklung und der Strategie DB2020 haben die Führungskräfte der Deutschen Bahn mehr Verantwortung und Entscheidungsspielraum bekommen, sie werden in dem Maß, in dem sie davon Gebrauch zu machen lernen, ihr Vertrauen in die transformationale Führung festigen.

Michael Mollenhauer ist Vorstand und Managing Partner der mmc AG, einem Beratungsunternehmen mit Fokus auf Strategieumsetzung. Er hat mehr als 35 Jahre Führungs- und Beratungserfahrung in Hunderten von Projekten und sehr verschiedenen Unternehmenssituationen. Wichtiger jedoch als seine Erfahrungswerte ist für Michael Mollenhauer das „Gespür" dafür geworden, was geht und auch was nicht geht, und welcher Ansatz geeignet ist, um Menschen und ihre Potenziale für gelungene Strategieumsetzung zu aktivieren. Bei den strategischen Vorhaben seiner Mandanten nimmt er, je nach Aufgabenstellung, unterschiedliche Rollen ein: sei es als Projektmanager, Business Coach, Moderator oder als Mediator. Seine beruflichen Stationen umfassen Unternehmen wie Nestlé, Arthur D. Little, A. T. Kearney und in 2001 die Gründung der mmc AG. In seiner Funktion als Vorstand des Trust Management Institutes arbeitet er an der Brücke zwischen Wissenschaft und Unternehmenspraxis der internationalen Vertrauensforschung mit. Er studierte Betriebswirtschaft an der Goethe-Universität Frankfurt mit Abschluss: Diplom Kaufmann.

Prof. Dr. Tom Sommerlatte ist Vorsitzender des Vorstands des Trust Management Instituts e.V., das es sich zur Aufgabe gemacht hat, die Ergebnisse der Vertrauensforschung in die unternehmerische Praxis zu überführen. Dr. Sommerlatte ist Chairman des Advisory Board des internationalen Consulting-Unternehmens Arthur D. Little GmbH und Mitglied verschiedener Aufsichts- und Beiräte. Viele Jahre lang war er Managing Director der europäischen Aktivitäten und Senior Vice President der Muttergesellschaft von Arthur D. Little. Er ist Autor einer Reihe von Büchern zu Themen des Strategie- und Innovationsmanagements und Mitherausgeber des Buchs „Quintessenz der Vertrauensbildung". Er promovierte an der Université de Paris auf dem Gebiet der Verfahrenstechnik und erwarb den Master of Business Administration am Europäischen Institut für Unternehmensführung, INSEAD. An der Universität Kassel hält er eine Honorarprofessur auf dem Gebiet des Systemdesigns.

Ulrich Weber wurde am 14. März 1950 in Krefeld geboren. Nach seinem Jurastudium arbeitete er zunächst als Rechtsanwalt. Ab 1984 war er für die Ruhrkohle AG, seit 1987 für die Westfälische Berggewerkschaftskasse tätig. 1990 wechselte Weber als Geschäftsführer zur Deutschen Montan Technologie GmbH. Ab 1993 arbeitete er im Vorstand der Cubis AG. Seit 1998 war Weber Mitglied des Vorstandes und Arbeitsdirektor der RWE Rheinbraun AG, ab 2001 der RAG Aktiengesellschaft sowie seit 2006 im Nachfolgeunternehmen Evonik Industries AG. Ulrich Weber ist seit dem 1. Juli 2009 Vorstand Personal der Deutschen Bahn AG und der DB Mobility Logistics AG.

175 Jahre Familienunternehmen: Transparenz, Vertrauen und Wertschätzung

Heinz-Walter Große und Bernadette Tillmanns-Estorf

Werte im Unternehmen – leere Worte oder gelebter Alltag?
Ich freue mich, Einblicke in die „B. Braun-Welt" zu geben und damit in den Alltag unseres Unternehmens, in dem 55.000 Mitarbeiter in 63 Ländern täglich dafür arbeiten, die Gesundheit der Menschen zu schützen und Therapien besser zu machen. Ich möchte vermitteln, was es konkret heißt, wenn wir bei B. Braun von „vertrauenswürdiger Führung" sprechen und welche Kultur im Unternehmen täglich vorgelebt und geprägt wird.

Das Jahr 2014 war ein besonderes Jahr für das Unternehmen: Vor 175 Jahren erwarb Julius Wilhelm Braun die Rosenapotheke in Melsungen. Aus der Apotheke von damals ist bis heute ein „Global Player" geworden, dessen Werte an jedem der 63 Standorte weltweit spür- und erlebbar sind.

Oft stellen Kunden, Journalisten oder auch neue Mitarbeiter die Frage, was B. Braun besonders macht und was uns als Unternehmen von anderen unterscheidet. Ich bin stolz darauf, sagen zu können, dass wir über die Jahrzehnte hinweg eine besondere Kultur des Miteinanders pflegen, und dass es die vielzitierte „Unternehmenskultur" ist, die B. Braun ausmacht und dazu beiträgt, dass Mitarbeiter meist viele Jahren, wenn nicht Jahrzehnte, im Unternehmen tätig sind. Diese Kultur hat sich auch in Zeiten erhalten, in denen wir gewachsen sind und sich unser Marktumfeld stark verändert hat. Für mich ist diese Kultur geprägt von einem hohen Verantwortungsbewusstsein jedes einzelnen Mitarbeiters und von einer starken Identifikation mit dem Unternehmen.

H.-W. Große (✉) · B. Tillmanns-Estorf
B. Braun Melsungen AG, Melsungen, Deutschland
E-Mail: info@bbraun.com

Abb. 16.1 Das Wertegebäude der B. Braun

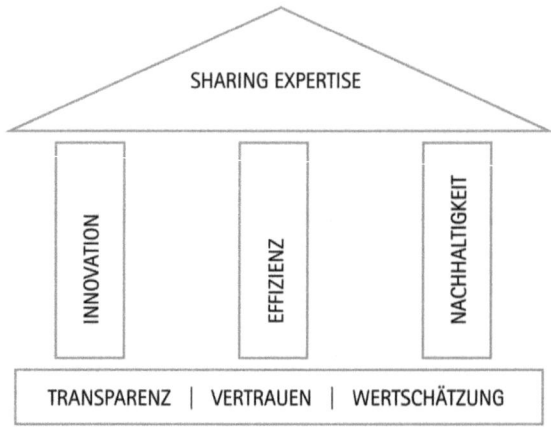

16.1 Werte bei B. Braun

2003 hat B. Braun seine Markenwerte definiert und damit das aufgeschrieben, was die Mitarbeiter im Unternehmen leben und spüren. „Sharing Expertise" wurde zum Leitsatz des Unternehmens, das damit das Versprechen gibt, Wissen nicht nur kontinuierlich zu erwerben, sondern dieses Wissen auch wachsen zu lassen, indem es mit anderen geteilt wird – mit Kunden ebenso wie mit dem Kollegen im Unternehmen.

Innovation, Effizienz und Nachhaltigkeit sind die Werte, an denen die Mitarbeiter bei B. Braun ihre Tätigkeit ausrichten. Und da wir wissen, dass diese Begriffe von jedem auch anders interpretiert werden könnten, haben wir sie für unsere B. Braun-Welt „übersetzt". Innovation bei B. Braun beschreibt unseren Anspruch, Neues zu entwickeln, das Nutzen bringt und die Gesundheit der Menschen verbessert. Der Wert der „Effizienz" macht deutlich, dass wir Prozesse und Abläufe nie aus den Augen verlieren, um sicherzustellen, dass wir unsere Ressourcen und Kapazitäten sinnvoll einsetzen. „Nachhaltigkeit" steht nicht nur für die soziale Verantwortung, die das Unternehmen täglich an ganz vielen Stellen wahrnimmt, sondern beinhaltet auch die Forderung, Ökonomie und Ökologie in Balance zu halten. Die Basis allen Handelns: Transparenz, Vertrauen und Wertschätzung. Diese Grundlegung – vor etwa drei Jahren im „Markenhaus" ergänzt – beschreibt, wie wir miteinander arbeiten (siehe Abb. 16.1).

16.2 Transparenz, oder: Wie wir mit Informationen umgehen

„Transparent sein" – ein Wunsch oder eine Verpflichtung, die man häufiger hört, egal ob im Privat- oder Berufsleben. In Zeiten von Social Media und digitaler Kommunikation kommt diesem Anspruch wahrscheinlich eine noch größere Bedeutung zu oder anders gesagt: Auch der, der nicht transparent sein will, steht in einer Öffentlichkeit und ist Teil des „großen Netzwerks", des Internets. Als Unternehmen, das durch innovative Produkte Fortschritt im Gesundheitswesen bringt, ist es uns wichtig, dass sich Innovation nicht nur in Ideen und Projekten, sondern auch in der Arbeitsumgebung niederschlägt.

16.3 Offene Arbeitswelten in Büro und Produktion

Die Arbeitsphilosophie von B. Braun setzt auf Vertrauen, auf Wertschätzung und Transparenz. All dies spiegelt sich auch in der Architektur des Unternehmens wider. B. Braun hat früh erkannt, dass internationale Präsenz und Vernetzung flexible Arbeitsweisen erfordern. Bereits Ende der neunziger Jahre wurde deshalb für die neu erbaute Unternehmenszentrale eine Arbeitsumgebung entwickelt, die Kreativität und Austausch fördert. Sie sollte sich an Prozessen orientieren und nicht an Hierarchien, um damit Zusammenarbeit zu unterstützen. Dieses „Bürokonzept 2010 Plus" wurde sukzessive weiterentwickelt und ist heute an den meisten B. Braun-Standorten fester Bestandteil der Arbeitskultur.

Kernstück der neuen Arbeitsumgebung ist die freie Wahl des Arbeitsplatzes. Ein persönlicher, „reservierter" Schreibtisch und eine feste Sitzordnung sind nicht vorgesehen. Jeder Mitarbeiter sucht sich jeden Tag den Platz, der sich für seine aktuelle Aufgabe am besten eignet. Dieser kann im eigenen Teambereich liegen, aber auch außerhalb davon gibt es in den Gebäuden verschiedene Möglichkeiten, sich zum Arbeiten niederzulassen – beispielsweise bei abteilungsübergreifenden Projekten. Das Motto: „Wo du bist, ist dein Arbeitsplatz". Wir schaffen so ein flexibles Umfeld, das Austausch und gleichzeitig Transparenz fördert. Sitze ich mit einem Kollegen an einem „Teamarbeitsplatz", führt dies automatisch dazu, dass ich Einblicke in sein Aufgabengebiet bekomme, in seinen Terminkalender, seine Meetings.

Geprägt ist dieses Konzept vom Vertrauen in die Fähigkeit der Mitarbeiter, zeit- und ortsunabhängig selbst zu entscheiden, wie sie ihre Aufgaben erledigen. Entsprechend erfolgt ihre Beurteilung auch nicht nach ihrer sichtbaren Präsenz im Büro, sondern ergebnisorientiert aufgrund ihrer Arbeitsleistung und Effektivität. Wir erwarten von unseren Beschäftigten somit, vorausschauend und eigenverantwortlich zu handeln statt einfach nur passiv Aufträge abzuarbeiten. Im Gegenzug ermöglichen wir ihnen eine Arbeitsweise, die Freiheiten ermöglicht und Beruf und Privates besser vereinbar macht.

Mir ist es dabei wichtig, zu betonen, dass wir die Mitarbeiter mit unserem Konzept keineswegs zu heimatlosen „Büronomaden" machen wollen oder dass es hier nur um Einsparpotenziale beim Raumbedarf geht – die natürlich auch eine Rolle spielen. Vielmehr ist es uns wichtig, die moderne Arbeitswelt räumlich adäquat zu gestalten: Sie basiert auf schnellen Kommunikationswegen, soll offen und transparent sein, und die Mitarbeiter selbst wünschen sich heute mehr Initiative und Eigenverantwortlichkeit. Ich bin überzeugt, dass sich in dieser Arbeitsumgebung Engagement und Arbeitsfreude viel besser entfalten und empfinde sie auch für mich selbst als kommunikativ und kreativitätsfördernd.

Ähnliches gilt für die Produktion, in der etwa 60 % aller B. Braun-Mitarbeiter tätig sind. Auch hier fördern wir eigenverantwortliches, zielorientiertes Arbeiten mit persönlichen Handlungsspielräumen. Davon versprechen wir uns, dass die Mitarbeiter ihre Kreativität einbringen, um Abläufe zu verbessern, und dass wir Veränderungsprozesse in unseren Produktionen flexibler und effizienter gestalten können. B. Braun hat Mitte der Neunzigerjahre die teilautonome, selbstregulierte Gruppenarbeit eingeführt, die heute in den meisten unserer deutschen und auch in einigen internationalen Produktionen praktiziert wird. Die Gruppenarbeit bei B. Braun sieht eine Zielvereinbarung für jede Gruppe vor, die individuell und verhandelbar ist – also nicht von oben vorgegeben wird. Sie gilt für ein halbes Jahr und sieht beispielsweise Mengen-, Qualitäts-, oder Kostenziele vor. Dazu formulieren eine Gruppe und ihr Vorgesetzter (der Meister) unabhängig voneinander ihre Zielvorstellungen, die dann im Rahmen eines der regelmäßig stattfindenden Gruppengespräche vorgestellt werden. In der Abstimmungsphase werden die Ziele mit den übergeordneten Zielen des Fachbereichs abgeglichen und die beiden Parteien erarbeiten zusammen verbindliche und gemeinsame Zielwerte.

Mit der Einführung von Gruppenarbeit hat sich auch die Rolle der Führungskraft oder des Meisters in der Produktion entscheidend verändert. Der Vorgesetzte muss Verantwortung abgeben und verstärkt auf die Eigenständigkeit der Mitarbeiter vertrauen. Arbeitsinhalte wie Personaleinsatz, Qualitätssicherung und Prozessoptimierung waren früher ausschließlich Führungskräften vorbehalten und liegen heute komplett im Aufgabengebiet der Gruppenmitglieder. Dafür übernehmen Führungskräfte neue Aufgaben wie die persönliche Beurteilung oder das Coaching der Gruppe im Sinne von „Hilfe zur Selbsthilfe". Diese Veränderungen waren bei B. Braun in den ersten Jahren kein einfacher Prozess, denn viele Mitarbeiter hatten vorher schon über einen langen Zeitraum im „alten" hierarchischen System der Teilung von Arbeit in Einzelaufgaben gelebt. Um die Umstellung auf Gruppenarbeit zu erleichtern und das System kontinuierlich zu verbessern, wurde im Unternehmen die Funktion des „Prozessbegleiters" eingeführt – ein neutraler, unabhängiger Ansprechpartner, der beispielsweise Konfliktgespräche moderiert oder Schulungen von Gruppen durchführt.

Heute können wir sagen, dass diese Arbeitsform gut etabliert ist und zu mehr Effizienz in der Produktion geführt hat. Der hohe Grad der Selbstorganisation, den wir durch Gruppenarbeit erreichen, macht unsere Produktionsmitarbeiter flexibler. Das kommt uns zum Beispiel zugute, wenn Kapazitäten erweitert werden müssen und vor allem wenn dies zeitgleich in mehreren Produktionsbereichen geschehen muss. Dass die Mitarbeiter an Informations- und Entscheidungsprozessen nun maßgeblich beteiligt sind, erhöht zudem die Akzeptanz von notwendigen Veränderungsmaßnahmen. Die Erfahrung bei B. Braun hat auch gezeigt: Gruppenarbeit ist kein Selbstläufer, und Verantwortung kann nicht einfach delegiert werden.

Wer sich Transparenz im „Inneren" auf seine Fahnen geschrieben hat, für den ist es nur konsequent, Offenheit auch nach außen zur Leitlinie seines Handelns zu machen.

Transparent geht B. Braun deshalb auch mit seinen wirtschaftlichen Daten um. Seit jeher ist und war es unser Anspruch, umfassend und offen zu berichten, egal ob im Geschäftsbericht, der sich an den IFRS-Kriterien ausrichtet und – der unter anderem wegen der hohen

Transparenz – mehrfach prämiert wurde, oder in der Zusammenarbeit mit dem Betriebsrat, zu dem die konstruktive Partnerschaft eine lange Tradition hat. Ich werte es als einen weiteren Beleg für Vertrauen, wenn es Unternehmensleitung und Betriebsrat – auch bei unterschiedlicher Interessenlage – gelingt, Lösungen zu finden, mit denen beide Seiten gut leben können, weil sie im Interesse der Zukunft des Unternehmens und seiner Mitarbeiter sind.

16.4 Vertrauen schenken, oder: Wie wir zusammen arbeiten

Ich selbst habe vor mehr als 30 Jahren in diesem Unternehmen begonnen und habe die offene Kultur von Anfang an geschätzt. Stationen in der Konzernzentrale und langjährige Auslandsaufenthalte in den USA und in Österreich haben mir während meines gesamten Wegs bei B. Braun deutlich gemacht, dass es offensichtlich gelungen ist, die Werte des Unternehmens auch an den unterschiedlichen Standorten zu implementieren und „kulturübergreifend" anzulegen. Das Schöne: Das geschieht und geschah nicht durch „Verordnung von oben", sondern durch ganz viele Mitarbeiter, die die Kultur von B. Braun prägen und täglich ganz praktisch deutlich machen, was wir mit Transparenz, Vertrauen und Wertschätzung meinen. Egal, ob man jungen Leuten früh Vertrauen schenkt, indem man ihnen Verantwortung übergibt, oder ob man Mitarbeitern die Entscheidung über den richtigen Weg zum Ziel überlässt – in meinem Berufsleben habe ich viele eigene oder auch Beispiele anderer erlebt, in denen deutlich wurde, was es heißt, Vertrauen zu schenken.

Mir selbst wurde vor etwa vier Jahren großes Vertrauen der Eigentümerfamilie entgegengebracht. Als „Familienfremder" wurde mir die Verantwortung zuteil, dieses Unternehmen zu leiten. Klar war und ist für mich, dass diese Aufgabe nur gelingen kann, wenn man das Bewährte fortführt und gleichzeitig die Weichen für die Zukunft stellt. Deshalb sehe ich es heute als Vorstandsvorsitzender auch als meine Aufgabe an, unser wertvolles Klima des Vertrauens zu pflegen, zu erhalten und weiter zu stärken. Vor allem möchte ich daran arbeiten, dass es sich mit den Veränderungen, die unser Unternehmen durchläuft, mitentwickelt. Dabei ist mir und meinen Vorstandskollegen klar: Eine gesunde Unternehmenskultur und universelle Werte wie Vertrauen können nicht übergestülpt und vom Management vorgeschrieben werden. Deshalb finde ich es hier besonders wichtig zu fragen, was die Grundlagen unserer Kultur sind – welches sind die individuellen Strukturen, Regeln und Wertevorstellungen, die zu einem Vertrauensklima bei B. Braun geführt haben, und wie erleben es die Mitarbeiter heute?

B. Braun ist Familienunternehmen. Zwar bin ich davon überzeugt, dass auch Familienunternehmen nicht die „besseren" Unternehmen sind, und doch prägt eine Unternehmerfamilie das Klima im Betrieb. Es sind die Mitglieder der Familie Braun, die seit der Gründung des Unternehmens im Unternehmen an verschiedenen Stellen präsent sind, es geführt haben, oder als Mitarbeiter in unterschiedlichen internationalen Funktionen Verantwortung übernehmen. Ich glaube, dass dieses Konstrukt die Unternehmenskultur und das Klima des Vertrauens entscheidend prägt. Entscheidungen kann der Vorstand mit Blick auf die nachhaltige und mittelfristige Perspektive treffen – und das sorgt für Vertrauen und Verlässlichkeit – bei Mitarbeitern, Kunden und Partnern.

Eine solche Unternehmenskultur kann nur entstehen und Bestand haben, wenn alle, die Verantwortung tragen, die für das Unternehmen wichtigen Werte auch vorleben und täglich neu beweisen, was sie damit meinen. Wenn wir von flachen Hierarchien sprechen, bedeutet das für mich als Vorgesetzter, dass ich Informationen zum Beispiel direkt dort einhole, wo sie entstehen – ohne Hierarchiestufen einzuhalten. Es heißt auch, dass das beste Argument zählt – unabhängig davon, wer es in die Diskussion eingebracht hat. Transparenz und Vertrauen zeigen sich in einem solchen Umfeld dann, wenn es darum geht, wie man mit Fehlern umgeht. Schaffe ich als Vorgesetzter eine Atmosphäre, in der Mitarbeiter ehrlich bereit sind, ihre Ideen und Meinung einzubringen.

Doch wie arbeiten Teams bei B. Braun zusammen: Wie führt ein Vorgesetzter?

Mitarbeiterführung bei B. Braun ist von „Fördern und Fordern" geprägt. Wir wünschen uns Mitarbeiter, die ihre Aufgaben selbstständig und aktiv angehen, sich fehlende Informationen an der richtigen Stelle holen und den besten Weg finden, um das mit dem Vorgesetzten definierte Ziel zu erreichen. Das meinen wir, wenn wir von Eigenverantwortung sprechen, und wir sind davon überzeugt, dass es dieser Geist ist, der uns so erfolgreich macht. Die Identifikation der Mitarbeiter mit dem Unternehmen ist hoch, und das führt dazu, dass B. Braun „Familienunternehmen im doppelten Sinne" ist: Wir sind stolz auf viele „Mitarbeiterfamilien", deren Mitglieder, genau wie die Familie Braun, über Generationen hinweg hier arbeiten. Das heißt, unsere Mitarbeiter geben ihre guten Erfahrungen weiter und empfehlen ihren Nächsten, auch bei uns einzusteigen. Für diese Zufriedenheit spricht auch unsere geringe Fluktuation, die nur bei etwa einem Prozent liegt.

In unseren Mitarbeiterbefragungen zeigt sich, dass die meisten Beschäftigten – in der Regel über 80 % – ein hohes Vertrauen in die Entscheidungen der Unternehmensleitung setzen. Dass B. Braun ein eigenständiges, unabhängiges Unternehmen ist, fördert dieses Vertrauen. Wir müssen nicht in Quartalen denken und unsere Entscheidungen werden nicht ständig kurzfristigen Analysen unterzogen. Stattdessen können wir nachhaltig und mit langfristigen Zielen im Blick wirtschaften.

16.5 Zusammenarbeit mit Kunden – ethisch korrektes Handeln

Die Zusammenarbeit mit unseren Kunden im Gesundheitswesen ist strengen gesetzlichen Regelungen unterworfen. Es ist Tradition bei B. Braun, diese Regelungen als Mindestanforderung zu begreifen, und so haben wir uns vor vielen Jahren mit einem „Code of Conduct" darauf verpflichtet, dieselben Werte, die wir im Unternehmen leben, auch für die Zusammenarbeit mit unseren Kunden – Krankenhausmanagern, Ärzten, Apothekern und Pflegekräften – anzuwenden. Ein global eingeführtes Compliance-Management-System stellt sicher, dass die Mitarbeiter an allen 63 B. Braun-Standorten die Prinzipien kennen und einhalten. Compliance ist auch für mich persönlich mehr als das Einhalten von Gesetzen und Regeln. Ich bin zutiefst davon überzeugt, dass sich ethisch korrektes Verhalten im Markt mittel- und langfristig auszahlen wird und einen wichtigen Beitrag zum Unternehmenserfolg leistet.

16.6 Sharing Expertise – Vertrauen, um Wissen zu teilen

Der Gesundheitsmarkt ist einem ständigen Wandel unterworfen. Der wissenschaftliche Fortschritt ermöglicht neue Therapien und bietet vielen Patienten damit Chance auf Heilung. In der Gesundheitswirtschaft entstehen ganz neue Forschungs- und Entwicklungsfelder, zum Beispiel durch Fortschritte in der Biotechnologie und Genetik, in die sich B. Braun schon früh eingebracht hat und die sie mitgestaltet. Um in einem solchen Umfeld zu überzeugen, braucht es mehr als gute Produkte. Wir haben gelernt, dass in der Gesundheitsbranche Wissen zum entscheidenden Faktor wird – das Wissen unserer Kunden, um aktuelle Entwicklungen beurteilen zu können, und natürlich auch das Wissen jedes einzelnen Mitarbeiters.

„Wissen ist Macht". Ein jeder von uns hat dieses Prinzip in seinem Berufsleben an der einen oder anderen Stelle zu spüren bekommen. Umso wichtiger ist die Kultur des Vertrauens bei B. Braun. Sie hat auch das Ziel, ein Umfeld zu schaffen, in dem die Mitarbeiter Wissen bereitwillig weitergeben und sich mit anderen austauschen. Hier setzen unsere Konzepte des Wissensmanagements an: Vor zwei Jahren haben wir in Form eines interaktiven Intranets eine flexible Plattform für das Wissensmanagement eingeführt: Das B. Braun Knowledge Center (BKC) hat sich innerhalb kürzester Zeit zu einer wahren Erfolgsgeschichte entwickelt, die ich auch als Ausdruck einer gelebten Vertrauenskultur in unserem Unternehmen interpretiere. Im BKC vernetzen sich weltweit mehr als 55.000 Mitarbeiter, an über 190 Standorten und in 40 Sprachen. Das System bietet den Mitarbeitern mit zahlreichen Social-Media-Elementen die Möglichkeit, ihre Inhalte selbst zu gestalten. Dazu regen wir auch aktiv an, denn mit jedem Beitrag teilen wir Wissen, weil jeder Mitarbeiter auf seinem Gebiet ein Experte ist.

Dieses Intranet hat nicht nur die Funktion, Informationen bereit zu stellen, sondern ist als tägliche Arbeitsplattform angelegt, in der der Mitarbeiter seine Aufgaben erledigen und vor allen Dingen mit Kollegen zusammenarbeiten kann.

In sogenannten „Collaboration Spaces" („Wikis"), können sich die Mitarbeiter im BKC zu Arbeits-, Lern- oder Entwicklungsgruppen zusammenschließen. So entstehen Gemeinschaften, die sich um ein fachliches, praxisorientiertes Thema herum formieren und den Austausch sicherstellen. Diese informellen Netzwerke bauen Grenzen ab und Vertrauen auf – sie ermöglichen es, auch außerhalb formaler organisatorischer Einheiten zusammenzuarbeiten. Im Gegensatz zu Projektgruppen sind sie von dauerhafter Natur und vor allem sind sie von den Mitarbeitern selbst initiiert. Inzwischen gibt es über 70 Collaboration Spaces weltweit, die aktiv genutzt werden.

Ich bin überzeugt davon, dass diese Lern- und Arbeitsform die Leistungs- und Innovationskraft am Arbeitsplatz entscheidend und nachhaltig verbessern kann und dass sie gegenseitiges Vertrauen fördert. Es gibt für diese themenbezogene Art von Zusammenarbeit keine Vorgabe durch Führungskräfte, Organisationsdiagramme oder andere formale Vorgaben, und diese Eigenständigkeit führt zu einer hohen Kreativität und auch Qualität in unserem Wissensmanagement. Mir ist außerdem wichtig zu betonen, dass die Unternehmensleitung mit diesem Projekt großes Vertrauen in alle Mitarbeiter setzt: Die Inhalte unserer Intranet-Plattform werden nicht kontrolliert, freigegeben oder von einer zentralen Einheit redaktionell bearbeitet. Wir vertrauen darauf, dass unsere Mitarbeiter mit diesen Möglichkeiten verantwortungsbewusst umgehen und sie tatsächlich auch im Sinne von „Sharing Expertise" anwenden – also um Wissen aufzubauen, zu pflegen, es für die Kollegen nutzbar zu machen und für unsere Kunden aufzubereiten.

Sharing Expertise soll in unserem Unternehmen natürlich auch über das digitale Wissensmanagement hinaus passieren. Wir ermutigen unsere Mitarbeiter, sich untereinander, aber auch mit den Kunden zu vernetzen, um Wissen auszutauschen. Dabei helfen flache Hierarchien und die Möglichkeit, selbst interne Netzwerke zu gründen und interne Prozesse und Systeme gemeinsam zu entwickeln. Ein Erfolgsbeispiel dafür sind unsere „Global Network Teams" – internationale, fachbezogene Gruppen von Kollegen, die im Innovationsprozess von Produkten die jeweiligen lokalen Anforderungen mit einbeziehen. So können frühzeitig unternehmensweit standardisierte Lösungen für unsere Innovationen erarbeitet werden, die uns dabei helfen, unseren Entwicklungsprozess effizienter zu machen.

16.7 Sozialpartnerschaft leben

Von Vertrauen ist auch der Umgang mit Interessenvertretern gekennzeichnet, und so pflegt der Vorstand bei B. Braun ein konstruktives Miteinander mit den Arbeitnehmervertretern, wie unsere Sozialpartnerschaft mit der IG Bergbau, Chemie, Energie, der IG Metall ebenso wie mit dem Verband Angestellter Akademiker (VAA) zeigt. Seit Jahrzehnten praktiziert B. Braun eine vertrauensvolle und kooperative Zusammenarbeit mit seinen Sozialpartnern – auch, wenn beide durchaus unterschiedliche Interessen verfolgen. Zu einer Partnerschaft gehört es, im Gespräch zu bleiben, das Gespräch zu suchen und Konflikte direkt und zielorientiert auszutragen. Es ist deshalb eine lange und gute Tradition im Unternehmen, den Betriebsrat in bestimmte Themen früh einzubinden, ihm eine Stimme zu geben, um gemeinsam die beste Lösung für das Unternehmen und die Belegschaft zu finden. Das ist ein wichtiges Signal für unsere Beschäftigten.

16.8 Wertschätzung gegenüber der Gesellschaft – „Bürger der Gesellschaft" sein

Nachhaltigkeit, Corporate Social Responsibility, soziale Verantwortung – in Zeiten von aktiver Markengestaltung bei Unternehmen können dies schnell leere und austauschbare Schlagworte werden, die auf bloße Außenwirkung abzielen. B. Braun kann sich dagegen auf eine lange Tradition als erklärter „Bürger der Gesellschaft" berufen. Das Unternehmen hat an vielen weltweiten Standorten wirksame Projekte für Bildung, Gesundheitsaufklärung, Umwelt und Armutsbekämpfung initiiert. Diese Themen sind ein wesentliches Element der internen Kommunikation, und wir wünschen uns von unseren Mitarbeitern, dass sie dieses Engagement nicht nur zur Kenntnis nehmen, sondern sich aktiv einbringen und zeigen, was soziale Verantwortung bedeutet. Viele von uns engagieren sich seit Jahren deshalb in Organisationen und Initiativen, um der Gesellschaft, in der sie leben, etwas zurückzugeben.

„Bürger der Gesellschaft" sein heißt, dass wir uns sozial verantwortlich fühlen gegenüber unseren Mitarbeitern und den Regionen, in denen wir tätig sind. Dabei ist Bildung ein entscheidender Faktor – B. Braun will für kommende Generationen Perspektiven schaffen. Ich glaube, dass gerade hier ein entscheidender Grundstein für die hohe Integrität unserer Mitarbeiter und für ein stabiles Gemeinschaftsgefühl gelegt wird: Wenn mein Unternehmen sich für meine unmittelbare Lebensumgebung einsetzt – für die Stadt, in der ich lebe; die Schulen, auf die ich meine Kinder schicke, schließlich für die Ausbildung meiner Kinder – auch das schafft Vertrauen zwischen Mitarbeitern und Unternehmen.

Ein Beispiel hierfür führt mich wieder zurück auf unser 175-jähriges Bestehen: Wie begeht man ein solches Jubiläum? Möglichkeiten hätte es viele gegeben, aber für Familie und Vorstand stand fest: Etwas Nachhaltiges sollte geschaffen werden. Deshalb unterstützt B. Braun nun den Umbau der örtlichen Gesamtschule Melsungen mit insgesamt zwölf Millionen Euro. Die stolzen Rückmeldungen unserer Mitarbeiter zu dieser Entscheidung haben uns in unserem Ansatz bestätigt.

Als Arbeitgeber konzentrieren wir uns bei der Nachwuchsförderung auf Themen, die uns nahe sind – beispielsweise bei den Kinder- und Jugendwochen, die wir seit sieben Jahren veranstalten. Dabei werden naturwissenschaftliche und technische Themen spannend aufbereitet, um bei Kindergartenkindern und Schülern das Interesse dafür zu wecken und ihnen früh zu zeigen, wie spannend die Naturwissenschaften sind.

Zwei Wochen lang experimentieren über 3000 Teilnehmer in Workshops in Forscherzelten auf dem B. Braun-Gelände oder bei Exkursionen ins Umland. Die Themen reichen dabei vom menschlichen Körper, Strom & Energie und Instrumentenbau über Robotik bis hin zu genetischer Diagnostik. Dieses Programm wird von vielen Mitarbeitern tatkräftig unterstützt, die dafür ihre Kenntnisse in ihrem Arbeitsgebiet kreativ aufbereiten und die Kinder dann in den Workshops begleiten. Wichtig ist uns die regelmäßige Abstimmung des Konzepts mit den Schul- und Kindergartenleitern am Standort Melsungen, um sicherzustellen, dass Inhalte vor- und nachbereitet werden.

Unser Engagement als „Bürger der Gesellschaft" findet auch bei den Tochtergesellschaften außerhalb Deutschlands statt, zum Beispiel mit dem Programm „B. Braun for Children". Jedes Tochterunternehmen engagiert sich dafür in seinem Land, um Kindern zu helfen. Wie die Gesellschaften das machen, entscheiden sie selber. Diese Eigenverantwortlichkeit bindet die Mitarbeiter stärker mit ein. So haben sich tolle Initiativen entwickelt – beispielsweise in Indien, wo Millionen von Kindern unterhalb der Armutsgrenze leben. Dort hilft unsere indische Tochtergesellschaft der Organisation „Child Relief & You", die sich für die von der United Nations Convention of the Rights of the Child definierten Grundrechte einsetzt: das Recht auf Leben, auf Schutz, auf Partizipation und auf persönliche Entwicklung. Vor allem den obdachlosen Kindern in der Metropole Mumbai sollen damit Perspektiven für ein menschenwürdiges Leben eröffnet werden.

Dass unser Engagement auch über die Grenzen des Unternehmens hinweg ausstrahlt, halte ich für außerordentlich wichtig. Denn so drückt B. Braun seine starke Verwurzelung in der Region aus – und schafft Vertrauen bei den Partnern vor Ort: bei Kunden, Dienstleistern, schließlich in der gesamten Öffentlichkeit. An unserem zentralen Standort in Nordhessen erreichen wir das zum Beispiel mit der Unterstützung kultureller Ereignisse und der Sportförderung.

Wir setzen auf ausgewählte Projekte, mit denen wir in der Region eine kulturelle Kontinuität auf höchstem internationalen Niveau fördern. Ein Beispiel für dieses Engagement ist die Unterstützung der Kasseler Musiktage oder des Kultursommers Nordhessen, der jedes Jahr ein vielfältiges und attraktives Programm für die Liebhaber von Musik, Theater und Schauspiel, Ballett und Tanz sowie von Workshops und Festen bereithält.

Im Sportbereich engagieren wir uns beispielsweise als Hauptsponsor der 1. Bundesliga-Handballmannschaft der MT Melsungen und als Medical Team Partner des Deutschen Handballbundes. In beiden Fällen verstehen wir uns nicht einfach als Sponsor im herkömmlichen Sinne, sondern versuchen, unserem Leitsatz „Sharing Expertise" gerecht zu werden. Wir stellen also auch unser Wissen und unsere Erfahrung zur Verfügung und bieten den Mannschaften Unterstützung durch unsere Produkte und Serviceleistungen an. Mit der Deutschen Krankenhausmeisterschaft im Fußball richtet B. Braun seit über 30 Jahren zudem ein sportliches Top-Ereignis für seine Kunden aus. Rund 2000 Teilnehmer – alle Mitarbeiter in deutschen Krankenhäusern – kämpfen jedes Jahr in ihren Krankenhausteams um den Titel des Deutschen Krankenhausmeisters, der anschließend Deutschland in der europäischen Ausscheidung „Eurospital" vertritt. In diesem Projekt engagieren sich zahlreiche B. Braun-Mitarbeiter freiwillig und ehrenamtlich – ohne sie wäre es nicht möglich, diese Veranstaltung jedes Jahr auf die Beine zu stellen.

16.9 Gelebte Wertschätzung – familienfreundliche

Arbeitsorganisation

Wie lebt man Wertschätzung im Unternehmen? Wie so oft, führen auch hier mehrere Wege zum Ziel, und es ist letztendlich das Miteinander aus vielen Mosaiksteinen, das ein großes Ganzes ergibt.

Für mich hat immer der Grundsatz gegolten: „Behandele andere so, wie Du selbst behandelt werden möchtest." Aus dieser Devise ergeben sich automatisch Dinge wie ehrliches und offenes Feedback gegenüber Mitarbeitern, Zuhören bei Sorgen und Problemen, Mitarbeitern Orientierung geben in schwierigeren Phasen.

Auch wenn es darum geht, dass Mitarbeiter Beruf und Familie miteinander verbinden wollen, lassen wir uns von den beschriebenen Werten leiten. Eine Familie benötigt Flexibilität, um die Betreuung der Kinder trotz Berufstätigkeit sicherzustellen? Neue Verpflichtungen ergeben sich, zum Beispiel, weil Eltern plötzlich pflegebedürftig werden? Wertschätzung heißt für uns auch, für diese Entwicklungen Vorsorge zu treffen und den Mitarbeiter dabei zu unterstützen, beides – Job und Familie – miteinander vereinbaren zu können.

Seit über 30 Jahren setzt sich unser Unternehmen mit dem Programm „Beruf und Familie" für die berufliche und familiäre Vereinbarkeit ein. Ein „Familienteilzeitmodell" besteht seit 2007 und wurde bereits mehrfach ausgezeichnet. Es ermöglicht Mitarbeitern, im Rahmen der Kindererziehung und der Pflege von Angehörigen bis zu fünf Jahre in Teilzeit zu arbeiten. Die Vergütung beträgt 65 beziehungsweise 75 % des Bruttogehalts bei zwei Kindern. Die Differenz muss von den Mitarbeitern nicht zurückgezahlt werden. Rund 300 Mitarbeiter haben die Familienteilzeit bisher wahrgenommen. Außerdem bieten wir allen Beschäftigten die Möglichkeit zur alternierenden Telearbeit und zu Home Office-Tagen und erweitern so die Flexibilität im Berufs- und Familienleben zusätzlich.

Mit dem Programm „Zurück in den Beruf" wollen wir Frauen bei einem schnellen Wiedereinstieg nach Ende des Mutterschutzes unterstützen. Aber auch wenn Eltern sich mehr Zeit nehmen wollen für die Erziehung, ermöglicht B. Braun eine Freistellung nach Ende der Elternzeit bis zu einer Dauer von drei Jahren – mit Wiedereinstellungszusage. Dass diese Modelle so gut funktionieren, liegt an der hohen Leistungsbereitschaft unserer Mitarbeiter. Sie wollen sich bei B. Braun engagieren und ihre Rolle im Unternehmen ausfüllen. Im Umkehrschluss können sie darauf vertrauen, dass ihr Unternehmen diese Haltung wertschätzt und sie dafür bei familiären Herausforderungen unterstützt.

16.10 Werte und Wachstum – ein Widerspruch?

Wie kann in einem Unternehmen unserer Größe und mit einem solchen Internationalisierungsgrad eine gesunde Vertrauenskultur überhaupt bestehen und vor allem spürbar bleiben? Wie erhält man Vertrauen in Zeiten schnellen Wachstums und angesichts starker Einflüsse von außen? Mit diesen Fragen möchte ich mich abschließend beschäftigen und stelle dazu fest: Ohne die starken Vertrauensbeziehungen im Unternehmen wäre B. Braun heute nicht so international aufgestellt und hätte sich nicht seit 175 Jahren behaupten können. Sie sind also meiner Meinung nach mehr Ursache als Wirkung unseres Erfolgs.

B. Braun hat es in all den Jahren geschafft, seine Herkunft zu schätzen, zu erhalten und gleichzeitig offen in die Zukunft zu blicken. Wir nehmen Trends wahr und prüfen, ob sie für unseren Unternehmenserfolg relevant sind. Dieser Anspruch gilt für einen Mitarbeiter im Vertrieb genauso wie in der Forschung und Entwicklung oder in einem der Zentralbereiche. Ideen, von denen wir überzeugt sind, verfolgen wir dabei konsequent, um sie möglichst schnell zu einem Ergebnis zu führen. Diese Einstellung macht uns glaubwürdig und hilft uns, Veränderungen zu meistern. Und auf diese Haltung können sich Kunden genauso wie Mitarbeiter verlassen.

Konkret heißt das für unsere Beschäftigten auch: Sie können sich darauf verlassen, dass unsere Standortinvestitionen gut durchdacht und langfristig angelegt sind – und dass wir sichere Arbeitsplätze bieten. Seit 2004 gibt es an unterschiedlichen deutschen Standorten „Zukunftssicherungsverträge", die Investitionsprogramme festlegen und Arbeitszeiten flexibel auf- und abbauen lassen – je nach Entwicklung des Unternehmens. Alleine in den letzten zehn Jahren haben wir im nordhessischen Melsungen, dem Stammsitz des

Unternehmens, 900 Mio. € in den Ausbau von Produktion und Verwaltung investiert. Das Unternehmen hat sich hier in den letzten Jahren um eine neue hochmoderne Infusionslösungsfertigung, eine Produktion für Dialysegeräte und Infusionspumpen und ein neues Seminar- und Tagungszentrum erweitert – um nur einige Projekte zu nennen.

Für mich sind die Zukunftssicherungsverträge ein gelebtes Zeichen von Wertschätzung und Vertrauen zwischen der Unternehmensleitung und den Mitarbeitern. Wir müssen uns aufeinander verlassen können, damit dieses Investitionsprogramm gut funktioniert. Die Mitarbeiter vertrauen darauf, dass wir durch die Investitionen nicht nur die wachsende Nachfrage nach unseren Produkten befriedigen und damit den Umsatz steigern, sondern dass sie schließlich selbst davon profitieren. Betriebsrat und Unternehmensleitung verlassen sich darauf, dass jeder Mitarbeiter die Vereinbarung mitträgt und bereit ist, bei Bedarf flexibel mehr zu leisten. Bisher hat sich dieses gegenseitige Vertrauen für die Beschäftigten im Hinblick auf die Sicherheit ihrer Arbeitsplätze auf jeden Fall gelohnt: Dank unseres Vertrages haben wir Arbeitsplätze auf- statt abgebaut – mehr als 2000 in den letzten zehn Jahren. Auch für die nachfolgenden Generationen hat B. Braun etwas getan und in diesem Zeitraum die Zahl der Ausbildungsplätze in Deutschland um 60 % auf über 700 gesteigert.

Über die Sicherung „heimischer" Standorte dürfen wir aber nicht vergessen, dass Internationalisierung unabdingbar ist, um auf dem globalen Gesundheitsmarkt erfolgreich zu sein. Wir brauchen leistungsfähige Niederlassungen mit lokalen Experten in genau den Märkten, die wir weltweit erschließen wollen. Dabei wollen wir aber sicherstellen, dass das Wertefundament von B. Braun – Transparenz, Vertrauen, Wertschätzung – an den neuen Standorten gelebt wird und dass sich auch dort ein stabiles Vertrauensklima herausbilden kann, so wie ich es bei meinen Stationen in den USA und Österreich erlebt habe. In diesem Zusammenhang ist es wichtig, sich auf unsere Herkunft zu besinnen und festzustellen, welche weichen Faktoren der Unternehmensführung im Laufe unserer Geschichte entscheidend für unseren Erfolg waren. Und dann geht es um eine herausfordernde Transferleistung: Wir müssen immer wieder überprüfen, inwieweit diese Faktoren sich durch gesamtgesellschaftliche Entwicklungen verändern und wie sie in anderen (Arbeits-)Kulturen funktionieren, also zum Beispiel fragen: „Was bedeutet eigentlich Vertrauen in den dynamischen Märkten Lateinamerikas oder in der Region Asien/Pazifik?"

B. Braun ist mit seiner Matrixorganisation eher dezentral aufgestellt und lässt den Ländern Spielräume in der Ausgestaltung ihres Geschäfts. Im Sinne von „Sharing Expertise" setzen wir auf einen regelmäßigen fach- und themenbezogenen Austausch, insbesondere mit den internationalen Führungskräften. Sie sollen von Anfang an viel anwendbares Wissen über unser Unternehmen und unsere Werte mitnehmen. Dazu haben wir das „Executive Development Program" gegründet, eine Präsenzschulung mit verschiedenen Modulen, in der internationale Führungskräfte unter anderem mit mir und meinen Vorstandskollegen darüber diskutieren können, wie sie unsere Kultur in ihren Ländern umsetzen können. Dabei ist mir wichtig, dass die Teilnehmer Offenheit erfahren und sehen, dass sie bei ihrer Führungsaufgabe auch ihren eigenen Stil einbringen sollen – denn davon lebt ja ein wachsendes Unternehmen.

In einer der acht Führungsleitlinien von B. Braun wird genau dieses Prinzip vermittelt: „Kommunikation lebt durch Offenheit und Vertrauen. Gemeinsame Werte bilden die Grundlage für unseren Umgang miteinander. Wir fördern eine Kultur, in der Anerkennung vermittelt und Kritik konstruktiv geäußert wird. Konflikte werden offen angesprochen und gemeinsam gelöst." Diese Leitlinie lege ich allen Führungskräften immer wieder ans Herz. Denn vor allem Offenheit, Vertrauen und Besinnung auf die gemeinsamen Werte ermöglichen es, Transformationen zu bewältigen. Und das ist im Prinzip eine Leitlinie, die unabhängig von Kulturen anwendbar ist und die vor 100 Jahren schon genauso gültig war wie heute. Wie bereits erwähnt, glaube ich nicht daran, dass ich als Vorstandsvorsitzender, oder dass überhaupt eine einzelne Person die Unternehmenskultur, oder ein Klima des Vertrauens über eine Leitlinie bestimmen kann. Man kann aber die Werte, für die wir stehen, vorleben und mit gutem Beispiel vorangehen – und das versuche ich jeden Tag: Indem ich offen auf meine Mitarbeiter zugehe und sie nach ihrer Meinung frage, indem ich ihre Leistungen wertschätze, indem ich unser Bürokonzept so lebe, wie jeder andere Mitarbeiter auch und mich nicht in einem Vorstandsbüro mit geschlossenen Türen und Vorzimmer verschanze. Und ich freue mich über jeden Mitarbeiter, der unsere Vertrauenskultur ernst nimmt und dasselbe tut – auf mich zugeht, mich um Rat fragt, mir Rückmeldung gibt.

„Die Vergangenheit hat gezeigt, dass wir die wichtigsten Werkzeuge bereits in den Händen halten: 175 Jahre Erfahrung gepaart mit der Fähigkeit zu steter Erneuerung sowie eine Vielzahl an fortschrittlichen Lösungen und zukunftsorientierten Angeboten für unterschiedlichste Therapiefelder. Unsere Art zu wirtschaften ist zukunftsorientiert und sorgsam. Wir sind stolz auf unsere nachhaltige Unternehmensführung und auf die Kultur des Zusammenhalts innerhalb der globalen ‚B. Braun-Familie'", heißt es in der Konzernstrategie von B. Braun, die unseren unternehmerischen Auftrag bis 2020 beschreibt. Das stabile Fundament unserer Werte wird dazu beitragen, unsere Ziele zu erreichen.

Prof. Dr. Heinz-Walter Große ist Vorstandsvorsitzender der B. Braun Melsungen AG. Die B. Braun Melsungen AG produziert und vertreibt Produkte für den Gesundheitsmarkt. Weltweit sind über 55.000 Menschen in 63 Ländern für B. Braun tätig, 2014 verzeichnete der Konzern einen Umsatz von 5,4 Mrd. €. Prof. Dr. Heinz-Walter Große begann seine berufliche Laufbahn 1978 nach seinem Studium im Fach Betriebswirtschaft an der Universität Göttingen in der Finanzabteilung der B. Braun Melsungen AG, wo er zunächst als Assistent des Finanzvorstandes tätig war. Von 1983 bis 1988 wechselte er zu B. Braun of America Inc., wo er die Position des Direktors Budgeterstellung und Planung und später die des Vice President Material Control innehatte. In dieser Zeit promovierte er auch an der Universität Göttingen zum Thema „Die kurzfristige Rechnungslegung in den USA". 1989 übernahm er als Mitglied der Geschäftsleitung Verantwortung bei der B. Braun Austria GmbH, ab 2003 war er dort als Alleingeschäftsführer tätig. Von 1990 an trug er in dieser Funktion zudem Teilkonzernverantwortung für die Länder Österreich, Umgarn, Tschechische Republik, Slowakei und Rumänien, sowie für den Auf- und Ausbau der B. Braun Länderorganisationen für all B. Braun Sparten, vor allem für den Aufbau der B. Braun-Aktivitäten im Bereich Dialyseprovidergeschäft. 2005 trat Prof. Dr. Große in den Vorstand der B. Braun Melsungen AG ein und wurde im April 2009 Stellvertretender Vorstandsvorsitzender. Am 1. April 2011 übernahm er den Vorstandsvorsitz. 2012 ernannte ihn die Fachhochschule Furtwangen zum Honorarprofessor.

17 Vertrauen gegen Verantwortungsbewusstsein: Schott AG

Basierend auf einem Gespräch mit Frank Heinricht

Tom Sommerlatte und Michael Mollenhauer

Als Dr. Frank Heinricht im Jahr 2013 den Vorstandsvorsitz der SCHOTT AG übernahm, waren viele Augen abwartend bis erwartungsvoll auf ihn gerichtet.

Wie würde sein Einstieg an oberster Spitze in eine von hochspezialisierten Technologien, einer höchst ungewöhnlichen Unternehmensgeschichte und einer Stiftungszugehörigkeit* geprägte Organisation gelingen? Wie würde er den Herausforderungen einer unbefriedigenden Ertragsentwicklung und einer angeschlagenen Unternehmenskultur begegnen? Wie würde er den dringend angesagten Wandel anpacken, ohne Ängste und Widerstände zu schüren?

Der SCHOTT Konzern mit rund 15.500 Mitarbeitern, an die 1,9 Mrd. € Umsatz – 45 % in Europa, 20 % in Nordamerika, 6 % in Südamerika und 26 % in Asien – liefert Spezialgläser und Glaskeramiken in ein breites Spektrum von Industrien (zum Beispiel der Hausgeräte-, Pharma-, Elektronik-, Optischen und Automobil- industrie) – eine Führungsaufgabe hoher Komplexität. Hinzu kommt, dass die SCHOTT AG als Stiftungsunternehmen der Carl- Zeiss-Stiftung einem besonderen Auftrag der sozialen und gesellschaftlichen Verantwortung gerecht werden muss.

- Der Teilhaber der aufstrebenden Unternehmen von Carl Zeiss und Otto Schott, der Physiker Ernst Karl Abbe, gründete 1889 die Carl-Zeiss-Stiftung, in die er seine Anteile an den Unternehmen Zeiss und Schott einbrachte. Carl Zeiss war schon verstor-

---

T. Sommerlatte (✉)
Trust Management Institut e.V., Wiesbaden, Deutschland
E-Mail: tsommerlatte@trust-management-institute.com

M. Mollenhauer
mmc AG, Wiesbaden, Deutschland
E-Mail: info@mmc.ag

© Springer-Verlag Berlin Heidelberg 2016
T. Sommerlatte, F. Keuper (Hrsg.), *Vertrauensbasierte Führung*,
DOI 10.1007/978-3-662-46233-1_17

ben, Otto Schott trug Abbes weitreichende Ideen vorbehaltlos mit. Die Stiftungsbetriebe sollten sich als Innovations- und Technologieführer auf den Gebieten Optik und Spezialglas behaupten und eine ausgeprägte soziale Verantwortung für die Mitarbeiter wahrnehmen. Aus den Gewinnen sollten die Wissenschaft und gemeinnützige Zwecke gefördert werden.

Abbe verstand industrielle Tätigkeit als gesellschaftliche Aufgabe. Dabei ging es ihm um ein Bündnis von Geschäftsleitung und Belegschaft.

2004 erfolgte die Ausgliederung der beiden Unternehmen aus der Stiftung und ihre Überführung in rechtliche selbständige AGs, bei denen die Carl-Zeiss-Stiftung seitdem 100 % der Aktien hält.

Nach anderthalb Jahren konnte der Dreiervorstand unter Dr. Heinrichts Vorsitz im Geschäftsbericht 2013/2014 vermelden, dass wesentliche Strukturveränderungen erfolgreich abgeschlossen wurden, dass die Ertragskraft trotz eines schwieriger gewordenen Umfelds gesteigert wurde und dass die SCHOTT AG sich auf dem Weg zu einer neuen, modernen Unternehmenskultur befindet.

Diese Entwicklung hat sich seitdem beschleunigt fortgesetzt und zu spürbar neuen Verhaltensweisen geführt, die auf gegenseitigem Vertrauen und Verantwortungsbewusstsein beruhen.

Welche Führungskonzeption Dr. Heinrichts liegt diesem Wandel zugrunde?

17.1 Werteorientierte Führungskonzeption

Für Dr. Heinricht ist gegenseitiges Respektieren und Vertrauen ein integraler Bestandteil eines Wertekanons, zu dem ebenso Verantwortungsbewusstsein, unternehmerisches Denken und Handeln sowie kundenorientierte Innovationsbereitschaft gehören.

Vertrauensbasierte Führung betrachtet er als Überzeugungsthema, ebenso wie er Respekt aus Überzeugung pflegt. Beide Führungsattribute gewinnen seiner Einschätzung nach heute wieder stärkere Bedeutung als Erfolgsfaktoren in der Wirtschaft, weil die Komplexität des wirtschaftlichen Geschehens ohne sie kaum noch zu bewältigen wäre.

Seine Führungsaufgabe sieht er darin, nicht einen einzelnen dieser Werte in den Vordergrund zu rücken, sondern den Zusammenhang bewusst zu machen: Vertrauen ist ohne verantwortungsvolles Handeln derer, denen Vertrauen entgegen gebracht wird, nicht möglich, genauso wie unternehmerisches Denken und Handeln und Innovationen ohne Vertrauen ebenso wenig zustande kommt.

Die Unternehmensführung muss, so Dr. Heinricht, je nach Entwicklungsphase des Unternehmens oder von Teilen davon die für diese Phase entscheidenden Werte besonders ins Bewusstsein rücken.

So haben Vertrauensbeziehungen im SCHOTT Konzern besondere Bedeutung, weil angesichts der globalen Präsenz und des breiten Spektrums der Geschäfte und ihren speziellen Anforderungen individuelles unternehmerisches Handeln mit hohem Verantwortungsbewusstsein entscheidend ist.

Die handelnden Personen in ihrem jeweiligen operativen Bereich haben daher im Zuge der Neuausrichtung der SCHOTT AG den Freiraum und Verantwortung übertragen bekommen, die sie nun unternehmerisch nutzen können.

Voraussetzung für die Gegenseitigkeit von Vertrauen – Vertrauensbereitschaft und Vertrauenswürdigkeit – sind in der Führungskonzeption von Dr. Heinricht gegenseitiger Respekt und die Anerkennung regionaler kultureller Besonderheiten sowie Transparenz der Zielsetzungen und Zielerreichung.

Der Begriff Key Performance Indicators (KPI) hat bei der SCHOTT AG eine um den Wertekanon erweiterte Bedeutung erhalten – er beinhaltet nicht nur konkrete Wachstums- und Ertragsziele, sondern auch Aspekte wie Kunden- und Mitarbeiterzufriedenheit, Innovationsbeitrag u. a.

Offene Kommunikation und Diskussion dient in der Führungskonzeption der SCHOTT AG nicht nur der Unternehmenssteuerung sondern ebenso der Interaktion der Bereiche bei gemeinsamen Entwicklungen und gegenseitigen Befruchtungen. Die SCHOTT AG betrachtet sich als „Connected Company", deren innere Synergien auf Transparenz, Vertrauensbildung und Teamverhalten beruhen.

17.2 Auswirkungen der Vertrauensbildung

Welches sind die sichtbaren Früchte der sich wandelnden Führungs- und Unternehmenskultur?

Der Schub bei der Wachstums- und Ertragsentwicklung bei den meisten Geschäftsbereichen geht, so Dr. Heinricht, auf den 2013 begonnenen weitreichenden Veränderungsprozess der SCHOTT AG zurück. In gemeinsamer Arbeit von Vorstand, Group Executive Committee (Vorstand plus Leiter der Business Units und Functions) und ausgewählten Experten wurden ein strategischer Rahmen für die zukünftige Unternehmensentwicklung und Leitlinien für die Strukturen und Prinzipien der Unternehmensführung und Zusammenarbeit erarbeitet. Ein zentrales Element der strategischen Neuausrichtung bildet ein aktives und systematisches Portfoliomanagement mit der Strukturierung der Geschäfte nach Endmärkten in über 30 Strategic Business Fields. Seitdem entwickeln diese strategischen Geschäftsfelder ihre Einzelstrategien, und zwar nach standardisierten Vorgaben. Sie kennen die spezifischen Anforderungen der Märkte und Kunden am besten und können deshalb genauer sehen, wo es Wachstumschancen gibt und wo nicht, als es eine zentrale Autorität auf der Ebene der Business Units oder des Vorstandes vermag. Dieser neue Führungsansatz führt zu einem klaren und konsequenten Handeln und einer hohen unternehmerischen Dynamik.

17.3 Entwicklung des Vertrauensklimas

Dr. Heinricht erlebt das inzwischen reaktivierte Vertrauensklima im Unternehmen durch die Art und Weise, wie die Mitarbeiter zusammenarbeiten. Er erlebt die zunehmende Offenheit der Diskussionen und erhält ein stärker an nachvollziehbaren Fakten orientiertes

Bild der Lage als am Anfang. Er nennt es „Reaktivierung" des Vertrauensklimas, weil Vertrauen eigentlich in der DNA von SCHOTT immer verankert gewesen war.

Diese Reaktivierung stellte bisher einen großen Teil der Umbauarbeit Dr. Heinrichts dar.

Inzwischen werden die Werte „Einander respektieren", „Verantwortungsvoll handeln", „Werte schaffen" und „Innovationen vorantreiben" stärker und bewusster gelebt und die Rollen und Verantwortungsbereiche von Vorstand, Group Executive Committee sowie Business Units und Functions sind klar geregelt, so dass sich die neue Vertrauensbasis immer stärker festigen kann.

Eine konzernweite Mitarbeiterbefragung hat zurückgespiegelt, dass diese Neuausrichtung bei den Mitarbeitern gut ankommt, dass das Konzept verstanden ist und zunehmend zu einem vertrauensbasierten Verhalten führt.

Denn die Vertrauensbereitschaft in das verantwortungsvolle Verhalten der operativen Einheiten und Functions erzeugt auch einen spürbaren Rückstrom in Form eines wachsenden Vertrauens der Mitarbeiter in die Unternehmensführung. Nachvollziehbare sachorientierte Entscheidungen, eine teamorientierte Führungskultur und eine offene Diskussionskultur führen zur schnelleren Umsetzung von Entscheidungen, wobei die regionalen Kulturunterschiede und spezifischen Standortbedingungen angemessene Berücksichtigung finden.

Eine faktenbasierte Bewertung der Sachlage und Ehrlichkeit und Glaubwürdigkeit in der Kommunikation sowie Verständnis und Akzeptanz der Maßnahmen auch in schwierigen Situationen sind für Dr. Heinricht der entscheidende Prüfstein der gegenseitigen Vertrauensbasis.

Ein solcher Prüfstein waren einschneidende Maßnahmen in der Produktion von Solarreceivern für solarthermische Kraftwerke. Sie wurden erforderlich, weil der Bau von Solarkraftwerken in Europa und in den USA stark zurückgeht, während die Nachfrage in neuen Märkten wie Indien, China und Südafrika nicht ausreicht, um die Lücke zu schließen. Die Receiver-Produktion in Deutschland wurde daher in Abstimmung mit den Sozialpartnern auf unbestimmte Zeit stillgelegt.

Voraussetzung für die vertrauensvolle Verbundenheit von Unternehmensführung und Mitarbeitern ist offene und glaubwürdige Kommunikation.

Dazu dient die regelmäßige Managementinformationskaskade (MIK) nach Vorstandssitzungen. Dabei werden alle Mitarbeiter weltweit über alle Ebenen hinweg in einer kaskadenförmigen Top-Down-Kommunikation über die aktuelle geschäftliche Entwicklung sowie ausgewählte Themen und Entscheidungen aus der Vorstandssitzung informiert. In der Mitarbeiterbefragung wurde deutlich, welchen hohen Beitrag diese Managementinformationskaskade zur Verbundenheit der Mitarbeiter mit dem Unternehmen leistet.

In der Veranstaltungsreihe „SCHOTT Insight", die drei- bis viermal im Jahr für Führungskräfte stattfindet, berichten Mitglieder des Vorstands über die Entwicklung und strategische Themen des Unternehmens und stellen sich auch der Diskussion. Diese Veranstaltung wird per Live-Stream über das SCHOTT Intranet in die ganze SCHOTT Welt übertragen. Nach den „SCHOTT Insight" Veranstaltungen geben die Führungskräfte auch die hier kommunizierten Inhalte per Top-Down-Information an die übrigen Mitarbeiter weiter. Auch hier stehen die Führungskräfte der verschiedenen Führungsebenen Rede und Antwort über die Entwicklung des Unternehmens. Dadurch werden die Informationen im Dialog bis hin zum „Werker" weitergetragen und diskutiert.

Auch der regelmäßige persönliche Gedankenaustausch des Vorstandsvorsitzenden mit potenziellen Nachwuchsführungskräften des Unternehmens trägt dazu bei, dass das Vertrauensklima im Unternehmen immer wieder neue Impulse erhält.

Ein weiterer Beitrag im Sinne der „Connected Company" bietet ein Kommunikationstool im Intranet, in dem Mitarbeiter abteilungs- und standortübergreifend sogenannte „Crews" bilden können, um projekt- oder themenbezogen zusammenzuarbeiten.

17.4 Führungskräfteentwicklung

Der 2013 begonnene Kulturwandel erfordert, dass die zugrunde liegenden Werte im Unternehmen immer wieder bewusst gemacht werden. Dass sie von den Führungskräften auf allen Führungsebenen durch ihr Verhalten und Handeln vorgelebt werden, ist für Dr. Heinricht die alles entscheidende Basis dafür. „Walk the talk" praktiziert er selber tagtäglich.

Eine besondere Anforderung besteht in der Vermittlung der Werte an von außen neu gewonnene Führungskräfte. Die SCHOTT AG verfügt zwar über Assessment-Tools für die Bewertung und Auslese von Kandidaten, sowie über Programme der Führungskräfte-Schulung und eine einsichtige und schlüssige Dokumentation der erarbeiteten Mission, Vision, Ziele und Werte in Form eines „SCHOTT Strategy Framework", aber Dr. Heinricht vertraut darüber hinaus auf die Sozialisierung der Neuen durch die vorhandenen und bereits mit den Werten lebenden Kollegen.

Was Dr. Heinricht für falsch hält und daher nicht praktiziert, ist das Überspringen von Führungsebenen mit persönlichen Anweisungen und Botschaften an Mitarbeiter, weil es das Vertrauensverhältnis zwischen den Mitarbeitern und ihren direkten Vorgesetzten untergraben kann. Gleichwohl nutzt er informelle Gespräche mit Mitarbeitern, um selbst zu erfahren, wie die Management-Informationskaskade funktioniert.

17.5 Vertrauen im Verhältnis zum Umfeld

Dr. Heinricht misst der Vertrauenswürdigkeit seines Unternehmens in den Augen der Kunden und der Gesellschaft eine sehr hohe Bedeutung bei.

Was das Verhältnis zu den Kunden anbetrifft, die im Fall der SCHOTT AG weitgehend B2B-Kunden sind, so stellen Qualität, Liefertreue und Innovationsleistung entscheidende Vertrauensfaktoren dar. Durch Kundenbefragungen wird systematisch ermittelt, wie die Kunden SCHOTT sehen und in wieweit das Fremdbild dem Selbstbild, der Eigeneinschätzung entspricht. Das Attribut Vertrauenswürdigkeit erweist sich als immer bedeutungsvollerer Bestandteil des Markenwertes, es wird umso wettbewerbswirksamer, je einzigartiger die von SCHOTT gebotenen Lösungen sind. Dazu gehört, dass die Mitarbeiter von SCHOTT schnell, flexibel und innovativ auf die Kundenbedürfnisse reagieren. Dr. Heinricht sieht Innovation als den größten Wachstumstreiber für das Unternehmen an.

Kundenorientierung, Schnelligkeit, Flexibilität und hohe Innovationsleistung, basierend auf einer starken Vertrauenskultur, betrachtet er als die entscheidenden Faktoren für eine nachhaltige Entwicklung, Wachstum und langfristigen Erfolg.

Was das Verhältnis der SCHOTT AG zum gesellschaftlichen Umfeld anbetrifft, so wurde dem Unternehmen vom Gründer der Carl-Zeiss-Stiftung, Ernst Abbe, und seinem Partner Otto Schott schon vor über 125 Jahren eine hohe gesellschaftliche Verantwortung – heute Corporate Social Responsibility – „ins Gebetbuch geschrieben", wie Dr. Heinricht es nennt.

Das heißt zum einen, dass Dividenden des Unternehmens nach bestimmten Vorgaben dem Alleinaktionär Carl-Zeiss-Stiftung zufließen, der damit Forschung und Entwicklung auf naturwissenschaftlichen Gebieten an Universitäten und in Forschungsinstituten fördert. Zum anderen, dass sich das Unternehmen und seine Mitarbeiter in beispielhafter Weise soziales Engagement und Verantwortung für die Gesellschaft auf die Fahnen geschrieben haben. So spenden viele SCHOTT-Mitarbeiter in Deutschland regelmäßig die Cent-Beträge ihrer monatlichen Gehaltsabrechnung für soziale Zwecke. So organisiert das Unternehmen seit zehn Jahren den „Run for Children", einen Benefizlauf, dessen Erlös gemeinnützigen Organisationen zu Gute kommt, die kranke, behinderte und sozial benachteiligte Kinder unterstützen. Auch viele SCHOTT Standorte außerhalb von Deutschland engagieren sich in vielfältiger Weise für ihr gesellschaftliches Umfeld.

2014 wurde „SCHOTT goes Family" als erstes konzernweites internes Corporate Social Responsibility Projekt etabliert. Bei diesem internationalen Austauschprogramm können sich Kinder von Mitarbeitern im Alter von 14 bis 19 Jahren gegenseitig für jeweils zwei Wochen besuchen und so andere Kulturen kennenlernen und internationale Erfahrungen sammeln.

Die Vereinbarkeit von Familie und Beruf ist ebenso ein fester Bestandteil der Unternehmenskultur. SCHOTT legt großen Wert auf eine familienbewusste Personalpolitik. Die Zertifizierung im Rahmen des „audit berufundfamilie", einer Initiative der gemeinnützigen Hertie-Stiftung, dokumentiert, dass SCHOTT die Familienbelange der Mitarbeiter mit den beruflichen Anforderungen gut in Einklang bringt.

Das so bewiesene Verantwortungsbewusstsein des Unternehmens für das soziale und gesellschaftliche Umfeld und das Wohl der Mitarbeiter bewirkt, dessen ist sich Dr. Heinricht sicher, dass die Vertrauensbasis mit den Mitarbeitern und deren Verantwortungsgefühl für den Erfolg ihres Unternehmens eine sich verstärkende Wechselbeziehung eingehen.

Prof. Dr. Tom Sommerlatte ist Vorsitzender des Vorstands des Trust Management Instituts e.V., das es sich zur Aufgabe gemacht hat, die Ergebnisse der Vertrauensforschung in die unternehmerische Praxis zu überführen. Dr. Sommerlatte ist Chairman des Advisory Board des internationalen Consulting-Unternehmens Arthur D. Little GmbH und Mitglied verschiedener Aufsichts- und Beiräte. Viele Jahre lang war er Managing Director der europäischen Aktivitäten und Senior Vice President der Muttergesellschaft von Arthur D. Little. Er ist Autor einer Reihe von Büchern zu Themen des Strategie- und Innovationsmanagements und Mitherausgeber des Buchs

„Quintessenz der Vertrauensbildung". Er promovierte an der Université de Paris auf dem Gebiet der Verfahrenstechnik und erwarb den Master of Business Administration am Europäischen Institut für Unternehmensführung, INSEAD. An der Universität Kassel hält er eine Honorarprofessur auf dem Gebiet des Systemdesigns.

Michael Mollenhauer ist Vorstand und Managing Partner der mmc AG, einem Beratungsunternehmen mit Fokus auf Strategieumsetzung. Er hat mehr als 35 Jahre Führungs- und Beratungserfahrung in Hunderten von Projekten und sehr verschiedenen Unternehmenssituationen. Wichtiger jedoch als seine Erfahrungswerte ist für Michael Mollenhauer das „Gespür" dafür geworden, was geht und auch was nicht geht, und welcher Ansatz geeignet ist, um Menschen und ihre Potenziale für gelungene Strategieumsetzung zu aktivieren. Bei den strategischen Vorhaben seiner Mandanten nimmt er, je nach Aufgabenstellung, unterschiedliche Rollen ein: sei es als Projektmanager, Business Coach, Moderator oder als Mediator. Seine beruflichen Stationen umfassen Unternehmen wie Nestlé, Arthur D. Little, A. T. Kearney und in 2001 die Gründung der mmc AG. In seiner Funktion als Vorstand des Trust Management Institutes arbeitet er an der Brücke zwischen Wissenschaft und Unternehmenspraxis der internationalen Vertrauensforschung mit. Er studierte Betriebswirtschaft an der Goethe-Universität Frankfurt mit Abschluss: Diplom Kaufmann.

Dr. Frank Heinricht wurde 2013 zum Vorsitzenden des Vorstandes der Schott AG berufen. Er ist für die Business Units Advanced Optics & Materials, Electronic Packaging, Pharmaceutical Systems und Tubing sowie für die Corporate Functions Compliance/Legal, Human Resources, Marketing and Communication und Strategic Development verantwortlich. Nach dem Studium der Physik und der Promotion zum Dr.-Ing. an der Technischen Universität in Berlin begann er 1992 seine Laufbahn bei der Temic Semiconductors, wo er nach einer Trainee-Zeit zunächst Projektmanager und Werksleiter wurde, um dann 1995 General Manager für integrierte Schaltkreise und 1998 Chief Executive Officer zu werden. 2003 wechselte er zur Heraeus Holding GmbH, wo er als Chief Operating and Technology Officer Mitglied der Geschäftsleitung und 2008 Vorsitzender der Geschäftsführung wurde. 2013 übernahm er seine heutige Aufgabe bei der Schott AG.

Teil III
Schlussbetrachtung

Reflexion 18

Frank Keuper und Tom Sommerlatte

Wir haben aus dem Leben gegriffene Fälle von Unternehmen vor Augen geführt bekommen, über die uns jeweils der Mann an der Spitze – selbst oder per autorisierter Wiedergabe eines eingehenden Gesprächs mit ihm – etwas zur Bedeutung von Vertrauen für das Geschehen in seinem Unternehmen und für dessen Entwicklung mitgeteilt hat.

Wie in Kap. 2 „Vertrauen – ein ‚weicher' oder ‚harter' Faktor?" ausgeführt, ging es uns in diesem Buch darum, den konkreten und berechtigten Fragen vieler vertrauensskeptischer Führungspraktiker nachzugehen, auf die sie in der bisher vorliegenden (umfangreichen) Vertrauensliteratur nur eher theoretische oder philosophische Antworten erhalten konnten:

- Sind die Auswirkungen von Vertrauen auf die Performance von Unternehmen nachweisbar?
- Ist Vertrauensklima gestaltbar?
- Wie kann der Übergang zu einer vertrauensbasierten Organisation bewirkt werden?

Die alles überragende Erkenntnis aus den Aussagen der zu Wort gekommenen Führungspraktiker ist, dass zwischen ihrem Verhältnis zum Phänomen Vertrauen, aus dem sich ihre persönliche Vertrauenswürdigkeit und Vertrauensbereitschaft ableiten lassen, und dem Vertrauensklima ihres Unternehmens in allen Unternehmensbeispielen eine enge Wechselbeziehung deutlich wird.

F. Keuper (✉)
Steinbeis Center of Strategic Management, Steinbeis-Hochschule Berlin,
Hamburg, Deutschland
E-Mail: dr.keuper@t-online.de

T. Sommerlatte
Trust Management Institut e.V., Wiesbaden, Deutschland
E-Mail: tsommerlatte@trust-management-institute.com

© Springer-Verlag Berlin Heidelberg 2016
T. Sommerlatte, F. Keuper (Hrsg.), *Vertrauensbasierte Führung*,
DOI 10.1007/978-3-662-46233-1_18

Wir wollen daher zunächst die in Kap. 3 „Das Vertrauensprofil von Führungskräften und das Vertrauensklima von Organisationen" beschriebenen Indikatoren des Vertrauensprofils von Führungskräften heranziehen, um die wesentlichen Gemeinsamkeiten der Unternehmerautoren in puncto Vertrauensprofil zu charakterisieren. Im Anschluss daran wollen wir die Merkmale des Vertrauensklimas in den betrachteten Unternehmen als Ergebnis vertrauensbasierter Führung unter die Lupe nehmen, um auch hier Gemeinsamkeiten aufzuzeigen. Schließlich wollen wir die Aussagen der Autoren über die Auswirkungen von Vertrauern auf die von ihnen genannten Performance-Merkmale ihrer Unternehmen untersuchen, um daraus die Konklusionen zu ziehen.

18.1 Vertrauensprofile der Unternehmerautoren

18.1.1 Selbstvertrauen

Bei allen Autoren ist das profunde Selbstvertrauen in ihre ethische Überzeugung und die daraus entspringenden Werte die entscheidende Basis ihres Tuns und Wollens.

Wie auch immer diese ethische Überzeugung entstanden ist, in den meisten Fällen von früher Jugend an, so resultierte daraus ihr starker Wille, auch in schwierigen Situationen sittlich zu handeln, bei persönlichem Erfolg nicht abzuheben, sondern die ihnen anvertrauten Menschen wertzuschätzen, um sie vertrauensvoll führen zu können.

Dahinter steht bei ihnen die Erkenntnis, dass Wertschätzung und faire Behandlung der Menschen deren Potenziale in oft unerwarteter Weise zur Entfaltung kommen lassen und dass dafür bestimmte Werte der Führung ausschlaggebend sind, nämlich Offenheit, Glaubwürdigkeit und Bescheidenheit, aber auch Mut und Vision.

Ihre dadurch gewonnene Vertrauenswürdigkeit nach innen und außen betrachten die Autoren als Voraussetzung, um vertrauensbasiert führen zu können. Dazu gehört ihre Grundüberzeugung, dass Führung nicht durch Kontrolle der Geführten, sondern durch Vertrauensbereitschaft erfolgreich ist, in der Erwartung, dass „die Menschen von sich aus das Richtige tun wollen" und bestrebt sind, durch Verantwortungsbewusstsein das ihnen entgegen gebrachte Vertrauen zu rechtfertigen.

Denn vertrauensbasierte Führung weckt und stimuliert, so die Autoren, die intrinsische Motivation der Mitarbeiter, etwas Sinnvolles für andere leisten zu wollen, gemeinsam für andere tätig zu sein.

Das so geartete Selbstvertrauen der Führenden fußt auf einem Menschenbild und einer Unternehmensvision, in denen das gemeinsame Wirken der Mitarbeiter im Mittelpunkt steht, nicht als reine Leistungserbringer, sondern als Individuen, die selbstverantwortlich zu agieren bereit und fähig sind.

Diese Vertrauensbildung zwischen den Beteiligten erfordert aus der Erfahrung der Autoren Zeit, um ein gemeinsames Wertegerüst zu bilden, zu dem gegenseitige Wertschätzung und Verantwortungsbewusstsein für das längerfristige Unternehmenswohl gehören.

Denn Vertrauensbereitschaft ist im Selbstbewusstsein der Autoren nicht selbstlos – vertrauensbasierter Respekt für die Menschen und verantwortungsbasierte erfolgsorientierte Steuerung sehen sie als zusammengehörend und sich gegenseitig stützend an. Ehrliches Feedback und Orientierungshilfe in schwierigen Phasen sind Bestandteil dieser Führungsverantwortung.

Die Autoren halten es für elementar, die aus ihrer ethischen Überzeugung entstammenden Werte vorzuleben und ihre Überzeugung täglich neu zu beweisen. Sie haben die Erfahrung gemacht, dass sich ethisch fundiertes Verhalten mittel- und langfristig auszahlt und einen wichtigen Beitrag zu ihrem eigenen Erfolg geleistet hat.

Von diesem Selbstvertrauen getragen, brauchen sich die Autoren in ihrem Führungsverhalten nicht zu profilieren, sie können in selbstsicherer Gelassenheit der sein, der sie sind. Einige der Autoren betonen, dass dazu auch eine gesunde Work-Life-Balance gehört, bei ihnen selbst und bei ihren Mitarbeitern.

18.1.2 Zwischenmenschliche Beziehungen

In ihren zwischenmenschlichen Beziehungen zu Peers, Führungskräften und Mitarbeitern vertrauen die Autoren auf die Eigeninitiative und Orientierungsfähigkeit der anderen und darauf, dass ihr eigener Führungsstil abfärbt. Sie praktizieren ein aktives Controlling, das dem Steuern und Befähigen ihrer Mitarbeiter im gegenseitigen Vertrauen dient, und kultivieren ihre zwischenmenschlichen Beziehungen unabhängig von hierarchischen Stellungen. Dabei sind sie sich des Bedürfnisses ihrer Mitarbeiter nach einer emotionalen Beziehung über die funktionale Rolle hinaus bewusst. Den Menschen Vertrauen entgegen zu bringen, hat für die Autoren über die berufliche Dimension hinaus daher eine menschliche. Um dem gerecht zu werden, bieten sie verschiedene Plattformen des direkten Austauschs an, in denen die Mitarbeiter ihre Ideen, aber auch ihre Kritik und Sorgen vorbringen können. Zielbewertungsprozesse für Führungskräfte auf allen Ebenen dienen dazu, ihnen individuelle Qualifizierungsmaßnahmen anzubieten. Das setzt nach Ansicht der Autoren voraus, dass immer der Respekt gegenüber den Führungskräften im sachlichen und persönlichen Dialog deutlich wird, denn kritisches Feedback darf nicht ihr selbständiges und produktives Arbeiten in Frage stellen.

18.1.3 Vertrauen im Team

Die Autoren betonen, dass ihre Agilität, mit der sie Umsicht, Mut und ihr Vertrauen in den Erfolg der Unternehmensvision vorleben, wesentlich für die Bildung eines starken Teamgeistes ist, der sich in immer wieder auftretenden schwierigen Phasen, beispielsweise bei innovativen Projekten, als besonders wichtig erweist. Dazu muss Führung sichtbar und nachvollziehbar sein und ausreichende Kenntnis für langfristige Entscheidungen beweisen, sie muss in einem kooperativen, integrativen Stil unter Einbeziehung aller relevanten

Players erfolgen, um Teams zu befähigen, an einem Strang zu ziehen und in eigener Initiative und mit ihrer intrinsischen Motivation zu agieren. Junge Führungskräfte ermutigen die Autoren von Anfang an, sich intensiv mit Vertrauensbildung im Team auseinanderzusetzen. Dabei gilt es, zwischen echtem Vertrauen und Effekthascherei zu unterscheiden.

Ziel der Autoren ist es, ihre teamorientierte Unternehmensidee zu verwirklichen, in der selbstständig denkende und eigenverantwortlich handelnde Menschen gemeinsam tätig sind. Der Erfolg stellt sich, so die Autoren, dann von alleine ein.

18.1.4 Vertrauen in kritischen Situationen

Ein wichtiges Feld vertrauensbasierter Führung ist die Herstellung vertrauensvoller funktions- und bereichsübergreifender Kooperation im Unternehmen. Von Mitarbeitern, die auf das Vertrauensangebot nicht eingehen, sondern in Gegnerschaft verharren, trennen sich die Autoren so umgehend wie möglich, um das Vertrauensklima in der Organisation nicht unterminieren zu lassen. Offenheit der wechselseitigen Kommunikation und eine solide Vertrauensbasis bewirken in kritischen Situationen, dass die Führungskräfte Probleme in ihrem Verantwortungsbereich in einem frühen Stadium vorbringen, so dass gemeinsam mit der Geschäftsführung Abhilfe geschaffen werden kann. Auch hier bewirken Transparenz und vertrauensbasierte Führung, dass kritisches Feedback nicht zur Defensive, sondern dank Dialogorientierung zu weiterem selbstständigen und kreativ-produktiven Arbeiten führt.

18.2 Vertrauensklima

Die Vertrauensprofile der Verantwortlichen an der Spitze eines Unternehmens und seiner Führungskräfte auf den verschiedenen Ebenen und in den einzelnen Verantwortungsbereichen spielen, mehr oder weniger aufeinander abgestimmt, zusammen und bewirken in der Organisation, das in der bewussten und unbewussten Wahrnehmung der Mitarbeiter wirkende Vertrauensklima, das ihr Verhalten in starkem Maß mitbestimmt. Dieser Zusammenhang wird in den betrachteten Unternehmen deswegen besonders deutlich, weil sich infolge des stark ausgeprägten Vertrauensprofils der Unternehmerautoren auch eine starke Prägung des Vertrauensklimas feststellen lässt. Die hierfür determinierenden Indikatoren werden in der folgenden Querschnittsbetrachtung den 6 Fragen zugeordnet, die in Kap. 3 „Das Vertrauensprofil von Führungskräften und das Vertrauensklima von Organisationen" als Bewertungsmesslatte für das Vertrauensklima einer Organisation erläutert wurden:

- Wie offen und glaubwürdig wird kommuniziert?
- Wie verlässlich funktioniert das Unternehmen?
- Welche Perspektive hat das Unternehmen?

- Wie stehen die Mitarbeiter zu ihrem Unternehmen?
- Wie hoch ist die Wertschätzung durch das Unternehmen?
- Wie ausgeprägt ist das Gemeinschaftsgefühl?

18.2.1 Wie offen und glaubwürdig wird kommuniziert?

In den betrachteten Unternehmen kommuniziert die Unternehmensleitung explizit in die Organisation hinein, welchen hohen Wert sie Vertrauen in die Zusammenarbeit und die erfolgreiche Entwicklung des Unternehmens beimisst. Sie baut darauf, dass die Mitarbeiter das in sie gesetzte Vertrauen nicht missbrauchen und wahrt ein ausgewogenes Verhältnis von Vertrauensbereitschaft und faktischer Steuerung der Leistungserbringung.

Den Mitarbeitern werden Aufgabenbereiche anvertraut, nicht nur Jobs gegeben, mit denen sie eine für sie erkennbar wichtige Rolle für das Unternehmen spielen und bei deren verantwortungsvoller Bearbeitung sie immer auf die nötige Unterstützung bauen können.

Das Verhältnis zwischen effizienzorientierten Strukturen und Offenheit der Kommunikation über Ebenen und Bereiche hinweg ist von einem hohen Freiheitsgrad der Kommunikation geprägt. Die Kommunikation ist ehrlich und respektvoll.

Durch häufige persönliche Begegnungen der Unternehmensleitung mit den Führungskräften und Mitarbeitern wird das Bewusstsein aller aufrechterhalten, wie wichtig vertrauensvolles und verantwortungsbewusstes Mit- und Zusammenwirken für das Unternehmen ist.

Dass die Mitarbeiter der wichtigste Erfolgsfaktor des Unternehmens sind, hat sich in den betrachteten Unternehmen auch in schwierigen Zeiten als glaubwürdig erwiesen und das Vertrauensklima gefestigt.

Zu den wichtigsten Kernkompetenzen der Führungskräfte gehört in diesem Umfeld die Fähigkeit, zu vermitteln und die Menschen zu kooperativem Verhalten zu motivieren. Dazu dienen die offene direkte Kommunikation und intensiver Erfahrungsaustausch. Dabei muss Kooperations- und Vertrauensbereitschaft von oben nach unten gelebt werden, um zur Bildung eines nachhaltigen Vertrauensklimas zu führen.

Die Unternehmensstrategie und die Unternehmensziele werden in den betrachteten Unternehmen kontinuierlich vermittelt. Ziel ist die Transparenz der Unternehmenssituation, aber auch das Einholen von Anregungen und Kritik.

Dazu werden vielfältige Kommunikationsformen genutzt: Intranet-Foren, Betriebsversammlungen, Zukunftskonferenzen, Mitarbeiter-Dialoge, Mitarbeiterzeitung, Informationsbroschüren und Strategie-Schulungen u. a. m.

Die Unternehmen verfolgen die Philosophie, dass zusätzlich zu fachlicher Führung und Leistung eine überfachliche Führung zur Förderung von Zusammenarbeit und unternehmerischem Denken gehört, die auch der Stärkung des Wir-Gefühls dient.

Vom Vorgesetzten spürbar geschätzt zu werden, bewirkt, dass die Menschen Freude an ihrer Arbeit haben. Dem Autoritätsbedürfnis mancher Mitarbeiter geben die Führungskräfte in den betrachteten Unternehmen nicht nach, sie sprechen stattdessen immer wieder das Selbstvertrauen der Mitarbeiter an, denen sie Können und Leistung zutrauen und denen gegenüber sie sich Offenheit und Zugänglichkeit erhalten.

Vertrauensbasierte Führung betrachtet das Unternehmen als Lerngemeinschaft für Menschen, die gemeinsam aus der inneren Haltung der Wertschätzung für einander und die Kunden eine hohe Wertschöpfung erbringen wollen. Ihre Ideen dazu werden stimuliert und im Rahmen einer gemeinsamen Vision weiterverfolgt. Das beste Argument zählt, unabhängig davon, wer es in die Diskussion eingebracht hat. Daraus entsteht eine Atmosphäre, in der die Mitarbeiter bereit sind, ihre Ideen und Meinungen vorzubringen. Vertrauen zeigt sich darin, wie direkt, aber auch respektvoll in den betrachteten Unternehmen mit Fehlern und Konflikten umgegangen wird. Konflikte werden offen ausgesprochen und gemeinsam gelöst.

Den Mitarbeitern wird zeitnaher und umfänglicher Zugang zu Informationen gewährt, sie haben Anspruch auf alle Informationen des Unternehmens, die nicht ausdrücklich als vertraulich oder datenschutzwürdig gekennzeichnet sind. Diese Informationsgroßzügigkeit, die auf allen Ebenen besteht, schafft Glaubwürdigkeit und Sicherheit und vermittelt den Mitarbeitern das Selbstbild, mündiger Teil des Unternehmens zu sein. Allerdings müssen die Mitarbeiter Verständnis dafür aufbringen, dass die interne Offenheit mit den Anforderungen taktischen Informationsverhaltens des Unternehmens gegenüber dem Kapitalmarkt vereinbar sein muss und daher gewisse Grenzen hat.

In den Unternehmen gibt es mit dem Betriebsrat verabschiedete Leitlinien, die die vertrauensvolle Zusammenarbeit, die offene Kommunikation, die Transparenz von Informationen und faire Geschäftspraktiken festhalten und die in Betriebsversammlungen kommuniziert und zum Bestandteil der Schulungsprogramme gemacht wurden.

18.2.2 Wie verlässlich funktioniert das Unternehmen?

Ein wichtiger Aspekt des Vertrauensklimas in den betrachteten Unternehmen ist der faire Umgang mit den Sozialpartnern. Mit ihnen besteht eine verlässliche Arbeitsweise zur Abstimmung von Veränderungen, eine Business Partnership auf der Basis von Transparenz.

So ist die Zusammenarbeit von Unternehmensleitung und Betriebsrat vertrauensvoll und offen, man schätzt sich als Mensch und pflegt einen fairen Umgang miteinander, auf den man sich verlassen kann. Vor Tarifverhandlungen bemühen sich beide Seiten zu verstehen, was die andere Seite will, um einen Kompromiss zu finden, den beide Seiten „ihrem Lager" gegenüber vertreten können.

Stabile Unternehmenswerte bewegen die Führungskräfte zu Respekt und hohem Verantwortungsbewusstsein, die Regeln für Leistung sind transparent und betonen die Eigenverantwortlichkeit und die Bedeutung von guter Kooperation als Basis hoher Innovationsleistung. Bestehende Kontrollmöglichkeiten werden nicht als Zeichen fehlenden Vertrauens angesehen, sie dienen in erster Linie dazu, den Menschen zu erlauben, ihr eigenverantwortliches zielorientiertes Arbeiten im Rahmen ihres Handlungsspielraums selber zu steuern. Das fordert ihre Kreativität heraus und macht die Prozesse im Unternehmen flexibel. Es hilft zu vermeiden, dass Führungskräfte sich und ihre Mitarbeiter gegen andere Zuständigkeitsbereiche abgrenzen und in ihnen Widersacher sehen.

Stattdessen setzt das Unternehmen auf das gemeinsame Engagement der Führungskräfte und Mitarbeiter für die Unternehmensvision und auf hohe Vertrauenswürdigkeit der Unternehmensleitung. So können entstehende Missverständnisse immer wieder ausgeräumt und Gegensätze durch selbstkritische Überprüfung des eigenen Verhaltens in partnerschaftliches Denken und Verhalten umgewandelt werden.

Dieses Umfeld fördert Kreativität und Austausch und ist an Prozessen, nicht an der Hierarchie orientiert. Was zählt, sind nicht Positionen, sondern Effektivität.

Denn es geht in diesen Unternehmen um Schnelligkeit der Kommunikation, um Transparenz, Eigeninitiative und Eigenverantwortlichkeit. Die Basis allen Handelns sind Vertrauen und Wertschätzung.

Die intrinsische Motivation der Mitarbeiter wird gegen Störungen durch Bürokratie und Entscheidungsbarrieren geschützt, sie sind zur selbstständigen und selbstverantwortlichen Erledigung ihrer Aufgaben ermächtigt und erhalten dafür die erforderlichen Arbeitsbedingungen, Werkzeuge und Informationen. Ihr respektvoller Umgang untereinander bewirkt, dass sie sich gegenseitig zuarbeiten und dass niemand durch Nachlässigkeit und Bequemlichkeit andere in ihrer Arbeit stört oder behindert.

So wachsen die Menschen nicht nur an ihren fachlichen Aufgaben, sondern gewinnen kontinuierlich Vertrauen in ihre eigenen Fähigkeiten und können dadurch ihre geistige Produktivität erhöhen.

18.2.3 Welche Perspektive hat das Unternehmen?

Als Grundlage des Unternehmenserfolgs angesehen und behandelt zu werden und in die Entwicklung der Unternehmensstrategie involviert zu sein, vermittelt den Mitarbeitern der betrachteten Unternehmen Vertrauen in eine mitgestaltbare Unternehmensperspektive, für die sie sich auch mitverantwortlich fühlen.

Die selbstvertrauende Gelassenheit der Unternehmensführung und das vertrauensbasierte Empowerment der Mitarbeiter bewirken, dass sich die Mitarbeiter mit „ihrem" Unternehmen identifizieren, dass sie sich als wichtiger Teil einer Familie sehen.

Der konjunkturellen Abhängigkeit des Marktes und den Herausforderungen des Wettbewerbsumfelds sehen sich die Unternehmensleitung und die Mitarbeiter gleichermaßen durch ihre Bereitschaft gewachsen, ihnen gemeinsam und im gegenseitigen Vertrauen mit Flexibilität, Qualität und der in der Vergangenheit bewiesenen Fähigkeit zu begegnen, sich aus eigener Kraft und durch hohe Einsatzbereitschaft zu behaupten. Diese Einstellung birgt nicht die Gefahr falschen Sicherheitsdenkens, denn sie ist gepaart mit innovativen Impulsen der konsequenten Markt- und Kundenorientierung und der kontinuierlichen organisatorischen Erneuerung. So sieht Ulrich Weber bei der Deutschen Bahn eine enge Verbindung von vertrauensbasierter und transformationaler Führung als wesentlich an, um eine verlässliche Unternehmensperspektive zu vermitteln und im Unternehmen ein allem Wandel gewachsenes Vertrauensklima zu schaffen und zu erhalten.

18.2.4 Wie stehen die Mitarbeiter zu ihrem Unternehmen?

Die meisten der betrachteten Unternehmen nutzen, wie viele andere auch, turnusmäßige Mitarbeiterbefragungen, um das Verhältnis der Mitarbeiter zum Unternehmen und den Arbeitsbedingungen zu erkunden.

Die wichtigsten positiven Merkmale, die die Mitarbeiterbefragungen in den betrachteten Unternehmen ergeben haben, sind Aspekte wie Offenheit und Freundlichkeit, das Gefühl, gut aufgehoben und Teil einer Familie zu sein.

Das ist Ausdruck des Vertrauensklimas in diesen Unternehmen und zeigt, dass die Mitarbeiter durch ihr Teilhaben am Strategieentwicklungsprozess und durch das ihnen damit vermittelte Verständnis der Unternehmensperspektive ein Zugehörigkeitsgefühl entwickelt haben und dass sie sich als wertgeschätzter Teil einer Lerngemeinschaft sehen, die ihnen Orientierung vermittelt.

18.2.5 Wie hoch ist die Wertschätzung durch das Unternehmen?

Die betrachteten Unternehmen beweisen ein authentisches und spürbares Interesse am Wohlergehen ihrer Mitarbeiter.

Diese Wertschätzung zeigt sich in der Fürsorge für die Sicherheit, Gesundheit und das Wohlbefinden der Mitarbeiter sowie für ihre persönliche Weiterentwicklung. Sie zeigt sich auch in den Bemühungen, viel für die Vereinbarkeit von Beruf und Familie zu tun. Angebote dafür sind Familienzeitmodelle, Teilzeitarbeit, Telearbeit und Home-Office-Lösungen.

Die Atmosphäre der Wertschätzung schafft ein Umfeld, in dem die Mitarbeiter bereitwillig ihr Wissen weitergeben und sich mit anderen austauschen, in dem sie eigene Ideen und Verbesserungsvorschläge einbringen und diese bei der Umsetzung begleiten, in dem sie zunehmendes Vertrauen in ihre eigenen Fähigkeiten gewinnen und dadurch ihre Energie weniger für Absicherung, sondern verstärkt für ihren Leistungsbeitrag einsetzen. Denn gleichzeitig wächst ihr Verantwortungsbewusstsein, das vom Unternehmen entgegengebrachte Vertrauen auch zu verdienen.

Schließlich betreiben die Unternehmen ein immer ausgeprägteres Talentmanagement, um über die duale Berufsausbildung, durch eigene Schulungsprogramme und Programme zur Gewinnung qualifizierten akademischen Nachwuchses sowie die Besetzung von Managementpositionen aus den eigenen Reihen sicher zu stellen, dass sie auch in Zukunft über die erforderlichen Talente und den vertrauensbasierten Geist einer überlegenen Leistungsgemeinschaft verfügen.

18.2.6 Wie ausgeprägt ist das Gemeinschaftsgefühl?

Den betrachteten Unternehmen ist bewusst, dass ein starkes Gemeinschaftsgefühl der Mitarbeiter sie zu hoher Leistung befähigt. Sie haben Vertrauen als Basis der gemeinsamen Wertschöpfung erkannt und fördern aktiv die Merkmale einer agilen Gemeinschaft: Initiativen der Teamentwicklung, Freiräume für cross-funktionales Projektmanagement, unternehmensweites Wissensmanagement und offener Gedankenaustausch, flexible Prozesse, selbstverantwortliche Steuerung unterstützt durch Zugang zu einer gemeinsamen Informationsbasis, gemeinsame Aktivitäten auch außerhalb des Arbeitsumfelds, Kultivierung der Unternehmenswerte und der persönlichen Beziehungen zwischen Unternehmensleitung, Mitarbeiterschaft und Betriebsrat, gemeinsame Weiterentwicklung der Unternehmensvision und des daraus abgeleiteten strategischen Denkens.

18.3 Auswirkungen des Vertrauens

Die Unternehmerautoren haben ausgeprägte Performance-Wirkungen vorgebracht, die durch das vertrauensbasierte Engagement der Mitarbeiter sowie die daraus resultierende intrinsische Produktivität, Innovationsleistung und Kundenorientierung entstehen und die sie aus ihrer Erfahrung und kritischen Bewertung in starken Maß dem Vertrauensklima in ihren Unternehmen zuschreiben:

Engagement der Mitarbeiter:

- Das durch ein starkes Vertrauensklima geförderte Mitdenken der Menschen im Unternehmen und ihre eigenen Initiativen befruchten die Produktivität und die Innovationsleistung des Unternehmens,
- Vertrauensklima führt zu hohem Verantwortungsbewusstsein und hoher Einsatzbereitschaft der Mitarbeiter,
- Vertrauensklima substituiert Druck- und Angstklima,
- Vertrauensklima führt zu einem Rückgang der Fluktuation.

Produktivität:

- Durch das Vertrauensklima wird der Energieverlust ständigen Absicherungsaufwands überwunden,
- Ein starkes Vertrauensklima fördert die Effizenz der Arbeitsabläufe, der Organisationsentwicklung, der Nutzung digitaler Lösungen und der Social Media,
- Vertrauensklima ermöglicht es, dass Probleme und kritische Themen offen angesprochen werden.

Innovationsleistung:

- In einem Vertrauensklima nehmen Qualität und Quantität kreativer Ideen zu,
- Vertrauensklima schafft eine Atmosphäre der Offenheit gegenüber Veränderungen,
- Vertrauensklima erhöht die Bereitschaft der Mitarbeiter, sich für herausfordernde Projekte zur Verfügung zu stellen.

Kundenorientierung:

- Das Vertrauensklima wirkt sich positiv auf die Qualität der Kundenkontakte aus,
- Ein starkes Vertrauensklima verschafft dem Unternehmen einen deutlichen Vorsprung bei den Kunden.

Angesichts des Anlasses zu diesem Buch, nämlich Antworten auf die vertrauensskeptischen Fragen vieler Führungspraktiker zu finden, haben wir die Aussagen der Unternehmerautoren zu den Auswirkungen von Vertrauen in ihren Unternehmen eingehend „unter die Lupe" genommen. Den Versuch, eine wie auch immer geartete Quantifizierung der genannten Auswirkungen zu erhalten, erwies sich aus zwei Gründen als nicht zielführend:

- Natürlich sind die genannten Auswirkungen nicht ausschließlich auf das Vertrauensklima zurückzuführen und
- die Unternehmen haben nicht den Versuch unternommen, die Veränderung des Vertrauensklimas über Zeit zu bestimmen und zu dokumentieren, und erst recht nicht, die Performance-Veränderungen zu quantifizieren und in Bezug zu setzen.

Gegenüber den meisten in der Vertrauensliteratur beschriebenen Erhebungen und statistischen Auswertungen von Korrelationen zwischen einzelnen Vertrauensaspekten (wie Wohlwollen, Integrität, Kompetenz, Kommunikationsqualität, Transparenz) und Verhaltensweisen (wie Aufgabenerledigung, Arbeitsengagement, Innovationsbereitschaft, Kooperationsbereitschaft), haben die Aussagen der Unternehmerautoren in diesem Buch das Merkmal, dass sie auf langjähriger Führungspraxis und praktischer Erfahrung beruhen und daher für andere Unternehmensführer direkt verständlich, nachvollziehbar und „echt" sind. Auch dass diese Aussagen nicht nach irgendwelchen Erhebungs- und Berechnungsmethoden quantifiziert sind, beraubt sie nicht der Überzeugungskraft bei Unternehmern, eher im Gegenteil, sie haben das Gewicht der Wirklichkeit.

Auf der Basis dieser Reflexion über das Vertrauensprofil unserer Unternehmerautoren, das Vertrauensklima und die Auswirkungen von Vertrauen in ihren Unternehmen können wir nun als Konklusion unsere Antworten auf die drei eingangs gestellten Fragen von vertrauensskeptischen Führungspraktikern geben.

Prof. Dr. Frank Keuper ist Inhaber des Lehrstuhls für Betriebswirtschaftslehre, insbesondere Konvergenzmanagement und Strategisches Management, an der Steinbeis-Hochschule Berlin, Direktor des Steinbeis Center of Strategic Management (SCSM), einem Steinbeis-Transfer-Institut der Steinbeis-Hochschule Berlin, sowie Leiter des gleichnamigen Kompetenzzentrums am SCSM. Er ist ferner Geschäftsführender Herausgeber der betriebswirtschaftlichen Fachzeitschrift „Management+Innovation" ehemals „Business + Innovation – Steinbeis Transfer Magazin", Gutachter für verschiedene betriebswirtschaftliche Fachzeitschriften und Gastprofessor an Universitäten in China und Russland. Von 2002 bis 2004 hielt er eine Vertretungsprofessur für Betriebswirtschaftslehre, insbesondere Risikomanagement und Controlling, im Fachbereich Rechts- und Wirtschaftswissenschaft der Johannes Gutenberg-Universität Mainz. Er studierte an der Westfälischen Wilhelms-Universität zu Münster und promovierte und habilitierte sich an der Universität Hamburg. Seine Arbeits- und Forschungsgebiete sind die Investitions- und Finanzierungstheorie, die Planungs- und Entscheidungstheorie, die Produktions- und Kostentheorie sowie das Marken-Management, das strategische Management, das Konvergenzmanagement. Darüber hinaus liegt ein wesentlicher Schwerpunkt seiner Forschungstätigkeit in den Bereichen der Kybernetik, Systemtheorie sowie Unternehmensplanung und -steuerung.

Prof. Dr. Tom Sommerlatte ist Vorsitzender des Vorstands des Trust Management Instituts e.V., das es sich zur Aufgabe gemacht hat, die Ergebnisse der Vertrauensforschung in die unternehmerische Praxis zu überführen. Dr. Sommerlatte ist Chairman des Advisory Board des internationalen Consulting-Unternehmens Arthur D. Little GmbH und Mitglied verschiedener Aufsichts- und Beiräte. Viele Jahre lang war er Managing Director der europäischen Aktivitäten und Senior Vice President der Muttergesellschaft von Arthur D. Little. Er ist Autor einer Reihe von Büchern zu Themen des Strategie- und Innovationsmanagements und Mitherausgeber des Buchs „Quintessenz der Vertrauensbildung". Er promovierte an der Université de Paris auf dem Gebiet der Verfahrenstechnik und erwarb den Master of Business Administration am Europäischen Institut für Unternehmensführung, INSEAD. An der Universität Kassel hält er eine Honorarprofessur auf dem Gebiet des Systemdesigns.

Konklusion

19

Frank Keuper und Tom Sommerlatte

19.1 Die Antwort auf die drei Kernfragen dieses Buchs

Die Schlussfolgerungen aus den Unternehmensbeispielen, die wir vor dem Hintergrund erprobter Bewertungsansätze der Vertrauensforschung und der Anforderungen der entstehenden digitalen Ökonomie ziehen, basieren vor allen Dingen auf den unternehmerischen Erfahrungen und Überzeugungen der gestandenen Führungspraktiker, die in diesem Buch zu Wort gekommen sind.

Aus ihren Aussagen leiten wir die Antworten auf die drei Fragen ab, die uns in der Auseinandersetzung mit vielen Vorständen und Geschäftsführern immer wieder gestellt werden, wenn wir uns um den Transfer der Erkenntnisse der Vertrauensforschung in die unternehmerische Praxis bemühen. Ein Bemühen, das unserer Einschätzung entspringt, dass die im Gang befindliche vierte industrielle Revolution (unter dem Schlagwort „Industrie 4.0") und die Transformation von immer mehr Geschäftsfeldern hin zu einer digi-

---

F. Keuper (✉)
Steinbeis Center of Strategic Management, Steinbeis-Hochschule Berlin,
Hamburg, Deutschland
E-Mail: dr.keuper@t-online.de

T. Sommerlatte
Trust Management Institut e.V., Wiesbaden, Deutschland
E-Mail: tsommerlatte@trust-management-institute.com

© Springer-Verlag Berlin Heidelberg 2016
T. Sommerlatte, F. Keuper (Hrsg.), *Vertrauensbasierte Führung*,
DOI 10.1007/978-3-662-46233-1_19

talen Ökonomie (unter dem Schlagwort „Enterprise 2.0") Unternehmen ohne vertrauensbasierte Führung in ungeahnte Schwierigkeiten bringen wird.

> **Frage 1: Sind die Auswirkungen von Vertrauen auf die Performance von Unternehmen nachweisbar?**

Alle Unternehmerautoren dieses Buches bejahen die Frage aus voller Überzeugung.

Anstatt zu versuchen, deduktiv allgemeine Korrelationen abzuleiten, wollen wir sie als Zeugen für die von ihnen in ihrem Unternehmen beobachteten Auswirkungen von Vertrauen anhören.

Zeuge Gerhard Berssenbrügge, Vorstandsvorsitzender der Nestlé Deutschland AG:
Nestlé Deutschland und Nestlé allgemein haben im Bewusstsein des Zeugen in ihrer gesamten Unternehmensentwicklung immer davon profitiert, dass die Mitarbeiter stark von dem Verantwortungsbewusstsein motiviert sind, ihren Beitrag zum Erfolg des Unternehmens zu leisten, insbesondere das Vertrauen der Konsumenten in die Nestlé-Produkte zu gewinnen und zu erhalten.

Die erfolgreiche weltweite Unternehmensentwicklung der Nestlé-Gruppe wäre nach Einschätzung des Zeugen ohne das starke Vertrauensklima im Unternehmen nicht möglich gewesen.

Nur dadurch konnte das Unternehmen seiner Beurteilung nach trotz des starken Wachstums in den letzten Jahrzehnten seine hohe Schnelligkeit und Wendigkeit, insbesondere seine überlegene Innovationsfähigkeit erhalten.

Die weltweite Innovations- und Marktführerschaft bei Kaffee-Kapseln und Kapsel-Kaffeemaschinen, die Nestlé mit seinen Nespresso-Produkten nach jahrelangen hohen Investitionen errungen hat, beruht nach Überzeugung des für den Nespresso-Erfolg verantwortlichen Zeugen auf dem Vertrauen in die Strategie „Vorsprung durch Vertrauen".

Zeuge Dr. Emmanuel Siregar, Mitglied der Geschäftsführung der Sanofi-Aventis Deutschland GmbH:
Nach der Übernahme der Pharma-Tochter Aventis der Hoechst AG durch die französische Sanofi-Synthélabo im Jahr 2004 war das Vertrauensklima der ehemals selbstbewussten Aventis-Führungskräfte und -Mitarbeiter so zerrüttet, dass eine vertrauensvolle Zusammenarbeit im neuen Sanofi-Konzernverband nicht zustande kam.

Erst seit 2011, als vom veränderten Sanofi-Konzernvorstand und von der neu besetzten Geschäftsleitung der Sanofi-Aventis Deutschland GmbH vielfältige Bemühungen um gegenseitige Vertrauensbildung eingeleitet wurden, entstand eine neue konstruktive Qualität der Beziehung. So sind laut Zeuge ein Abbau des ständigen Absicherungsmanagements infolge des zuvor herrschenden Druck- und Angstklimas, zunehmende Leistungsverbesserungen der in Hoechst angesiedelten F&E-Aktivitäten und eine bereitwillige Kooperation in internationalen Projekten zu verzeichnen.

Diese positive Entwicklung dank eines neuen Vertrauensklimas geht weiter und wird vom Sanofi-Management als entscheidende Basis für den weiteren Erfolg des Zusammengehens gewertet.

Zeuge Alexander Würfel, Vorsitzender der Geschäftsführung der AbbVie Deutschland GmbH & Co. KG:

Nachdem der Zeuge bei der dänischen Abbott-Tochter selbstverantwortliches Zeitmanagement der Mitarbeiter eingeführt hatte, fiel die Fluktuation auf ein Drittel des zuvor herrschenden Niveaus, während die Produktivität auf hohem Niveau erhalten blieb. Dieses Konzept übertrug der Zeuge auch erfolgreich auf die durch Ausgründung neu entstandene AbbVie Deutschland GmbH & Co. KG, deren Vorsitzender der Geschäftsleitung er seit 2011 ist.

Das Kundenvertrauen nimmt, so der Zeuge, sukzessive mit dem wachsenden Vertrauensklima in der AbbVie-Organisation zu, als dessen treibende Kraft er das vertrauensbasiertes Empowerment der Mitarbeiter ansieht.

Die Vertrauensbereitschaft der Geschäftsleitung ist nach der Erfahrung des Zeugen bisher nur sehr selten enttäuscht worden, hat aber zu einer hohen Effizienz der Geschäftsprozesse und zu Innovationserfolgen im Pharma-Markt geführt, die ohne vertrauensbasierte Führung nicht erreichbar gewesen wären.

Zeuge Thomas Edig, Mitglied des Vorstands der Dr. Ing. h.c. Porsche AG

Dass Porsche weltweit einer der profitabelsten Automobilhersteller ist, liegt nach Einschätzung des Zeugen entscheidend an dem ausgeprägten und seit den Anfängen des Unternehmens gewachsenen Vertrauensverhältnis mit den Mitarbeitern. Dieses unerschütterliche Vertrauensverhältnis wurde durch Konjunktureinbrüche nie beschädigt, sondern, im Gegensatz zu vielen anderen Unternehmen, gefestigt, weil Porsche seine Mitarbeiter immer gehalten hat.

Es bewirkt, so der Zeuge, dass die „Porscheaner" in ungewöhnlichem Maß eigene Ideen und Verbesserungsvorschläge einbringen, die zum großen Teil umgesetzt werden und zur Produktivitätssteigerung von mindestens 6 % pro Jahr wesentlich beitragen. Auch die hohe Innovationsleistung des Unternehmens ist nach Aussage des Zeugen auf das Vertrauensklima und den dadurch möglichen Verzicht auf Bürokratie zurückzuführen.

Der Geschäftserfolg der Porsche AG sieht der Zeuge dadurch abgesichert, dass die langfristigen Unternehmenswerte, die dem Vertrauensklima zugrunde liegen, von allen gelebt werden.

Auch die konstruktive Zusammenarbeit mit dem Betriebsrat, die immer wieder zukunftsorientierte innovative Betriebsvereinbarungen ermöglicht, geht auf das Vertrauensklima zurück. „Was man gibt, kommt fünfmal zurück!" so das Vertrauens-Credo des Zeugen, das er durch Erfahrung immer wieder bestätigt findet.

Zeuge Dr. Jürgen Heraeus, Vorsitzender des Aufsichtsrats der Heraeus Holding GmbH

Die Tradition des Vertrauens über nunmehr fünf Generationen der Familienführung hinweg ist laut Zeuge die entscheidende Basis der beeindruckenden Unternehmensentwicklung hin zur internationalen Heraeus-Gruppe.

So ist ein Urvertrauen der Mitarbeiter in die Führungspersönlichkeiten entstanden, aber auch der Führung in die Mitarbeiter, das zu hoher Leistungsbereitschaft geführt hat. Die Mitarbeiter haben, so der Zeuge, Freude an ihrer Arbeit und kommunizieren mit großer Offenheit.

Nur mit vertrauensbasierter Geschlossenheit, Einsatzbereitschaft und Wendigkeit, so der Zeuge, werden deutsche Unternehmen ihre Performance auch in Zukunft auf international wettbewerbsfähigem Niveau halten können.

Zeuge Manfred Gentz, Vorsitzender der Regierungskommission Corporate Governance

Der Zeuge spricht über vertrauensbasierte Führung unter Bezugnahme auf seine langjährige Vorstandserfahrung bei der heutigen Daimler AG, seiner Aufsichtsratserfahrung bei mehreren großen Unternehmen, unter anderem der Deutschen Börse und seiner Rolle als Vorsitzender der Regierungskommission Corporate Governance.

Vertrauen und zuverlässige Vertraulichkeit mit den Arbeitgebern habe es dem Zeugen immer erlaubt, für beide Seiten akzeptable Kompromisse zu erreichen, die traditionellen Konfliktpositionen zu vermeiden und stattdessen Win-win-Lösungen zu finden.

Anstelle kurzfristiger Personalmaßnahmen bei Konjunktureinbrüchen, die Vertrauen zerstören, sieht der Zeuge einen klaren Vorteil darin, im Bewusstsein der Zusammengehörigkeit Wege des Personalerhalts per Kurzarbeit zu beschreiten, um dann bei Konjunkturerholung schnell wieder leistungsfähig zu sein. Das dadurch gestärkte Vertrauensklima bewirkt nach Erfahrung des Zeugen in der Folge auch Flexibilität und gesteigerte Innovationskraft.

Vertrauen in die eigene Organisation bewirkt auch, so der Zeuge, dass die Mitarbeiter den Kunden gegenüber vertrauenswürdig auftreten und eine dauerhafte Beziehung entwickeln können.

Vertrauensbasierte Führung ist seiner Erfahrung nach überhaupt die Voraussetzung, dass in der Gesellschaft wieder Vertrauen in die Unternehmen und ihre Manager entsteht.

Zeuge Dr. Götz Rehn, Vorsitzender der Geschäftsleitung der Alnatura Produktions- und Handels GmbH

Um die Performance des Unternehmens Alnatura richtig zu beurteilen, muss man, so der Zeuge, sein Performance-Ziel zugrunde legen: einen Organismus zu entwickeln, in dem selbständig denkende und eigenverantwortlich handelnde Mitarbeiter an den Bedürfnissen der Kunden orientiert nachhaltige Wertschöpfung zustande bringen.

Dieses Performance-Ziel erreicht die Alnatura durch vertrauensbasierte Führung in überwältigender Weise. Das Unternehmen ist laut Zeuge zu einer Lerngemeinschaft von Menschen geworden, die mit dem ihnen anvertrauten Kapital einen überdurchschnittlich steigenden Wert erwirtschaften. Dieses Resultat ist die Folge des Dienstes am Kunden, der Entwicklung der Mitarbeiter und der vertrauensvollen Zusammenarbeit mit Bio-Höfen, ökologischen Landbauverbänden und anderen Partnern.

Zeuge Nicolas-Fabian Schweizer, Mitglied des Vorstands der Schweizer Electronics AG

Als das Hauptwerk des Unternehmens 2005 völlig abbrannte, wäre das ohne ein intensives Vertrauensverhältnis der Eigner-Familien und der Mitarbeiter das Ende des Unternehmens gewesen. Aber auf der etablierten Vertrauensbasis engagierten sich beide Seiten in Tag- und Nachtarbeit beim Wiederaufbau.

Die inzwischen eingegangenen Partnerschaften mit einem japanischen und einem taiwanesischen Unternehmen funktionieren, so der Zeuge, trotz aller kulturellen Unterschiede, weil sich die Partner intensiv darum bemühen, dass ihre Mitarbeiter eine zuverlässige Vertrauensbasis aufbauen und kulturbedingte Vorurteile ausräumen. So konnte die Partnergruppe zu einem der drei weltweit größten Anbieter von Leiterplatten werden.

Zeuge Dr. Gerd Eckelmann, Mitglied des Aufsichtsrats der Eckelmann AG

Für den Zeugen gibt es bei Unternehmen mit hohem kundenspezifischen Entwicklungsaufwand keine Alternative zu vertrauensbasierter Führung, da in komplexen Geschäftsmodellen Mitarbeiter mit höherem Fach- und Detailwissen gebraucht werden, als es ihre Vorgesetzten besitzen.

Der wirtschaftliche Erfolg und die Kreativität seines Unternehmens verdankt der Zeuge daher dem Aufbau und der Pflege eines starken Vertrauensklimas. Wesentlich für die Performance der Eckelmann AG ist es, dass es ihr gelingt, das Selbstvertrauen ihrer Mitarbeiter zu fördern und ihr Vertrauen in die Zukunft des Unternehmens zu bestärken, um ihrer geistigen Produktivität freien Lauf lassen und ihre Loyalität zum Unternehmen festigen zu können. Dazu gehören langfristig attraktive und sichere Arbeitsplätze, die das Unternehmen bietet.

Effiziente Wertschöpfung des Unternehmens und die Weiterentwicklung der Mitarbeiter sind daher, so der Zeuge, das kombinierte Ergebnis vertrauensbasierter Führung.

Zeuge Ulrich Weber, Mitglied des Vorstands der Deutschen Bahn AG

Der Weg von einer gestörten Vertrauensbeziehung zwischen der Führung der verschiedenen Verantwortungsbereiche und der Vorstandsebene der Deutschen Bahn hin zu partnerschaftlichem Denken und Verhalten wird seit 2009, so der Zeuge, mit aller Konsequenz beschritten.

Fortschritte zeigen sich darin, dass die Mitarbeiter (laut Mitarbeiterbefragung vom Oktober 2014) die gemeinsam erarbeiteten Unternehmensziele mehrheitlich teilen und wieder Vertrauen in ihre Zukunft im Unternehmen gewonnen haben.

Das wachsende Vertrauensklima bewirkt, so der Zeuge, eine zunehmende Kundenorientierung der Mitarbeiter, die die Aufmerksamkeit und Zugewandtheit, die sie durch das Unternehmen erfahren, in eigener Initiative an ihre Kunden weitergeben.

So ist die Strategie DB2020 der Deutschen Bahn auf mehr Verantwortung und Entscheidungsspielraum der Führungskräfte auf allen Ebenen ausgerichtet, im Vertrauen darauf, dass sich in den Maß, in dem sie davon Gebrauch machen, die Performance des Unternehmens weiter erhöhen wird.

Zeuge Prof. Dr. Heinz Walter Große, Vorsitzender des Vorstands der B. Braun Melsungen AG

Die moderne Gestaltung der Büro- und Produktionslandschaft, die die B. Braun Melsungen AG im gesamten Unternehmen sehr konsequent umgesetzt hat, bewirkt, dass die Arbeitswelt offen und transparent geworden ist, schnelle Kommunikationswege bietet und den Mitarbeitern viel Eigenverantwortlichkeit und Raum für Initiative gewährt.

Dadurch sind, so der Zeuge, Engagement und Kreativität spürbar gestiegen. Auch in der Produktion hat teilautonome selbstregulierte Gruppenarbeit dazu geführt, dass Effizienz und Flexibilität deutlich gesteigert werden konnten.

Diese Entwicklungen, die Vertrauen der Unternehmensleitung in die Eigenverantwortlichkeit der Führungskräfte und Mitarbeiter voraussetzen, haben eine entscheidende Rolle beim schnellen Wachstum des Unternehmens gespielt, denn, so der Zeuge, ohne die starken Vertrauensbeziehungen im Unternehmen wäre die B. Braun Melsungen heute nicht so international aufgestellt und hätte sich nicht seit 175 Jahren in einem sehr dynamischen Markt behaupten können. Das Vertrauensklima ist laut Zeuge die Ursache des Erfolgs und des enormen Zusammenhalts im ganzen Unternehmen.

Zeuge Dr. Frank Heinricht, Vorsitzender des Vorstands, Schott AG

Dass wesentliche Strukturveränderungen der SCHOTT AG unter seiner Leitung erfolgreich abgeschlossen werden konnten und dass gleichzeitig die Ertragskraft des Unternehmens trotz eines schwieriger gewordenen Umfelds gesteigert wurde, führt Dr. Heinricht auf den von ihm 2013 eingeleiteten Wandel hin zu einer „modernen" Unternehmenskultur zurück.

In dieser Unternehmenskultur sieht er die enge Wechselbeziehung von Vertrauen, Verantwortungsbewusstsein, unternehmerischem Denken und Handeln und kundenorientierter Innovationsbereitschaft als entscheidend an. Diesen Zusammenhang seinen Führungskräften und Mitarbeitern bewusst gemacht zu haben, hat, so Dr. Heinricht, maßgeblich dazu beigetragen, den Schub bei der Wachstums- und Ertragsentwicklung eines großen Teils der Bereiche der SCHOTT AG zu bewirken.

Die zunehmende Offenheit der Diskussionen, die Vertrauensbereitschaft in das verantwortungsvolle Verhalten der operativen Einheiten, die Ehrlichkeit der Kommunikation und Bewertung der Sachlage und das resultierende Verständnis der Maßnahmen auch in schwierigen Situationen sind in Dr. Heinrichts Erfahrung die Merkmale des Vertrauensklimas der SCHOTT AG und Grundlage ihres sichtbaren wirtschaftlichen Erfolgs.

Konklusion 1
Vertrauen bewirkt in den betrachteten Unternehmen, dass die Mitarbeiter in beispielhafter Weise motiviert sind, ihren Beitrag für den Erfolg des Unternehmens zu leisten und dauerhaft das Vertrauen der Kunden zu gewinnen. Dieses Engagement verleiht den Unternehmen Wendigkeit und Innovationserfolge, ermöglicht ihnen ständige Produktivitätssteigerungen und führt zu kontinuierlicher Zunahme des Unternehmenswerts. Sie stehen Konjunkturschwankungen besser durch und profitieren schneller vom folgenden Marktaufschwung. Sie kooperieren effektiver mit externen Partnern und genießen in der Gesellschaft Vertrauenswürdigkeit. Die Performance dieser Unternehmen lässt sich entscheidend auf ihr ausgeprägtes Vertrauensklima zurückführen.

Da wir das Vertrauensprofil der gehörten Zeugen kennen (siehe Kap. 18), können wir ihren Aussagen eine hohe Zuverlässigkeit beimessen und uns der Frage 2 zuwenden.

19 Konklusion

Frage 2: Ist Vertrauen gestaltbar?

Bei den betrachteten Unternehmen ist das Vertrauensklima auf unterschiedliche Weise entstanden – in einigen Fällen aus der langen Tradition eines Familienunternehmens heraus, das schon immer vertrauensbasiert geführt wurde (B. Braun Melsungen, Heraeus, Schweizer Electronics), in etablierten großen Unternehmen dank einer seit vielen Jahren ebenso etablierten vertrauensbasierten Führung (Nestlé, Porsche), in jüngeren Unternehmen dank der vertrauensorientierten Persönlichkeit ihres Gründers (Eckelmann, Rehn) oder einer berufenen Führungspersönlichkeit, deren Weg von Vertrauensbereitschaft gekennzeichnet ist (AbbVie Deutschland) – und schließlich in Unternehmen, in denen seit wenigen Jahren ein Vertrauens-Turnaround unternommen wird, dank der entschlossenen und engagierten Vertrauensarbeit des Vorstands (Deutsche Bahn, Sanofi-Aventis Deutschland).

In allen Fällen sind die ethisch begründete Vertrauensorientierung der Führungsspitze, ihr Menschenbild, ihre Unternehmensvision und ihre Grundüberzeugung die Basis der Vertrauensbildung, während sie kurz- bis mittelfristigen Performance-Vorteile nicht als ihr primäres Ziel, sondern als Ergebnis ansehen.

Denn taktische Versuche, Vertrauen der Mitarbeiter zu gewinnen und zu instrumentalisieren, kalkuliertes Vertrauen als Kosten-Nutzen-Optimierung einzusetzen, solange „alles gut geht", in schwierigeren Phasen dann aber wieder auf anweisungsorientiertes Management und radikale Personalmaßnahmen zurückzugreifen, schlägt fehl, wird von den Betroffenen durchschaut, besonders wenn sie den „Bluff" in der Vergangenheit schon einmal erlebt haben.

Konklusion 2

Unsere Antwort auf die Frage vieler Führungskräfte, ob Vertrauen gestaltbar sei, lautet daher: Ja, aber nur wenn es Ihnen ein tief sitzendes Anliegen ist, wenn Sie bereit sind, sich mit Haut und Haaren in ein „never ending" Bemühen um Vertrauensbildung, um ein gutes Vertrauensklima in Ihrem Unternehmen einzubringen.

Im Fall dieser Bereitschaft stellt sich die dritte Frage.

Frage 3: Wie kann der Übergang zu einer vertrauensbasierten Organisation bewirkt werden?

Die betrachteten Unternehmensbeispiele enthalten eine Fülle von Verhaltens- und Vorgehensweisen, die zur Vertrauensbildung beigetragen haben und noch beitragen. Die entscheidende Triebkraft dieser Unternehmen sind aber die mit einem starken Vertrauensprofil ausgestatteten Führungspersönlichkeiten an der Spitze, deren Vertrauenswürdigkeit und Vertrauensbereitschaft auf die Führungsmannschaft insgesamt und auf das Vertrauensklima im Unternehmen ausstrahlt.

Für Unternehmen, die, wie die meisten, in der Vertrauensbildung noch am Anfang stehen, aber bewusst beginnen wollen, überhaupt eine vertrauensbasierte Organisation zu schaffen, sind **4 Phasen** mit unterschiedlichen, aufeinander aufbauenden Anforderungen zu unterscheiden, von denen eine zu überspringen alle Bemühungen immer wieder versanden lässt.

Phase 1 muss die *Bewusstseinsbildung* bei allen beteiligten Führungskräften über die Rolle und potenziellen Auswirkungen von Vertrauen, über die entscheidenden Merkmale des Vertrauensklimas im Unternehmen und über die wichtigsten Aspekte des Vertrauensprofils von Führungskräften zum Gegenstand haben.

Denn in dieser Phase muss die volle *Überzeugung* der Unternehmensleitung entstehen und deutlich werden, das Unternehmen vertrauensbasiert führen zu wollen, und sich die gemeinsame *Bereitschaft* aller manifestieren, persönlich die erforderlichen Verhaltensänderungen anzugehen.

So formulierte und kommunizierte *Nestlé* in dieser Phase zunächst ein klares Bekenntnis des Unternehmens zur Rolle von Vertrauen, so wurde vom *Porsche*-Vorstand eine vertrauensbasierte Führungsphilosophie mit einem einheitlichen Verständnis über alle Führungsebenen ins Unternehmen getragen, so schuf die *Schweizer Electronics* in einem Diskurs mit allen Führungskräften über Vertrauen zunächst die Grundlage für ein gemeinsames Wertegerüst, und die *Deutsche Bahn* stellte die aus der Analyse der Unternehmenskultur abgeleiteten Erkenntnisse über die Bedeutung von Vertrauen an den Anfang aller Veränderungsmaßnahmen.

Der weitreichende Veränderungsprozess bei *SCHOTT* begann mit der Beteiligung der Führungskräfte bei der Erarbeitung von Entscheidungs- und Verhaltensrichtlinien und eines Wertekanons, in dem die Wechselbeziehung von Vertrauen und Verantwortungsbewusstsein Grundlage dezentraler operativer Handlungsvollmacht ist.

Ohne diese Bewusstseinsbildung und Überzeugung ist es nicht ratsam, in **Phase 2** überzuwechseln, in der es um die eingehende *Bestimmung der Ausgangslage* und damit um die Defizite bei den Vertrauensprofilen der Unternehmensleitung und der Führungskräfte sowie um die daraus resultierenden Schwachstellen des Vertrauensklimas geht.

Denn ohne zunächst die *Merkmale des Vertrauensprofils* von Führungskräften verstanden zu haben und damit die Ausprägung der in der Führungsmannschaft des Unternehmens vorhandenen Vertrauensprofile bestimmen zu können, ist es nicht möglich, aktiv daran zu arbeiten und die Voraussetzungen für ein verbessertes Vertrauensklima zu schaffen.

Ebenso müssen aber auch die *Merkmale eines positiven Vertrauensklimas* allen Führungskräften vor Augen stehen, um sich anhand dieser Merkmale ein möglichst klares und objektives Bild des im Unternehmen tatsächlich herrschenden Vertrauensklimas machen zu können.

Diese Phase der Bestimmung der Ausgangslage führt zu der *Erkenntnis*, welche *Veränderungen* erforderlich sein werden, wenn die Voraussetzungen für eine vertrauensbasierte Organisation geschaffen werden sollen.

Hier zeigt sich, dass die Erkenntnisse der Vertrauensforschung von großer Hilfe sein können. Denn Vertrauen, Vertrauensprofil von Individuen und Vertrauensklima von Organisationen dürfen keine abstrakten Begriffe bleiben und nicht unterschiedlichen Meinungen und Interpretationen unterworfen sein. Die Beschreibungsgrößen müssen vielmehr von weitgehend objektiv beobachtbaren Verhaltensindizien ableitbar sein. Das ist bei den in der wissenschaftlichen Vertrauensliteratur viel beschworenen Begriffen wie Authentizität, Integrität oder Wohlwollen erst in der Übersetzung in daraus resultierende spezifische Handlungs- und Verhaltensweisen möglich.

Dazu haben sich die in Kap. 3 beschriebenen Bewertungskriterien in der praktischen Arbeit mit Führungskräften und Organisationen bewährt und stellen eine objektivierende und reproduzierbare Struktur dar, mit der sich die konkreten Ansatzpunkte für die erforderlichen Veränderungen auf dem Weg zu einer vertrauensbasierten Organisation klar bestimmen lassen. Der Transfer dieser Bewertungsansätze in die unternehmerische Praxis, aber auch in die Führungskräfte-Entwicklung, steckt noch in den Anfängen, wird aber angesichts der Anforderungen der digitalen Ökonomie immer dringlicher.

Auf der Basis der Erkenntnisse aus Phase 2 können in **Phase 3** dann die erforderlichen *Verhaltensveränderungen* und die dafür geeigneten *Maßnahmen* nach Machbarkeit und Priorität geordnet und sukzessive in Angriff genommen werden.

Diese Phase kann ein Jahr und länger dauern, denn es handelt sich in den meisten Fällen um Verhaltensänderungen und um Erfahrungszuwachs mit der Vertrauensbereitschaft seitens der Unternehmensleitung und der Führung auf den verschiedenen Ebenen, die Zeit in Anspruch nehmen und oft ein Coaching notwendig machen.

Meistens sind damit auch organisatorische Anpassungen und Rollenveränderungen verbunden – aber jeder Unternehmensfall ist spezifisch und kann nicht nach einem generellen Interventionsschema behandelt werden.

Im Folgenden führen wir Beispiele von Maßnahmen auf, die die betrachteten Unternehmen ergriffen haben, um Verhaltensänderungen in Richtung auf eine vertrauensbasierte Organisation zu bewirken. Welche davon für ein gegebenes Unternehmen die richtigen sind, muss sich aus der unternehmensspezifischen Bestimmung der Ausgangslage ergeben.

Nestlé vertraut seinen Führungskräften und Mitarbeitern Aufgabenbereiche an, die ihnen möglichst viel Spielraum für Eigeninitiative lassen und ihr Verantwortungsbewusstsein wecken und befriedigen und bietet Schulungen der Mitarbeiter- und Teamentwicklung an, die der Vertrauensbildung dienen.

AbbVie hat die Verantwortung für Zeitmanagement und Aufgabenerfüllung weitgehend an die Mitarbeiter übergeben, bezieht sie aktiv in den Strategieprozess ein und hat offene Plattformen des Austauschs der Mitarbeiter mit der Führung geschaffen, bei denen Ideen, Sorgen und Kritik zur Sprache kommen.

Porsche hat Strategie-Schulungen für seine Mitarbeiter und Internet-Foren für den kontinuierlichen Austausch der Mitarbeiter mit der Unternehmensführung eingerichtet, über die ein offener persönlicher Gedankenaustausch der Mitarbeiter mit der Führung stattfinden kann, um „face-to-face" Beobachtungen und Anregungen einzubringen. Unternehmensleitung und Mitarbeiter haben in Arbeitsgruppen gemeinsam einen Prozess durchlaufen, in dem aus der Unternehmensvision und den Unternehmenszielen Führungsleitlinien erarbeitet wurden, die die Art der Zusammenarbeit und Kommunikation, die Bindung der Mitarbeiter an das Unternehmen durch transparente Karriereplanung und aktive Weiterbildung, eine ausgeprägte Sozialpartnerschaft und faire Geschäftspraktiken zum Gegenstand haben. Diese Führungsleitlinien wurden zusammen mit dem Betriebsrat verabschiedet und in Betriebsversammlungen kommuniziert. In Zielvereinbarungen mit den Führungskräften und Mitarbeitern werden ausdrücklich die Interessen der Mitarbeiter berücksichtigt und Rückmeldung in beiden Richtungen vereinbart; in diesem Sinn wird auch das ausgewogene Miteinander von Berufs- und Familienleben vom Unternehmen unterstützt.

Das Unternehmen *Heraeus* misst der sozialen Kompetenz der Führungskräfte höchste Bedeutung bei. So werden junge Führungskräfte von Anfang an mit der Bedeutung und Rolle von Vertrauensbildung bekannt gemacht. Die Unternehmensleitung hält dazu einen engen persönlichen Kontakt mit den Führungskräften, und das vertrauensvolle Auskommen mit dem Betriebsrat wird von ihr durch persönliche Wertschätzung und Offenheit gepflegt.

Das Unternehmen *Alnatura* baut auf die kundenorientierte Selbstverantwortung der Mitarbeiter, für die ein großer Spielraum erhalten wird und die als Mitglieder einer Lerngemeinschaft motiviert und unterstützt werden.

Die gemeinsame Entwicklung eines Wertegerüsts und der Diskurs mit den Führungskräften über die Anforderungen vertrauensbasierter Führung bewirken bei der *Schweizer Electronics AG*, dass die gegenseitige Wertschätzung und Offenheit und das Verantwortungsbewusstsein für das langfristige Wohl des Unternehmens zu dominanten Elementen des Vertrauensklimas geworden sind. Auch die zweite und dritte Führungsebene sind ins unternehmerische Vertrauen und in die wesentlichen Führungsentscheidungen einbezogen.

Offene, proaktive, zeitnahe und umfängliche Information der Mitarbeiter mit freiem Zugang zu alle nichtvertraulichen Informationen ist eine der Grundlagen des Vertrauensklimas in der *Eckelmann AG*. Andere Grundlagen sind behutsames, sach- und dialogorientiertes Feedback, die Ermächtigung zur selbstständigen und eigenverantwortlichen Aufgabenerledigung, die Schaffung guter störungsfreier Arbeitsbedingungen und die Weiterbildung der Mitarbeiter im Interesse der Wettbewerbsfähigkeit des Unternehmens, aber auch der Marktfähigkeit der einzelnen Mitarbeiter, die daraus Sicherheit ableiten.

Bei der *Deutschen Bahn* ist das interaktive Vorgehen der Unternehmensleitung durch direkte Gespräche mit den Führungskräften auf allen Ebenen und Foren für intensive Diskussionen über Unternehmensziele, -strategien und -führung der Weg zu einem neuen Vertrauensklima – angesichts der Größe des Unternehmens ein Weg, der in Dialogkaskaden durchlaufen wird.

Bei *B. Braun Melsungen* hat sich ein Wandel der Rolle der Führungskräfte vollzogen, die verstärkt auf die Eigenständigkeit der Mitarbeiter vertrauen und ihre Hauptaufgabe im Coaching von Gruppen im Sinne von „Hilfe zur Selbsthilfe" sehen. Mit teilautonomen Gruppen werden Zielvereinbarungen getroffen, die ihre Eigenverantwortung definieren. So sind die Mitarbeiter maßgeblich an Informations- und Entscheidungsprozessen im

Unternehmen beteiligt. In einer auch architektonisch neu gestalteten Arbeitsumgebung haben die Mitarbeiter die freie Wahl des Arbeitsplatzes, um zeit- und ortsunabhängig entscheiden zu können, wie sie ihre Aufgabe erledigen. Das Konzept ist an Prozessen, nicht an Hierarchie orientiert, mit dem Ziel, Austausch und Kreativität zu fördern. Die Mitarbeiter werden nicht mehr nach Präsenz, sondern nach Arbeitsleistung und Effektivität beurteilt. Sie haben über ein interaktives Intranet Zugang zur gesamten Wissensbasis des Unternehmens, die ihnen als tägliche Arbeitsplattform dient. Diese Plattform erlaubt die von den Mitarbeitern initiierte Bildung von Gruppen für Arbeits-, Lern- und Entwicklungszwecke („Collaborative Spaces"). Dieser hohe Grad von Selbstorganisation und die Prozessorientierung haben eine kontinuierliche Steigerung der Kreativität und Innovationsleistung bewirkt. Um die Schulung der Gruppen durchzuführen und, wenn erforderlich, Konfliktgespräche zu moderieren, wurde die Funktion des Prozessbegleiters neu geschaffen. Die Führungsleitlinien präzisieren Offenheit, Anerkennung und konstruktive Kritik als wesentliche Elemente der vertrauensvollen Zusammenarbeit. Auch mit den Arbeitnehmervertretern wird ein konstruktives Miteinander gepflegt. So wurden „Zukunftsvereinbarungsverträge" abgeschlossen, die den Mitarbeitern an den verschiedenen Standorten sichere Arbeitsplätze garantieren. Ebenso setzt sich das Unternehmen in vielfacher Weise für die Vereinbarkeit von Berufs- und Familienleben ein.

SCHOTT hat im Zuge der Neuausrichtung den handelnden Personen auf der Basis gegenseitigen Respekts und Vertrauens in ihrem jeweiligen operativen Bereich die Handlungsvollmacht und Verantwortung übertragen, ihre Einzelstrategie unter Berücksichtigung der Gegebenheiten vor Ort und des Unternehmensganzen zu erarbeiten und zu verfolgen, was besonders in den asiatischen Märkten zu einer hohen Wachstumsdynamik geführt hat.

Für die gemeinsame unternehmerische Steuerung erhielt der Begriff KPI bei *SCHOTT* eine um den Wertekanon erweiterte Bedeutung und beinhaltet die eigentlichen Treiber der Dynamik: Mitarbeiter- und Kundenvertrauen, Innovationsbeitrag und Potenzialerschließung.

In web-basierten „Life-Stream-Meetings" und einer regelmäßigen „Management-Kaskade" findet ein kontinuierlicher persönlicher Dialog mit den Mitarbeitern bis hin zum „Werker" über die Unternehmensentwicklung und die strategischen Themen des Unternehmens statt.

Zwei stark vertrauensbildende Verhaltensweisen hat die Unternehmensleitung aller betrachteten Unternehmen gemeinsam:

- Sie wahrt ein besonders konstruktives und intensives Verhältnis mit dem Betriebsrat, mit dem sie sich proaktiv abstimmt, und
- sie hat die Informations- bzw. Wissensplattform des Unternehmens weitgehend für den interaktiven Zugang durch die Mitarbeiter geöffnet. Dadurch wird die unternehmensinterne Vernetzung entscheidend gefördert.

In dem Maß, in dem sich das angestrebte Vertrauensklima zu bilden beginnt, kann schließlich die **Phase 4** einsetzen, in der es um die permanente Pflege, Stabilisierung und Stützung des Vertrauensklimas geht.

Während die Führungskräfte und Mitarbeiter, die den Wandel hin zu einer vertrauensbasierten Organisation selber miterlebten und mitgestalteten, den Zusammenhang zwischen ihrem Verhalten und dem Vertrauensklima im Unternehmen verinnerlicht haben, kommen neue Mitarbeiter ohne diese Erfahrung ins Unternehmen, oft mit einer wenig vertrauensorientierten Sozialisierung während ihrer Ausbildung und bei anderen Unternehmen. So stellen die Fluktuation und das Unternehmenswachstum eine ständige Herausforderung an die vertrauensbasierte Führung dar.

Hinzu kommen personelle Veränderungen in der bestehenden Mitarbeiterschaft, die immer wieder verwässernd auf das Vertrauensklima einwirken, bedingt durch Positionswechsel infolge Aufstiegs oder Bereichswechsels, aber häufig auch durch Rivalitäten von Führungskräften um eine höher angesiedelte Führungsposition. Es wäre naiv, den Einfluss dieser „Verführungen" zu ignorieren.

Daher besteht eine substanzielle Aufgabe der vertrauensbasierten Führung in der selektiven Gewinnung, Auswahl und Einführung neuer Mitarbeiter, die nicht nur von ihren Kompetenzen her den Anforderungen des Unternehmens entsprechen, sondern auch in puncto Vertrauensprofil die Gewähr bieten, in die vertrauensbasierte Organisation zu passen oder sich einsozialisieren zu können.

Auch bei den vorhandenen Führungskräften und Mitarbeitern sind immer wieder Bemühungen angebracht, das Bewusstsein und die Verhaltensweisen aufzufrischen, die dem Vertrauensklima im Unternehmen gerecht werden.

Die Pflege und umsichtige Weiterentwicklung des Vertrauensklimas ist besonders bei organisatorischen Veränderungen und bei der Nutzung der neuen Möglichkeiten systemunterstützenden Wissensmanagements und interfunktionaler Vernetzung erforderlich. Wie in Kap. 4 aufgezeigt, werden die unter den Konzepten Enterprise 2.0 und Industrie 4.0 angestrebte digitale Vernetzung bisher getrennter Funktionsbereiche, aber auch die zunehmende Nutzung und Einbeziehung von extern verfügbaren Informationsquellen neue Verhaltens- und Denkweisen der involvierten Menschen im Unternehmen erfordern, die ein positives Vertrauensklima voraussetzen.

Daher ist es interessant zu beobachten, wie die betrachteten Unternehmen sich durch ihre Personalentwicklung auf diese zunehmenden Anforderungen hinbewegen.

Nestlé betrachtet seine Mitarbeiter auch unter sich wandelnden Systembedingungen weiterhin als die Grundlage seines Erfolgs. Das Unternehmen fördert daher Führungskräfte, die durch ihr Führungsverhalten Vertrauen schaffen und erhalten und ein ausgewogenes Verhältnis von Vertrauensbereitschaft und Steuerung wahren können. Das Unternehmen setzt darauf, dass sie die Orientierungsfähigkeit besitzen und die Eigeninitiative zeigen, um Etabliertes zu hinterfragen und neue Möglichkeiten wie die Social Media in ihre Arbeit einzubeziehen.

Bei *Sanofi-Aventis Deutschland* wird Karriereentwicklung nicht als Karriereleiter, sondern als Kletterwand gestaltet, die Seitenschritte erlaubt. Das Talent-Management zielt auf junge Spitzentalente ab, die darin bestärkt werden, eigene Projekte zu beantragen und durchzuführen. Führungskräfte werden generell danach beurteilt, ob sie die ihnen anvertrauten Menschen unabhängig von der hierarchischen Stellung als ihresgleichen behandeln.

AbbVie Deutschland stuft es als entscheidend für seine zukünftige Entwicklung ein, Spitzenkräfte zu gewinnen und ihnen Spielraum für ihre Entfaltung zu geben. Das Bedürfnis junger begabter Mitarbeiter, aber ebenso auch das älterer Mitarbeiter (>60 Jahre), nach Selbstbestimmtheit wird durch diesen Freiraum und das dazugehörige Empowerment in einer Weise befriedigt, die sie an das Unternehmen bindet. AbbVie hat auch erkannt, dass ein hoher Prozentsatz (>30%) der Mitarbeiter in der Wirtschaft an chronischen Erkrankungen und übermäßigem Stress leidet, es aber nicht zu erkennen geben. Aus dieser Erkenntnis heraus hat AbbVie ein Mitarbeiter-Gremium eingerichtet, bei dem Mitarbeiter ihre chronische Erkrankung vertraulich zur Sprache bringen können, um ihnen Aufgaben und Arbeitsbedingungen anzubieten, die ihnen das Arbeitsleben bei AbbVie erleichtern. Die Führungskräfte des Unternehmens sind angehalten, gesundheitsschädigenden Stress ihrer Mitarbeiter zu vermeiden.

Das Statement „Der wichtigste Erfolgsfaktor sind unsere Mitarbeiter" in den Führungsleitlinien der *Dr. Ing. h.c. Porsche AG* ist durch vielfältige Beweise einer auf „Familienzugehörigkeit" ausgerichteten Personalpolitik des Unternehmens belegt.

Diese Personalpolitik bewirkt, dass Porsche als einer der beliebtesten Arbeitgeber in Deutschland gilt und dadurch stets Spitzenabsolventen der Universitäten und Hochschulen gewinnt.

Die „Porscheaner" identifizieren sich uneingeschränkt mit dem Unternehmen, dessen Ziel es ist, seine Mitarbeiter über ihr ganzes Berufsleben hinweg zu behalten. Die Mitarbeiter betrachten sich dadurch als Teil einer großen Familie. Ein hoher Prozentsatz der Führungspositionen wird von eigenen Mitarbeitern besetzt, die sich dank des Porsche-Management-Trainings dafür qualifizieren können. Auf internationale Führungsaufgaben können sich junge Führungskräfte im Rahmen eines Porsche Advanced Management Programms vorbereiten lassen. Das Porsche Talentmanagement deckt damit das ganze Spektrum von der Nachwuchsbeschaffung, der Nachwuchsförderung bis zur Führungskräfteentwicklung und Besetzung von Top-Managementpositionen ab.

Auch bei *Heraeus* wird die Führungskräfteentwicklung als eine der wichtigsten Aufgaben der Unternehmensführung angesehen. Verschiedene Entwicklungsprogramme dienen der Heranbildung von Führungskräften mit ausgeprägter sozialer Kompetenz und der Fähigkeit, sich im internationalen Markt auf kulturelle Unterschiede einzustellen.

Alnatura bietet seinem Führungskräftenachwuchs durch eine Mischung von Studium- und Praxisphasen die Lernchance, sich als diplomierte Food-Manager und -Händler zu qualifizieren. Ihnen wird eine sechsmonatige Einarbeitungszeit im Unternehmen geboten, um in der besonderen Alnatura-Unternehmenskultur eigene Erfahrung zu sammeln.

Bei der *Schweizer Electronics AG* wird die Gewinnung neuer Mitarbeiter als Aufnahme „in die Familie" angesehen. In sorgfältigen Gesprächen mit Kandidaten wird über ihre Werte, Lebensweise und Leidenschaften ebenso gesprochen wie über ihre fachlichen

Qualifikationen. Als Anreiz bietet das Unternehmen verantwortungsvolle Aufgaben, seine Innovationsdynamik, Offenheit der Kommunikationsbeziehungen und den großen Spielraum für Eigeninitiative an.

In der *Eckelmann AG* lernen die Mitarbeiter, sukzessive Vertrauen in ihre eigenen Fähigkeiten für selbstverantwortliches Arbeiten zu gewinnen, aber in dem schützenden Rahmen, den ihnen das Unternehmen bietet, und in einer sach- und dialogorientierten Feedback-Kultur, die ihre ständige Weiterbildung unterstützt und orientiert.

Das neue Führungsverständnis bei der *Deutschen Bahn* spielt bei Beförderungen und beim Auswahlverfahren für die Besetzung offener Stellen eine entscheidende Rolle. Denn den heranwachsenden Führungskräften wird frühzeitig der Freiraum gegeben, um situativ eigene Entscheidungen zu treffen. Sie werden ermutigt, tradierte Denkmuster aufzubrechen und Bestehendes zu hinterfragen. Die durch direkte Kontakte in Foren und persönlichen Gesprächen deutlich werdende Aufmerksamkeit der Unternehmensleitung für ihre Führungskräfte wirkt sich in einem verstärkten Zugehörigkeitsgefühl aus und gibt den Führungskräften das Vertrauen, den Wandel nicht als Bedrohung sondern als Chance zu sehen. Das Unternehmen bietet den Mitarbeitern über das Programm DB Training die Möglichkeit, ihre Entwicklung nach ihren Bedürfnissen zu gestalten, dafür Schulungen zu belegen und individuelles Coaching in Anspruch zu nehmen. Als strategisches Instrument der Führungskräfteentwicklung wurde die DB Akademie geschaffen, die das Verständnis der Führungskräfte für Unternehmensstrategie und -entwicklung sowie für wirksame Führung entwickeln soll.

Das Unternehmen *B. Braun Melsungen AG* ist eines der Unternehmen, das auf dem Weg zum Enterprise 2.0 am weitesten fortgeschritten ist und für viele Unternehmen als Vorbild gelten kann. Drei Stoßrichtungen des im Unternehmen vollzogenen Wandels kommen dabei zusammen: die Kultur des vertrauensvollen Miteinanders, die bewirkt hat, dass die meisten Mitarbeiter ihr ganzes Berufsleben über beim Unternehmen bleiben, die Öffnung der Intranet-gestützten Informations- und Wissensbasis des Unternehmens als tägliche Arbeitsplattform der Mitarbeiter, die in „Collaborative Spaces" unternehmensweit Arbeits-, Lern- und Entwicklungsgruppen bilden können und die Schaffung einer offenen Arbeitswelt, in der Führungskräfte nicht mehr als hierarchisch Vorgesetzte fungieren, sondern eigenständig agierende Gruppen coachen, schulen und in Entscheidungssituationen begleiten.

Verbunden damit ist die soziale Mitarbeiterorientierung des Unternehmens, das beispielsweise eine hohe Vereinbarkeit von Berufs- und Familienleben der Mitarbeiter und die Rückkehr von Frauen in den Beruf nach der Zeit des Mutterschutzes gewährleistet.

Bei *SCHOTT* beruht die Festigung und Wahrung des Vertrauensklimas auf drei Bemühungen. Die Führungskräfte auf allen Führungsebenen leben durch ihr Verhalten und Handeln, durch „Walk the talk" vertrauensbasierte Führung vor. Neben Assessment-Tools für die Bewertung und Auslese neuer Führungskräfte, neben Programmen für die Führungskräfte-Schulung und einer klaren Dokumentation des Führungs-Frameworks von SCHOTT vertraut der Vorstand auf die Sozialisierung der Neuen per Schwungmasse der bereits mit den etablierten Werten lebenden Kollegen.

Und die „Management-Kaskade" mit ihrer zeitnahen dialogischen Kommunikation sorgt dafür, dass die Vertrauenswürdigkeit der Führung in den Augen der Mitarbeiter in allen Bereichen und auf allen Ebenen immer wieder erfahrbar gemacht wird.

Konklusion 3
Namhafte Unternehmen beweisen, dass Vertrauensklima gestaltbar ist. Der Übergang zu einer vertrauensbasierten Organisation kann von der Unternehmensleitung, und nur von ihr, in vier Phasen bewirkt werden: in der ersten Phase durch die Bewusstseinsbildung über die strategische Bedeutung von Vertrauen, die Überzeugung der Unternehmensleitung, das Unternehmen vertrauensbasiert besser führen zu können, und die Bereitschaft aller Führungskräfte, die erforderlichen Verhaltensänderungen anzugehen; in der zweiten Phase durch die eingehende Bestimmung der Ausgangslage, d. h. der Defizite bei den Vertrauensprofilen der Unternehmensleitung und den Führungskräften sowie der daraus resultierenden Schwachstellen des Vertrauensklimas im Unternehmen; in der dritten Phase durch die Bestimmung, das Priorisieren und die Durchführung der erforderlichen Verhaltensänderungen und Maßnahmen; in der vierten Phase schließlich durch die permanente Pflege, Stabilisierung und Stützung des Vertrauensklimas.

19.2 Ausblick der Herausgeber

Die Bildung einer vertrauensbasierten Organisation ist die unternehmenskulturelle Voraussetzung für die erfolgreiche Realisierung der Zielvorstellungen, die mit den Schlagworten Enterprise 2.0 und Industrie 4.0 verbunden sind.

Prof. Dr. Frank Keuper ist Inhaber des Lehrstuhls für Betriebswirtschaftslehre, insbesondere Konvergenzmanagement und Strategisches Management, an der Steinbeis-Hochschule Berlin, Direktor des Steinbeis Center of Strategic Management (SCSM), einem Steinbeis-Transfer-Institut der Steinbeis-Hochschule Berlin, sowie Leiter des gleichnamigen Kompetenzzentrums am SCSM.

Er ist ferner Geschäftsführender Herausgeber der betriebswirtschaftlichen Fachzeitschrift „Management+Innovation" ehemals „Business + Innovation – Steinbeis Transfer Magazin", Gutachter für verschiedene betriebswirtschaftliche Fachzeitschriften und Gastprofessor an Universitäten in China und Russland.

Von 2002 bis 2004 hielt er eine Vertretungsprofessur für Betriebswirtschaftslehre, insbesondere Risikomanagement und Controlling, im Fachbereich Rechts- und Wirtschaftswissenschaft der Johannes Gutenberg-Universität Mainz. Er studierte an der Westfälischen Wilhelms-Universität zu Münster und promovierte und habilitierte sich an der Universität Hamburg. Seine Arbeits- und Forschungsgebiete sind die Investitions- und Finanzierungstheorie, die Planungs- und Entscheidungstheorie, die Produktions- und Kostentheorie sowie das Marken-Management, das strategische Management, das Konvergenzmanagement. Darüber hinaus liegt ein wesentlicher Schwerpunkt seiner Forschungstätigkeit in den Bereichen der Kybernetik, Systemtheorie sowie Unternehmensplanung und -steuerung.

Prof. Dr. Tom Sommerlatte ist Vorsitzender des Vorstands des Trust Management Instituts e.V., das es sich zur Aufgabe gemacht hat, die Ergebnisse der Vertrauensforschung in die unternehmerische Praxis zu überführen. Dr. Sommerlatte ist Chairman des Advisory Board des internationalen Consulting-Unternehmens Arthur D. Little GmbH und Mitglied verschiedener Aufsichts- und Beiräte. Viele Jahre lang war er Managing Director der europäischen Aktivitäten und Senior Vice President der Muttergesellschaft von Arthur D. Little. Er ist Autor einer Reihe von Büchern zu Themen des Strategie- und Innovationsmanagements und Mitherausgeber des Buchs „Quintessenz der Vertrauensbildung". Er promovierte an der Université de Paris auf dem Gebiet der Verfahrenstechnik und erwarb den Master of Business Administration am Europäischen Institut für Unternehmensführung, INSEAD. An der Universität Kassel hält er eine Honorarprofessur auf dem Gebiet des Systemdesigns.

Teil IV
Anhang

Anhang

20

Tom Sommerlatte

20.1 Bewertung des Vertrauensprofils von Führungskräften

Das Vertrauensprofil der Führungskräfte eines Unternehmens wirkt sich entscheidend auf das Vertrauensklima in den einzelnen Unternehmensbereichen und im Unternehmen insgesamt aus.

Das Vertrauensprofil einer Führungskraft kann nach einer erprobten Bewertungssystematik bestimmt werden – von der Führungskraft selber oder durch einen Coach.

Für die Bewertungssystematik verfügt das Trust Management Institut über eine Bewertungs-Guideline und ein Auswertungsprogramm, das zu einem Gesamtbild des Vertrauensprofils führt (siehe Abb. 20.1).

Anhand des so ermittelten Vertrauensprofils können Maßnahmen der Schulung, Verhaltensänderung und/oder des Coaching zur Verbesserung der Vertrauenswürdigkeit und Vertrauensfähigkeit einer Führungskraft abgeleitet werden.

20.2 Bewertungsstruktur Vertrauensklima

Das Vertrauensklima eines Unternehmens hängt von den Verhaltens-, Denk- und Empfindungsweisen der Akteure des Unternehmens ab.

Es bestimmt, mit welchen Absicherungsweisen, welcher Kooperationsbereitschaft und welchem Engagement die Prozesse im Unternehmen ablaufen.

T. Sommerlatte (✉)
Trust Management Institut e.V., Wiesbaden, Deutschland
E-Mail: tsommerlatte@trust-management-institute.com

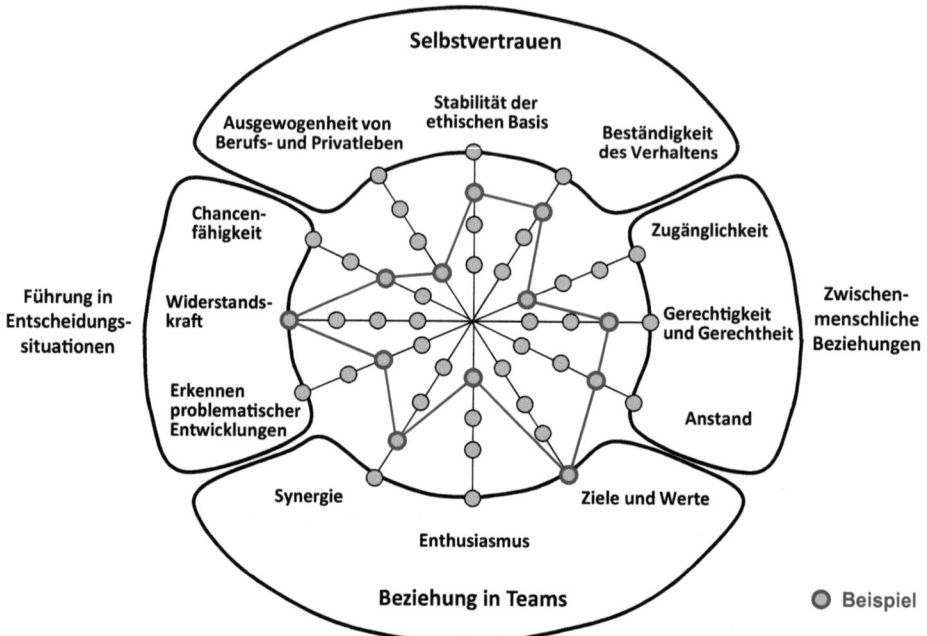

Abb. 20.1 Vetrauensprofil von Führungskräften

Ein schlechtes Vertrauensklima äußert sich in immer ausgefeilteren Vorsichts- und Kontrollmaßnahmen. Es entsteht aus dem Bestreben, Gefahren der Unzuverlässigkeit, Vorteilsnahme und Leistungsabweichung zu eliminieren.

Um Schadensrisiken zu vermeiden, werden Handlungsspielräume durch Formalisierung, Regeln und Vorgaben immer mehr eingeschränkt. Dadurch wird aber auch das Mitdenken der Mitarbeiter gedrosselt.

Ein gutes Vertrauensklima ist dagegen durch offene dialogorientierte Kommunikation, Raum für Initiativen, eine positive Perspektive des Unternehmens und eine hohe Identifikation der Mitarbeiter mit dem Unternehmen charakterisiert, von dem sie sich wertgeschätzt fühlen. Dadurch werden sie zu Eigenverantwortung, Einsatz- und Innovationsbereitschaft motiviert.

Die Qualität des Vertrauensklimas kann anhand von Klima-Merkmalen bestimmt und beeinflusst werden, die in vertraulichen Einzelgesprächen einer unternehmensexternen Vertrauensperson mit einer Stichprobe von Führungskräften und Mitarbeitern besprochen und auf eine Skala von „sehr gut" bis „sehr schwach" eingestuft werden können.

Dazu sind zunächst eine offene Absprache und Diskussion des Vorgehens, seines Zecks und der zu erwartenden Ergebnisse mit der Unternehmensleitung und dem Betriebsrat sowie die freiwillige Bildung einer Stichprobe von Führungskräften und Mitarbeitern des Unternehmens aus allen hierarchischen Ebenen und Bereichen erforderlich.

Die Anonymität der Auswertung und die Transparenz der Ergebnisse und Folgerungen müssen garantiert sein.

Auf Abb. 20.2 ist die vom Trust Management Institut erprobte Bewertungsstruktur wiedergegeben, anhand derer ein Profil entsteht, das Aussagen über das Vertrauensklima

20 Anhang

Merkmale / Bewertung	Sehr schwach (0)	Schwach (1)	Mittel (2)	Stark (3)	Sehr stark (4)
1. Kommunikation					
Verständlichkeit, Glaubwürdigkeit der Aussagen der Unternehmensleitung					
Einhaltung der eingegangenen Engagements					
Klarheit und Beständigkeit der Führung					
Zugänglichkeit der Führung für Informationen, Argumente und Meinungen					
2. Zukunftsperspektive					
Bestand des Unternehmens					
Sicherheit der Beschäftigung					
Krisensicherheit					
3. Verlässlichkeit der Spielregeln					
Klarheit der Regeln und Werte					
Respektierung der Regeln und Werte					
Raum für Initiative					
Beziehung der Sozialpartner					
4. Identifikation mit dem Unternehmen					
Ansehen des Unternehmens					
Gefühl, dazu zu gehören					
Größe des gemeinsamen Vorhabens					
5. Wertschätzung durch das Unternehmen					
Fähigkeit, den eigenen Beitrag zu erkennen					
Anerkennung der eigenen Leistung					
Gerechtheit der Belohnung					
Möglichkeit der Selbstbestimmung					
6. Zugehörigkeit zu einer Gemeinschaft					
Teamarbeit					
Qualität der Teams					
Teilhabe am gemeinsamen Ziel					
Wertschätzung der gemeinsamen Leistung					

Abb. 20.2 TMI-Bewertungsansatz für Vertrauensklima

zulässt und Hinweise gibt, bei welchen Merkmalen geeignete Veränderungen zu einer Verbesserung des Vertrauensklimas zu führen versprechen.

Prof. Dr. Tom Sommerlatte ist Vorsitzender des Vorstands des Trust Management Instituts e.V., das es sich zur Aufgabe gemacht hat, die Ergebnisse der Vertrauensforschung in die unternehmerische Praxis zu überführen. Dr. Sommerlatte ist Chairman des Advisory Board des internationalen Consulting-Unternehmens Arthur D. Little GmbH und Mitglied verschiedener Aufsichts- und Beiräte. Viele Jahre lang war er Managing Director der europäischen Aktivitäten und Senior Vice President der Muttergesellschaft von Arthur D. Little. Er ist Autor einer Reihe von Büchern zu Themen des Strategie- und Innovationsmanagements und Mitherausgeber des Buchs „Quintessenz der Vertrauensbildung". Er promovierte an der Université de Paris auf dem Gebiet der Verfahrenstechnik und erwarb den Master of Business Administration am Europäischen Institut für Unternehmensführung, INSEAD. An der Universität Kassel hält er eine Honorarprofessur auf dem Gebiet des Systemdesigns.

MIX
Papier aus verantwortungsvollen Quellen
Paper from responsible sources
FSC® C105338

If you have any concerns about our products,
you can contact us on
ProductSafety@springernature.com

In case Publisher is established outside the EU,
the EU authorized representative is:
**Springer Nature Customer Service Center GmbH
Europaplatz 3, 69115 Heidelberg, Germany**

Printed by Libri Plureos GmbH
in Hamburg, Germany